화장실에 두세요

[우리, 너, 나를 모두 너라 했다.]

화장실에 두세요 상

초판 1쇄 인쇄	2025년 10월 23일
초판 1쇄 발행	2025년 11월 07일
신고번호	제313-2010-376호
등록번호	105-91-58839
지은이	김조훈
발행처	보민출판사
발행인	김국환
기획	김선희
편집	현경보
디자인	김민정
주소	경기도 파주시 해올로 11, 우미린더퍼스트@ 상가 2동 109호
전화	070-8615-7449
사이트	www.bominbook.com
ISBN	979-11-6957-396-2 03190

- 가격은 뒤표지에 있으며, 파본은 구입하신 서점에서 교환해드립니다.
- 이 책은 저작권법에 의하여 보호를 받는 저작물이므로 무단 전재와 복사를 금합니다.

현명한 자아 형성을 위한 자기계발서

화장실에 두세요

[단 몇 분의 머묾 속에서도
우리는 자기 자신과 마주할 수 있을 것이다.]

김조훈 지음

추천사

이 책 『화장실에 두세요』는 제목에서 알 수 있듯이 잠깐의 틈, 가장 사소한 순간조차도 배움의 시간으로 만들겠다는 저자의 의도가 담겨 있다. 단 몇 분의 머묾 속에서도 우리는 자기 자신과 마주할 수 있고, 작게라도 새로운 다짐을 할 수 있다는 믿음이다. 이 책은 365일이라는 긴 시간을 반으로 나누어, 1월부터 6월까지 독자는 그날그날의 날짜에 맞춰서 책을 읽으며 잠시 멈추고 자신을 돌아보는 시간을 갖는다. 마치 아침에 마시는 한 잔의 물처럼, 이 책은 삶의 리듬을 새롭게 정돈하는 작은 습관으로 자리 잡는다.

저자는 이 책의 여러 곳에서 한결같이 강조한다. "핵심은 실행이다." 이는 저자의 삶을 꿰뚫는 철학이자 이 책의 기초를 이루는 뼈대다. 우리는 살아가며 수많은 지혜와 조언을 접한다. 그러나 그것이 내 삶을 바꾸지 못하는 까닭은 대개 실행으로 이어지지 못하기 때문이다. 저자는 지혜는 불씨에 불과하며, 그것을 불길로 번지게 하는 것은 결국 우리의 선택과 실천이라고 단호하게 말한다.

그렇다고 이 책이 독자를 다그치거나 조급하게 몰아세우는 것은 아니다. 오히려 저자는 '실행'을 삶의 거대한 도약이 아니라, 하루하루의 작은 발걸음으로 바라본다. "인생은 단순히 목적지에 도착하는 일이 아니다. 목적을 향해 걸어가는 과정이 곧 인생의 본질이다"라는 문장은, 성취라는 결과만을 좇다 결국 허탈감을 느끼는 우리의 모습을 정직하게 비추면서도, 동시에 과정 속에서 이미 충분히 의미 있는 삶을 살고 있음을 깨닫게 한다.

무엇보다도 이 책의 장점은 구체적이고 생생한 장면들에 있다. 저자는 일상에서 마주한 작은 선택들을 통해 인간의 본질적 고민을 끄집어낸다. 예컨대 양심을 저버리지 않기 위해 애써야 했던 어느 날의 고백은, 우리가 흔히 대수롭지 않게 넘기는 순간들조차 얼마나 삶을 결정짓는 중요한 분기점이 되는지를 보여준다. 또 죽음이라는 누구도 피해 갈 수 없는 확실성을 정면으로 마주하면서도, 그 두려움이 아닌 오늘의 삶을 선명히 살아야 할 이유를 발견하는 대목은 독자의 마음을 단단히 붙든다.

또한, 저자의 글에는 독자를 향한 친밀한 호흡이 있다. "너"라는 호칭으로 불러내는 대목에서는 마치 오랜 벗과 대화하는 듯한 기분이 든다. 저자는 거창한 성공담이나 화려한 이론을 늘어놓지 않는다. 대신 자신의 체험을 솔직하게 풀어놓고, 거기서 끌어낸 깨달음을 조용히 건넨다. 그 순간 독자는 '이건 나의 이야기이기도 하다'라는 공명을 느끼게 된다. 일반 자기계발서를 읽고 난 후 종종 찾아오는 특별한 사람들의 이야기라는 먼 거리감이 아니라, 곁에 앉아 이야기를 나누는 듯한 친근함이 이 책의 가장 큰 힘이다.

2025년 10월
편집위원 **김선희**

── 작가의 말 ──

"화장실에 두세요."

　책을 읽는 습관은 거창한 다짐에서 시작되지 않는다. 때로는 가장 사소한 공간, 가장 짧은 시간에서 시작된다. 그래서 너에게 권한다. 책을 화장실에 두라고. 매일 잠시 들르는 그 공간에서 단 몇 줄이라도 읽을 수 있다면, 그것만으로도 네 하루는 달라진다.

　그러나 아무 책이나 두어서는 안 된다. 365일, 날짜별로 읽을 수 있는 책을 골라 두어라. 한 장을 넘기면 새로운 날이 열리고, 새로운 생각이 찾아온다. "오늘은 ○월 ○일, 이 날짜의 글을 읽어보자." 그렇게 딱 하루 분량만 읽는 것이다. 지나치게 욕심내어 앞날의 글까지 읽으려 하지 마라. 시시해진다. 그 절제 속에서 하루를 곱씹는 힘이 생긴다.

　짧은 글이라도 매일 이어지면, 그것은 한 해를 꿰는 실이 된다. 오늘의 문장이 내일의 선택을 바꾸고, 작은 문장이 쌓여 네 사고의 습관이 된다. 화장실에 앉아 있는 몇 분 동안, 아무 생각 없이 스마트폰 화면을 넘기는 대신, 종이 위에 담긴 한 문장을 마주하는 것. 그 순간이 너를 조금 더 단단하게 만든다.

어쩌면 처음에는 우스울지도 모른다. 화장실에서 책을 읽는다는 게. 하지만 곧 깨닫게 될 것이다. 하루하루 쌓여가는 글은 네 안에 깊이 스며들어, 마치 숨 쉬듯 자연스럽게 삶의 일부가 된다. 중요한 건 장소가 아니라, 반복되는 습관이다. 화장실은 단지 그 습관을 이어가기 가장 좋은 무대일 뿐이다.

그러니 오늘부터 시작하라. "화장실에 두세요." 오늘과 같은 날짜 것만 읽자. 그리고 365일이 지난 뒤, 그 책을 덮는 순간 너는 알게 될 것이다. 단 몇 분의 짧은 독서가 네 삶을 얼마나 길게 비추었는지를.

2025년 10월
저자 **김조훈**

목차

추천사   4
작가의 말   6

1月

[1月 1日]	새해는 늘 새롭고, 늘 설렌다.	16
[1月 2日]	책에 답이 있다, 실행이 중요하다.	18
[1月 3日]	참된 부자란	20
[1月 4日]	지금까지 존재했던 사람들 가운데서 순수하고 지혜로운 영혼은 누구나 오해를 받았다.	22
[1月 5日]	인간은 생각하는 갈대다. 너는 생각하는 갈대다.	24
[1月 6日]	삶은 늘 새롭다.	26
[1月 7日]	햇살처럼 찬란히 빛나는 꿈	28
[1月 8日]	결국 누구나 홀로 서야 한다.	30
[1月 9日]	긍정을 가져오는 세포, 실행하는 세포가 너에게 있다.	32
[1月 10日]	뱃살과 열정은 비례하지 않는다.	34
[1月 11日]	부자가 되면 뭐 하시겠어요?	36
[1月 12日]	핵심은 실행이다.	38
[1月 13日]	너의 장점	40
[1月 14日]	고집	42
[1月 15日]	따스한 첫사랑의 잔향	44
[1月 16日]	너와 있으면 재밌다.	46
[1月 17日]	스스로 주인 되는 길	48
[1月 18日]	목적지	50
[1月 19日]	법칙	52
[1月 20日]	선택	54
[1月 21日]	지난 후회	56
[1月 22日]	영	58

[1月 23日]	마지막 증언	60
[1月 24日]	천국은 시간과 공간 개념이 없다.	62
[1月 25日]	천국은 생각의 속도로 이동하는 세계다.	64
[1月 26日]	기다림은 지킴이다.	66
[1月 27日]	삶은 속도보다 방향	68
[1月 28日]	충전이 필요합니다.	70
[1月 29日]	당신이 있다는 기적	72
[1月 30日]	삶의 주인	74
[1月 31日]	이미 행복한 사람이다.	76

2月

[2月 1日]	해무	80
[2月 2日]	주는 것 없이 미운 사람	82
[2月 3日]	몰두	84
[2月 4日]	타이밍	86
[2月 5日]	그리움	88
[2月 6日]	돌아간다는 것은	90
[2月 7日]	함께 늙는다는 것	92
[2月 8日]	그분께 드리는 감사	94
[2月 9日]	첫, 처음	96
[2月 10日]	사랑	98
[2月 11日]	부고	100
[2月 12日]	사랑바보	102
[2月 13日]	주고 싶은 마음	104
[2月 14日]	삭힘의 힘	106
[2月 15日]	박복한 여인	108
[2月 16日]	소녀	110

[2月 17日]	처갓집 말뚝 보고 절한다.	112
[2月 18日]	여행	114
[2月 19日]	질투	116
[2月 20日]	극세한 감각	118
[2月 21日]	짝사랑	120
[2月 22日]	갈비탕에 국수	122
[2月 23日]	마지막 산책	124
[2月 24日]	꿈	126
[2月 25日]	가는 길	128
[2月 26日]	준비	130
[2月 27日]	임종	132
[2月 28日]	이른 봄	134
[2月 29日]	돌아보면 네 곁에는 늘 누군가가 있었다.	136

3月

[3月 1日]	행운 받을 준비	140
[3月 2日]	내면의 소리	142
[3月 3日]	너를 먼저 정복하라.	144
[3月 4日]	멋진 날	146
[3月 5日]	늙음이 꼭 나쁜 것만은 아니다.	148
[3月 6日]	무심의 지혜	150
[3月 7日]	미루지 말고 오늘을 사세요.	152
[3月 8日]	사랑 중독	154
[3月 9日]	아름다운 것	156
[3月 10日]	자연의 법칙	158
[3月 11日]	참된 만족	160
[3月 12日]	피할 수 없는 조건들	162
[3月 13日]	너는 기분 좋은 사람이다.	164

[3月 14日]	비난	166
[3月 15日]	달이 차오르는 밤	168
[3月 16日]	첫사랑을 보고	170
[3月 17日]	첫사랑	172
[3月 18日]	동창회	174
[3月 19日]	아이	176
[3月 20日]	아내와	178
[3月 21日]	너의 생일	180
[3月 22日]	결혼기념일	182
[3月 23日]	서운한 마음	184
[3月 24日]	산행	186
[3月 25日]	보고 싶어요.	188
[3月 26日]	생존과 전략	190
[3月 27日]	양심을 지켰다.	192
[3月 28日]	갈등	194
[3月 29日]	악기	196
[3月 30日]	사랑에 빠진다는 것은	198
[3月 31日]	진급	200

4月

[4月 1日]	사춘기 아들	204
[4月 2日]	너무 힘들어.	206
[4月 3日]	어른이 된다는 것	208
[4月 4日]	장례식장	210
[4月 5日]	편지	212
[4月 6日]	영혼과 교감한다.	214
[4月 7日]	"You follow me!"	216
[4月 8日]	"Pajeon! Makgeolli!"	218

[4月 9日]	목표를 이룬 뒤의 허전함	220
[4月 10日]	골목대장	222
[4月 11日]	작별하지 않는다.	224
[4月 12日]	노부부를 보며	226
[4月 13日]	인생의 완주	228
[4月 14日]	꺾이지 않는 마음	230
[4月 15日]	골목	232
[4月 16日]	신고	234
[4月 17日]	자연은 영혼을 치료한다.	236
[4月 18日]	어디로 가게 될까?	238
[4月 19日]	만사가 무기력해질 때	240
[4月 20日]	왁자지껄 떠드는 소리가 듣기 싫어질 때	242
[4月 21日]	아내를 업고	244
[4月 22日]	너는 멋진 삶을 사는 사람	246
[4月 23日]	두 가지 중 너의 선택은	248
[4月 24日]	너는 너무 빨리 달리려고 할 필요 없다.	250
[4月 25日]	바닷속	252
[4月 26日]	삶은	254
[4月 27日]	삶의 과정	256
[4月 28日]	아들의 눈물	258
[4月 29日]	보내는 슬픔	260
[4月 30日]	합선	262

5月

[5月 1日]	촛대바위에서	266
[5月 2日]	살아 있어도 괜찮아.	268
[5月 3日]	엄마의 말	270
[5月 4日]	딸	272

[5月 5日]	아버지	274
[5月 6日]	아들	276
[5月 7日]	가장 행복한 날	278
[5月 8日]	어머니	280
[5月 9日]	낭만 야구	282
[5月 10日]	작가라는 직업	284
[5月 11日]	삶의 본질	286
[5月 12日]	인생에는 사실 손해인 것이 없다.	288
[5月 13日]	천재 작가가 즐기며 글을 쓴다.	290
[5月 14日]	복권	292
[5月 15日]	화장실에 두세요.	294
[5月 16日]	비움과 채움	296
[5月 17日]	소박하고 진실한 삶이란	298
[5月 18日]	새로움의 이치	300
[5月 19日]	인생은 곱셈	302
[5月 20日]	"나는 할 수 있다."	304
[5月 21日]	인생의 색	306
[5月 22日]	보내는 마음	308
[5月 23日]	자연	310
[5月 24日]	말은 너의 자화상이다.	312
[5月 25日]	하나의 지혜가 있으면 하나의 어리석음이 있다.	314
[5月 26日]	인생의 모든 부분은 완벽한 균형을 이룬다.	316
[5月 27日]	사랑은 조금씩 놔 주는 것이다.	318
[5月 28日]	운명	320
[5月 29日]	비판하지 마라.	322
[5月 30日]	죽음은	324
[5月 31日]	헤어짐	326

6月

[6月 1日]	잠이 오지 않는 까닭	330
[6月 2日]	과거형 사람	332
[6月 3日]	현재 · 미래형 인간	334
[6月 4日]	유일한 시간	336
[6月 5日]	죽음이란 없다.	338
[6月 6日]	"이게 정말 내 삶인가?"	340
[6月 7日]	홈런 별	342
[6月 8日]	가난	344
[6月 9日]	싱거운 것은 둥글둥글할 것 같다.	346
[6月 10日]	짠맛은 왠지 각이 져 있을 것 같다.	348
[6月 11日]	달콤한 단맛은 평면처럼 펴져 있을 것 같다.	350
[6月 12日]	상심 증후군	352
[6月 13日]	지우개	354
[6月 14日]	내일이 오지 않는 꿈	356
[6月 15日]	감사라는 빛	358
[6月 16日]	인생은 죽음과 죽어감이다.	360
[6月 17日]	미래는 여전히 백지다.	362
[6月 18日]	바른 생각이 아닌, 다르게 생각하기	364
[6月 19日]	예외가 없어, 사망률은 100%	366
[6月 20日]	모든 멈춘 것은 퇴색한다.	368
[6月 21日]	성공이란?	370
[6月 22日]	틈이 벌어지고 낡아간다.	372
[6月 23日]	생명은 유쾌하다.	374
[6月 24日]	죽음은 평화롭다.	376
[6月 25日]	아는 것이 많을수록 확신할 수 있는 것이 적어진다.	378
[6月 26日]	공동의 모국어는 웃음이다.	380
[6月 27日]	딱 한 사람	382
[6月 28日]	어리석고 독단적이다.	384
[6月 29日]	내가 나를	386
[6月 30日]	코드블루	388

1月

고독은 두려움이 아니라,
네가 진짜 살아 있음을 증명하는 빛이었다.

1月 1日

새해는 늘 새롭고, 늘 설렌다.

　새해의 아침은 언제나 특별하다. 창밖으로 들어오는 햇살은 한 해의 시작을 알리듯 눈부시게 밝고, 차가운 공기 속에서도 마음이 따뜻하게 물든다. 새해를 맞이하면 자연스레 지난 시간을 돌아보고, 앞으로 다가올 날들에 희망을 담게 된다.

　오늘 아침, 너는 마음속으로 소망을 읊조린다. 건강과 행복, 사랑과 평화, 그리고 소소한 기쁨이 하루하루 쌓이기를 바란다. 새해 첫날은 마음을 비우고, 새로운 가능성을 믿게 하는 힘이 있다. 작년의 아픔과 실수는 잠시 접어두고, 오늘부터 다시 시작할 수 있다는 설렘이 네 가슴을 채운다.

　희망을 품은 마음은 세상을 조금 더 밝게 만든다. 사람마다 바라는 것은 다르겠지만, 너는 소망과 함께 작은 행운이 삶 속에 스며들기를 기원한다. 예상치 못한 기회, 뜻밖의 웃음, 우연히 찾아오는 친절한 손길까지, 사소한 행운이 쌓여 하루를 기쁘게 만든다. 그런 순간들 속에서 우리는 삶의 소중함과 아름다움을 느끼게 된다.

　행복 또한 새해의 큰 선물이다. 돈과 물질이 행복의 전부는 아니지만, 생활을 안정시키고 마음의 여유를 주는 도구가 되기도 한다. 오늘 너는 풍요로운 한 해를 마음속으로 그리며, 작은 재물과 충분한 여유가 삶 속에서 자연스럽게 흘러 들어오기를 바란다. 그러나 무엇보다 중요한 것은 마음의 풍요다. 서로에게 친절을 베풀고, 사랑을 나누며, 작은 감사의 순간을 느낄 수 있는 마음이야말로 진정한 부와 행복임을 너는 알고 있다.

새해 첫날, 너는 창문을 열고 깊게 숨을 들이쉰다. 차갑지만 상쾌한 공기가 폐를 가득 채우며, 네 마음을 맑게 씻어준다. 오늘 하루를 어떻게 보내느냐가 앞으로의 한 해를 조금씩 결정하겠지만, 그 출발점에 희망과 행운, 행복과 풍요를 담는 것만으로도 충분하다.

너는 오늘, 마음속으로 다짐한다. 매 순간을 소중히 여기며, 작은 기쁨과 감사에 귀 기울이고, 사랑과 친절을 잊지 않겠다고. 돈과 물질은 삶의 일부이지만, 진정한 행복과 행운은 너와 주변 사람들의 마음에서 시작된다는 것을 기억하며, 올 한 해를 밝고 맑게 살아가겠다고 다짐한다.

새해는 늘 새롭고, 늘 설렌다. 그 설렘 속에서 너는 웃음을 찾고, 희망을 품고, 풍요로운 마음으로 하루를 시작한다. 그리고 매년 1월 1일이 그러하듯, 오늘도 너는 스스로 속삭인다. "올해는 더 행복하고, 더 행운 가득하며, 더 풍요로운 한 해가 되기를." 그렇게 마음속으로 기원하며, 새해의 맑은 공기 속으로 한 걸음 내디딘다.

1月 2日

책에 답이 있다, 실행이 중요하다.

너는 살아가며 수많은 문제 앞에 선다. 진로를 정해야 할 때, 인간관계가 막힐 때, 경제적인 어려움에 부딪힐 때, 때로는 막막하여 길이 보이지 않을 때가 많다. 그럴 때마다 사람들은 답을 찾기 위해 책을 펼친다. 오래된 고전 속에서도, 최신 자기계발서 속에서도, 누군가의 인생담 속에서도 너는 자신에게 필요한 해답의 조각들을 만난다. 책은 마치 먼저 길을 걸어간 사람들의 발자취와 같아서, 길을 헤매는 이에게 안내판이 되어 준다.

그러나 답을 안다고 해서 삶이 곧바로 달라지는 것은 아니다. 책은 지혜를 알려줄 뿐, 그 지혜를 현실로 옮기는 것은 온전히 너의 몫이다. 누군가는 독서만으로 이미 성공한 듯 스스로 위로한다. 책상 위에 책을 쌓아두고 밑줄을 긋고, 좋은 구절을 베껴 적으면서 일시적인 만족을 얻는다. 하지만 삶은 지식의 축적만으로 변하지 않는다. 머리로만 아는 것과 몸으로 실천하는 것 사이에는 깊은 강이 흐른다. 그 강을 건너지 않는다면, 책에서 얻은 깨달음은 결국 종이 위의 글자에 불과하다.

예를 들어 운동의 필요성을 말하는 책은 무수히 많다. 건강을 위해 하루 삼십 분 걷기만으로도 인생이 달라진다고 강조한다. 그 사실을 모르는 사람은 거의 없다. 그러나 정작 아침에 일어나 신발을 신고 밖으로 나가는 이는 얼마나 될까? 책은 답을 알려주지만, 우리의 발걸음이 없이는 그 답은 현실이 되지 않는다. "아는 것"과 "행하는 것"의 차이가 인생을 가른다.

너는 한때 독서광이었다. 하루에도 몇 권씩 책을 탐독하며, 언젠가 네 삶도 책 속의 지혜처럼 단단해질 거라 믿었다. 하지만 시간이 흐를수록 공허함이 찾아왔다. 책에서 배운 것은 많았지만, 너의 일상은 조금도 달라지지 않았기 때문이다. 실패와 후회가 반복되던 어느 날, 책에 답이 있다. 작은 것부터 실천하기 시작했다. 책에서 배운 시간 관리법을 적용해 하루 계획을 세우고, 인간관계에 관한 조언을 실험 삼아 대화 속에 녹여 보았다. 그때 비로소 책의 지혜가 네 삶의 살이 되고 뼈가 되었다.

많은 사람이 '성공한 사람들의 책'을 읽으며 부러움을 느낀다. 그러나 그들이 성공한 이유는 단지 지식을 알았기 때문이 아니라, 알게 된 것을 행동으로 옮겼기 때문이다. 지식은 가능성을 열어 주지만, 실천은 가능성을 현실로 만든다. 결국 책은 나침반이고, 배를 저어 바다를 건너는 일은 너의 몫이다.

오늘도 너는 책을 펼친다. 그러나 예전처럼 글자를 소비하듯 읽지 않는다. 한 줄을 읽더라도 "내가 지금 무엇을 할 수 있는가?"를 묻는다. 책이 알려준 답을 행동으로 옮길 때, 그 순간 삶이 조금씩 바뀌어 간다.

결국 인생은 단순하다. 책에 답이 있다. 그러나 진짜 열쇠는 실행에 있다. 너는 알고 있는 만큼이 아니라, 실천한 만큼 살아간다. 오늘도 한 줄의 지혜를 삶에 옮기는 용기를 낼 때, 책 속의 답은 너만의 길이 된다.

1月 3日

참된 부자란

　참된 부자는 물질적, 정신적, 관계적 풍요를 함께 누리는 사람이다. 너는 종종 부자를 떠올릴 때 두꺼운 지갑이나 화려한 집을 먼저 그리곤 한다. 은행 통장에 찍힌 숫자가 많아야, 세상 사람들이 부러워하는 직함을 가져야, 혹은 비싼 옷을 입고 자유롭게 여행하는 삶을 살아야 진짜 부자라고 생각한다. 하지만 시간이 지나며 너도 알게 된다. 단순히 돈만 많다고 해서 마음이 가난하다면, 그 사람은 부자일 수 없다.

　물질적 풍요는 삶을 편안하게 만들어 준다. 넉넉한 집, 따뜻한 밥상, 내일을 걱정하지 않아도 되는 안정감은 분명 소중하다. 그러나 너는 알고 있지 않은가. 돈이 많아도 허무와 외로움에 시달리는 사람들을. 그들에게 부족한 것은 돈이 아니라 마음의 평안, 즉 정신적 풍요다. 책 한 권을 읽으며 사색에 잠길 수 있는 시간, 작은 꽃을 보며 기뻐할 줄 아는 여유, 그리고 어떤 상황에도 자신을 지켜내는 내면의 힘. 그것이 없는 부자는 결국 빈 껍데기에 불과하다.

　또한 너는 인간관계 속에서 진정한 부의 또 다른 얼굴을 발견한다. 누군가에게 마음을 기대고, 또 다른 누군가에게 기꺼이 손을 내밀 수 있는 관계의 그물망이야말로 가장 든든한 자산이다. 돈으로는 살 수 없는 진심 어린 대화, 어려움에서 주고받는 위로, 함께 웃고 울어주는 친구와 가족이야말로 참된 부자의 증거다. 아무리 큰 저택에 살아도 그곳에 나눌 사람이 없다면, 그 집은 텅 빈 궁전일 뿐이다.

　너는 언젠가 깨닫게 될 것이다. 참된 부자는 은행 계좌 속에만 있지 않고, 마음의 깊은 곳과 사람 사이의 따뜻한 온기 속에 있다. 물질적 풍요가 삶을 지탱하는 기초라면, 정신적 풍요는 방향을 잡아주는 나침반이고, 관계적 풍요는 그 길을 함께 걸어갈 동행이다. 세 가지가 고르게 어우러질 때, 너는 비로소 진정한 의미의 부자가 된다. 그러니 이제는 물질만 좇지 말아라. 네 마음의 창고를 가꾸고, 곁에 있는 이들과의 관계를 소중히 하라. 그렇게 살아갈 때, 너는 이미 참된 부자의 길 위에 서 있는 것이다.

1月 4日

지금까지 존재했던 사람들 가운데서
순수하고 지혜로운 영혼은 누구나 오해를 받았다.

너는 살다 보면 문득 생각한다. 왜 가장 순수한 마음을 지닌 사람들이 종종 세상으로부터 오해를 받을까. 너는 아마도 경험했을 것이다. 남보다 조금 더 정직하게 말했을 뿐인데 괜히 미움의 대상이 된 적, 다른 이의 고통에 진심으로 공감했을 뿐인데 이용당했다는 의심을 받은 적. 세상은 단순한 진심을 있는 그대로 받아들이기보다는, 의도와 계산을 먼저 의심하는 쪽을 택하곤 한다.

역사를 돌아봐도 마찬가지다. 시대를 앞선 사상가들, 자신을 희생하며 타인을 살린 인물들, 모두 처음에는 비난과 조롱을 받았다. 네가 아는 성현들 또한 그랬다. 그들의 눈은 세상의 거짓을 꿰뚫었지만, 그 거짓을 붙들고 살던 사람들에게는 불편한 존재였다. 순수한 영혼은 언제나 시대의 불편한 거울이 된다. 그래서 그들은 외롭고 고통스러운 길을 걸을 수밖에 없었다.

너 역시 그런 순간을 피할 수 없다. 마음속의 선함을 지키려 할수록, 오히려 세상은 너를 이용하거나 배척하려 할지도 모른다. 하지만 너는 알아야 한다. 오해는 그대의 잘못이 아니라, 세상이 아직 준비되지 못했음을 드러내는 증거다. 순수와 지혜는 결국 시간이 지나야 빛을 발한다. 지금은 비난의 말 속에 가려지더라도, 언젠가는 누군가에게 등불이 된다.

네가 흔들릴 때마다 기억하라. 진짜 순수함은 세상에 굴복하지 않고, 진짜 지혜는 고독을 견뎌내는 힘에서 비롯된다. 오해는 순간의 그림자일 뿐, 그 뒤에 서 있는 진실을 완전히 가리지는 못한다. 너는 오히려 그 과정을 통해 더 단단해지고, 더 깊이 배운다.

그러니 두려워하지 말라. 오해받는 순간이야말로 네가 순수와 지혜에 가까워졌음을 알려주는 증표다. 세상은 아직 너를 다 이해하지 못하겠지만, 결국 진심은 반드시 드러난다. 너는 고요히 너의 길을 걸으면 된다. 그 길 끝에서, 너는 비로소 알게 될 것이다. 순수하고 지혜로운 영혼은 고독을 거쳐야 비로소 빛을 내는 법이다.

1월 5일

인간은 생각하는 갈대다, 너는 생각하는 갈대다.

너는 종종 자신의 나약함을 느낀다. 병 하나에도 쉽게 쓰러지고, 작은 상처에도 고통을 겪는다. 폭풍이 몰아치면 너의 몸은 갈대처럼 흔들리고, 세상의 변화 앞에서 너는 한없이 작아진다. 너는 어쩌면 자연 속 가장 연약한 존재일지 모른다. 그러나 너는 단순한 갈대가 아니다. 너는 생각하는 갈대다.

바람이 불면 갈대는 방향을 잃지만, 너는 흔들리면서도 묻는다. "왜 나는 흔들리는가, 무엇을 위해 살아가는가." 바로 그 질문이 너를 갈대와 구분 짓는다. 네가 연약함에서도 존엄을 지닐 수 있는 이유는, 생각하는 힘 때문이다. 너는 무너져도 스스로 성찰하고, 길을 잃어도 그 의미를 찾으려 애쓴다. 그것이 인간의 특권이자 숙명이다.

너는 때로 고통을 두려워한다. 하지만 생각이 없다면 고통도 없을 것이다. 네가 괴로운 것은 생각하기 때문이다. 그러나 동시에 네가 희망을 품을 수 있는 것도 생각하기 때문이다. 아픔을 겪고도 성장하는 힘. 슬픔에서도 의미를 발견하는 능력은 바로 이 사유에서 비롯된다. 생각은 너를 아프게 하지만, 동시에 너를 구원한다.

갈대는 뿌리를 내리고 바람에 몸을 맡긴다. 너 또한 세상의 흐름 앞에 완전히 거스를 수는 없다. 그러나 너는 다르다. 너는 흐름 속에서 방향을 고민하고, 바람 속에서 길을 찾는다. 네가 하는 작은 생각 하나가 역사를 바꾸기도 하고, 누군가의 인생을 구하기도 한다. 너는 비록 작고 연약하지만, 네 사유는 우주보다 넓고 깊다.

그러니 너는 자신을 과소평가하지 말라. 흔들리며 쓰러질 것 같은 순간에도, 네 안의 생각은 너를 다시 일으켜 세울 것이다. 네가 단지 흙 위의 풀 한 포기 같아도, 그 속에 담긴 사유는 별과 바다를 꿰뚫는다. 너는 연약함의 위대함, 바로 생각하는 갈대다.

1月 6日

삶은 늘 새롭다.

　버스 창가에 앉은 너는 오늘도 익숙한 거리를 지나고 있었다. 늘 보던 건물, 같은 표정으로 오가는 사람들, 지겹도록 반복되는 간판들. 바깥 풍경은 마치 복사된 필름처럼 똑같이 흘러갔고, 너의 눈은 피곤하게 흡수하며 무심히 스쳤다.

　그러나 오늘, 너의 시선은 어딘가 달랐다. 낡은 벽돌 틈에서 피어난 작은 풀꽃 하나가 네 눈에 들어왔다. 어제는 분명 보지 못했던 것, 늘 그 자리에 있었을지도 모르지만, 오늘에서야 비로소 눈에 들어온 것이었다.

　너는 자신이 매일 똑같다고 믿어왔던 삶이 사실은 단 한 번도 같지 않았음을 깨달았다. 같은 길도, 같은 하늘도, 같은 얼굴도, 오늘의 눈으로 보면 전혀 다른 색과 질감을 지니고 있었다. 새로움은 거대한 사건이나 특별한 순간에서만 오는 것이 아니었다. 그것은 가까이에, 네가 무심히 지나쳐 온 틈새에서 조용히 자라나고 있었다. 그 작은 풀꽃 하나가 너에게 속삭였다. '세상은 늘 새롭다. 다만 우리가 눈을 감고 있을 뿐.'

　버스가 흔들릴 때마다 너는 창문에 기대어 몸을 맡겼다. 도시의 소음, 사람들의 발걸음, 스쳐 지나가는 풍경 모두가 이전과 같으면서도 다르게 느껴졌다. 너는 마음속으로 천천히 숨을 들이마셨다. 하루를 살아내며 익숙함에 길들여져 너의 눈과 마음이, 이 작은 발견으로 조금씩 깨어나는 느낌이었다.

 삶은 반복이 아니라 연속된 새로움의 연속이고, 그 새로움을 발견하는 순간이 바로 지금, 여기라는 것을. 세상과 너 자신을 바라보는 방식만 달라져도, 평범한 하루가 경이로운 하루가 될 수 있음을. 작은 풀꽃 하나, 바람에 흔들리는 나뭇가지, 빛과 그림자가 어우러진 벽의 결 하나까지 새롭게 너에게 말을 걸고 있다. 너는 창밖을 바라보며 미소 지었다. 반복되는 일상에서도, 삶은 늘 새롭다. 오늘 하루는 단순한 하루가 아니라, 너 자신이 다시 태어나는 순간임을, 너는 느끼며 조용히 마음속으로 인사했다.

1月 7日

햇살처럼 찬란히 빛나는 꿈

오늘도 너는 아침 햇살에 눈을 떴다. 그런데 조금 달랐다. 눈부신 빛이 눈꺼풀을 스치자, 현실과 꿈이 뒤섞인 듯한 기분이 들었다. 침대 옆 책상 위에는 고양이 모양의 토스터가 웃듯 튀어나온 식빵을 내밀고 있었다. "아침 먹고 갈래?"라고 묻는 것 같다. 너는 혼잣말로 웃었다. '오늘은 확실히 평범하지 않겠구나.'

문을 열고 나서자, 마당이 온통 햇살로 뒤덮여 있었다. 그런데 햇살이 그냥 햇살이 아니었다. 금빛 모래알처럼 반짝이며 공중에서 춤을 추었다. 너는 한 걸음 내딛자, 발밑에서 작은 빛의 파도가 일어났다. "헉, 발바닥에서 햇살이 튀어나와!" 너는 깜짝 놀라며 깡충 뛰었다. 하늘에서는 하얀 구름이 솜사탕처럼 둥둥 떠다니고, 새들은 노래 대신 재즈를 연주하며 날아다녔다.

거리를 걷다 보니, 사람들이 모두 웃고 있었다. 심지어 지나가던 강아지도 두 발로 서서 춤을 추고 있었다. "오늘은 특별한 날이구나!" 마음속에서 소리쳤다. 햇살이 빛나 눈이 부셨지만, 이상하게 기분은 상쾌했다. 모든 게 장난처럼 과장되어 보이면서도, 동시에 너무 자연스러웠다.

너는 시장을 지나는데, 과일이 혼자 말하고 있었다. "사과 한 입 어때?" "배가 달콤하다고 난 말하지!" 심지어 토마토는 춤을 추며 장바

구니 속으로 뛰어들었다. 너는 웃음을 터뜨리며 장바구니를 받았다. 햇살 속에서 모든 게 살아 숨 쉬는 느낌이었다.

광장 한가운데 도착했을 때, 거대한 아이스크림 탑이 하늘까지 솟아 있었다. 사람들이 서로 얼음을 나눠 먹으며 하하 호호 웃고 있었다. 너도 슬쩍 한 입 베어 물었다. 아이스크림이 녹으면서 달콤한 바람이 뺨을 스쳤다. "이야, 이건 정말 꿈이야!"

햇살 속을 걸으며 너는 생각했다. '이렇게 찬란하게 빛나는 순간이, 현실에도 있었으면 좋겠다.' 하지만 발걸음을 옮길 때마다 햇살이 파도처럼 일렁이며 새로운 모험을 불러왔다. 길을 따라 걷다 보면, 웃는 달팽이가 레이스를 하고, 연못 위에서는 금빛 물고기들이 하늘을 나는 듯 수영했다. 모두가 예측 불가였고, 그 예측 불가가 즐거웠다.

결국 너는 벤치에 앉아 하늘을 올려다보았다. 햇살이 머리카락 사이로 스며들며, 너의 얼굴을 밝게 비추었다. 마음속에서 작은 속삭임이 들렸다. '오늘, 이 꿈속에서 무엇이든 가능하다.' 너는 눈을 감고 웃었다. 햇살 같은 찬란한 꿈속에서 너는 마음껏 웃고, 달리고, 춤추며 하루를 즐겼다.

1月 8日

결국 누구나 홀로 서야 한다.

너는 언제나 누군가 곁에 있어야 안심했다. 친구들과 함께 있을 때만 웃을 수 있었고, 가족의 조언에 기대야만 결정을 내릴 수 있었다. 그러나 언젠가부터 마음에 불안이 자라기 시작했다. "만약 모두가 떠난다면, 나는 어떻게 살아가야 하지?"

겨울날, 너는 홀로 산길을 걷게 되었다. 휴대전화는 신호를 잃었고, 숲은 깊은 적막에 잠겨 있었다. 발걸음이 두려웠지만, 오직 네 발걸음 소리만이 너와 동행했다. 처음에는 외로움에 떨렸으나, 점차 네 안의 목소리가 선명해졌다. "이 길을 고르는 건 바로 나야."

누구의 지시도, 누구의 기대도 없는 상황 속에서 너는 서툴지만 스스로 길을 찾아갔다. 그때, 홀로 선다는 건 버려진다는 뜻이 아니라, 네 안의 힘을 꺼내는 일이다. 의지할 그림자가 사라질수록 너는 결국 홀로 서야 한다.

누구의 지시도, 누구의 기대도 없는 상황 속에서 너는 서툴지만 스스로 길을 찾아갔다. 넘어지고 다시 일어서며, 눈밭 위에 남은 발자국이 너에게 자신감을 주었다. 홀로 걸으며 느낀 것은, 고독이 결코 버려짐이 아니라는 사실이었다. 외부의 의지에 기대지 않아도, 네 안에는 충분히 길을 비추는 빛이 있었다.

한참을 걷고 나서야 너는 깨달았다. 홀로 선다는 건 두려움을 견디는 일이 아니라, 네 안의 힘을 발견하고 끌어올리는 과정이다. 의지할 그림자가 사라질수록 너는 오히려 단단해졌다. 바람에 스치는 나뭇잎 소리조차 친구처럼 느껴졌고, 몸을 감싸는 겨울 공기가 너의 결심을 다독였다.

산길 끝에서 붉게 타오르는 석양을 바라보며, 너는 마음속 깊이 느꼈다. 이제 혼자지만 외롭지 않다. 홀로 서는 순간, 세상의 소음이 잦아들고 네 마음의 고요가 더욱 선명해졌다. 그 고요 속에서 비로소 스스로 존재를 확인했다. 결국 누구나 홀로 서야 한다. 그리고 그 고독은 두려움이 아니라, 네가 진짜 살아 있음을 증명하는 빛이었다. 오히려 단단해졌다.

1月 9日

긍정을 가져오는 세포, 실행하는 세포가 너에게 있다.

너의 몸속 어딘가에는 특별한 세포가 숨어 있다. 의사도 찾아내지 못하고, 과학 교과서에도 실려 있지 않은 세포다. 그러나 분명히 존재한다. 네가 절망에 빠져 있을 때, 아주 작지만 따뜻한 속삭임으로 너를 일으켜 세우는 세포. 그것이 바로 긍정을 가져오는 세포다.

아무리 세상이 무겁게 눌러 와도, 그 세포는 끊임없이 희망의 파동을 보낸다. "괜찮아, 다시 시작할 수 있어." 네가 스스로 미워하고 무너질 때조차, 그 세포는 아주 작은 빛을 발하며 네 마음 구석에 불을 켠다. 그 빛은 처음엔 티끌처럼 작지만, 곧 네 안에서 자라나 세상을 바라보는 눈빛을 바꾸어 놓는다. 그래서 너는 종종 이유 없이 다시 일어서고 싶어지는 것이다.

하지만 거기서 끝나지 않는다. 너의 또 다른 세포, 실행하는 세포가 그 뒤를 잇는다. 긍정의 세포가 불을 밝히면, 실행의 세포는 발걸음을 내딛게 한다. 머릿속에만 맴돌던 계획을 손끝으로 옮기게 하고, 미뤄왔던 일을 시작하게 만든다. 이 세포는 마치 성급한 모험가처럼 네 안을 두드린다. "지금이야, 움직여라. 네가 할 수 있다."

너는 그 세포들의 힘으로 하루를 살아낸다. 어제와 다르지 않은 오늘이라도, 긍정의 세포가 마음을 열고, 실행의 세포가 몸을 움직이게 한다. 그렇게 작은 걸음을 내딛다 보면 어느새 너는 새로운 길 위에 서 있다. 남들이 보기에 대단한 성공이 아니어도 좋다. 중요한 건 네가 어제보다 더 살아 있다는 감각이다.

어쩌면 인생이란 거대한 세포들의 이야기일지도 모른다. 부정의 세포가 끊임없이 속삭이며 너를 멈추게 하고, 두려움의 세포가 그림자를 드리우기도 한다. 그러나 그 모든 소음 속에서도 긍정의 세포와 실행의 세포가 살아 있다는 사실이 너를 지켜준다. 네가 지금까지 버텨온 이유도, 앞으로 나아갈 수 있는 이유도 거기에 있다.

그러니 기억해라. 너는 단순히 살과 뼈로 이루어진 존재가 아니다. 네 안에는 언제든 다시 일어날 수 있게 만드는 두 개의 특별한 세포가 있다. 긍정을 가져오는 세포, 그리고 실행하는 세포. 그것이 네 안에서 조용히 뛰고 있는 한, 너의 삶은 언제나 다시 시작될 수 있다.

1月 10日

뱃살과 열정은 비례하지 않는다.

너는 거울 앞에 서서 문득 한숨을 내쉰다. 예전보다 배가 불룩해진 모습을 보며 스스로 나무라기도 한다. "나도 이제 늙었구나, 열정이 식은 게 아닐까?" 하지만 정말 그럴까? 네 뱃살과 너의 열정은 전혀 다른 문제다. 몸은 세월을 따라 변하지만, 마음의 불꽃은 네가 꺼뜨리지 않는 한 계속 타오를 수 있다.

뱃살은 나태의 증거일 수도 있다. 바쁜 생활 속에서 운동을 미루고, 음식 앞에서 작은 절제를 잃은 흔적일 수 있다. 하지만 그것이 곧 열정의 소멸을 의미하지는 않는다. 오히려 너의 열정은 나이를 먹으며 더 깊어지고, 더 단단해진다. 예전에는 단순히 불타올라 쉽게 꺼졌던 불씨가, 이제는 굳건한 장작불처럼 오래 지속되는 법을 배운 것이다.

너는 여전히 새로운 꿈을 꿀 수 있다. 배가 조금 나왔다고 해서 책을 읽는 열정이 사라지는가? 누군가를 사랑하고자 하는 마음이 줄어드는가? 세상에 기여하고 싶은 의지가 옅어지는가? 그렇지 않다. 오히려 몸은 무거워졌지만, 너의 눈빛은 여전히 반짝이고, 마음은 더 넓어졌다.

가끔 사람들은 외형으로 열정을 판단한다. 날씬하고 활동적인 사람이 더 열정적으로 보인다. 그러나 너는 알고 있다. 진짜 열정은 몸

매가 아니라 태도에서 나온다는 것을. 책상에 앉아 밤새 글을 쓰는 사람, 나이가 들어도 새로운 배움을 시작하는 사람, 몸은 둔해도 마음만은 한없이 달려가는 사람. 그들에게 뱃살은 사소한 장식일 뿐이다.

너는 오늘도 선택할 수 있다. 뱃살을 부끄러워하며 움츠러들 것인지, 아니면 여전히 타오르는 열정을 믿고 한 걸음을 내디딜 것인지. 몸은 나이를 따라 변하지만, 열정은 네가 살아 있음을 증명한다.

그러니 기억하라. 뱃살과 열정은 비례하지 않는다. 네가 오늘 어떤 마음으로 세상을 마주하느냐에 따라, 너는 여전히 젊고, 여전히 불타는 존재가 될 수 있다.

1月 11日

부자가 되면 뭐 하시겠어요?

너에게 묻는다. 부자가 되면 무엇을 하겠는가. 아마 너는 잠시 머뭇거리며 대답할 것이다. 더 큰 집, 더 좋은 차, 여행, 맛있는 음식. 물론 그것도 좋다. 그러나 그건 부의 겉모습일 뿐, 진짜 중요한 답은 그 너머에 있다. 돈은 도구이고, 그 도구를 쥔 네 마음이 어디를 향하는가가 진짜 질문이다.

부자가 되면 너는 시간을 얻는다. 지금은 생계를 위해 어쩔 수 없이 묶여 있는 많은 시간이 풀려날 것이다. 그때 너는 어떻게 그 시간을 쓸 것인가. 그냥 누워서 게으름만 부릴 것인가, 아니면 네가 오래 미뤄왔던 꿈을 펼쳐낼 것인가. 책을 쓰고 싶다면 글을 쓰고, 배우고 싶던 악기를 잡고, 여행을 떠나 새로운 사람들을 만나며 네 삶을 확장할 수도 있다. 돈은 결국 네가 시간을 어떻게 사용하느냐에 따라 의미가 달라진다.

또한 부자가 되면 너는 나눌 수 있다. 네가 가진 풍요를 누군가와 함께할 때, 부는 비로소 완성된다. 외로운 부자와 함께 웃는 가난한 이는 같지 않다. 너는 스스로 물어야 한다. "내가 가진 것을 어떻게 나눌 수 있을까." 그 질문에 답하는 순간, 너의 부는 단순한 자산을 넘어, 누군가의 희망이 된다.

그러나 부자가 되었다고 해서 인생의 고민이 사라지는 것은 아니다. 돈으로 해결할 수 없는 문제들, 외로움과 허무, 삶의 의미에 대한 질문은 여전히 네 앞에 놓여 있을 것이다. 그렇기에 다시 너에게 묻는다. "부자가 된 뒤에도, 너는 무엇을 추구할 것인가." 만약 네가 지금 그 답을 준비하지 않는다면, 재산이 불어나도 마음은 여전히 빈곤할 수 있다.

부자가 되면 무엇을 할 것인가. 그 질문은 사실, 지금 어떻게 살 것인가와 다르지 않다. 가진 것이 많든 적든, 네가 무엇을 소중히 여기고 어떤 삶을 선택하느냐가 결국 너의 진짜 부를 결정한다. 그러니 너에게 다시 조용히 말한다. 부자가 되면 뭐 하시겠어요? 그 답은 이미 지금 너의 삶 속에 있다.

1月 12日

핵심은 실행이다.

너는 수없이 많은 책을 읽고, 강연을 들으며, 삶의 비밀 같은 조언을 받아왔다. 성공한 사람들의 이야기를 접할 때마다 고개를 끄덕이며 "맞아, 저게 답이야"라고 중얼거린 적도 많다. 머릿속에는 지혜의 구슬이 차곡차곡 쌓여 있다. 하지만 네 삶은 왜 그토록 더딘가. 이유는 단순하다. 지혜를 아는 데서 멈췄기 때문이다. 핵심은 언제나 실행이다.

너는 알고 있다. 운동을 해야 건강해지고, 절제해야 재정이 나아지고, 진심을 표현해야 관계가 깊어진다는 사실을. 하지만 그 아는 것과 실제 행동 사이에는 큰 벽이 있다. 너는 늘 "언젠가"를 말한다. 내일, 다음 달, 상황이 나아지면. 그러나 그 "언젠가"는 오지 않는다. 결국 지혜는 먼지 쌓인 책장처럼 머릿속에서만 굳어버린다.

지혜는 불씨와 같다. 불씨만 간직한다고 방이 따뜻해지지 않는다. 네가 직접 장작을 모으고 불을 지펴야만 따뜻한 불길로 번진다. 지혜를 얻었으면, 반드시 행동으로 옮겨야 한다. 그렇지 않으면 네가 들었던 모든 좋은 말, 읽었던 모든 위대한 책은 단지 머릿속 장식품에 불과하다.

생각해 보아라. 역사 속 위대한 사람들도 특별한 재능만 가진 것이 아니었다. 그들은 알게 된 것을 곧바로 행동으로 옮겼다. 너도 할 수 있다. 작게 시작하면 된다. 한 페이지를 읽고 마음이 움직였다면, 그 자리에서 단 한 걸음이라도 옮겨라. 오늘이 아니면 내일은 더 어렵다. 실행 없는 지혜는 환상이고, 실행 있는 지혜만이 삶을 바꾼다.

그러니 너에게 애타게 말한다. 제발, 지혜를 얻었으면 실행하라. 네가 찾던 답은 이미 알고 있다. 이제 남은 것은 네 손과 발이 그 답을 살아내는 것이다. 실행만이 네 삶을 바꾸는 열쇠다. 지혜를 배웠다면, 이제는 움직여라. 그것이 너를 진짜 성장으로 이끄는 길이다.

1月 13日

너의 장점

너는 삶에서 선택을 앞에 두고 늘 잠시 멈춘다. 많은 사람이 손익 계산을 따지고, 타인의 시선을 먼저 고려할 때, 너는 다른 기준을 세운다. 그것은 바로 즐거움이다. 즐거움이 없다면 너는 결코 그 길을 택하지 않는다. 누군가에게는 고집처럼 보일 수 있지만, 사실 그것은 너의 분명한 장점이다.

즐거움은 단순한 기분이나 쾌락이 아니다. 너는 그것이 삶을 지속시키는 힘임을 잘 알고 있다. 억지로 하는 일은 결국 오래 가지 못한다. 타인의 기대에 끌려가는 선택은 언젠가 너를 지치게 만든다. 하지만 너는 다르다. 네 마음이 설레지 않으면, 아무리 그럴듯해 보여도 기꺼이 내려놓을 줄 안다. 그 용기가 바로 네가 가진 지혜다.

사람들은 종종 "해야 하니까 한다"라는 이유로 길을 걷는다. 그러나 너는 묻는다. "정말 내가 원해서 하는 걸까? 이 길이 내 삶을 빛나게 할까?" 그 질문이 너를 자유롭게 한다. 즐거움이 없는 선택을 하지 않음으로써, 너는 네 삶을 허무한 후회로 채우지 않는다. 대신 즐거움이 깃든 선택을 통해 너는 더 깊이 몰입하고, 더 오래 지속, 결국 더 큰 성취를 얻는다.

너의 이런 태도는 사람들에게 감탄을 준다. 그들은 네가 어떻게 늘 활기를 잃지 않고 살아가는지 궁금하다. 비밀은 간단하다. 너는 즐거움을 기준으로 선택했기에, 네가 하는 일마다 진심이 깃들어 있는 것이다. 억지로 하는 행동은 힘들지만, 즐거움에서 하는 행동은 놀이가 되고, 놀이 같은 일은 결국 성과로 이어진다.

그러니 너는 네 방식을 의심할 필요가 없다. 즐거움이 없는 선택을 하지 않는 것은 게으름이 아니라, 오히려 너를 지키는 원칙이다. 그것이 네 삶을 진실하게 만들고, 너를 더욱 단단하게 한다. 세상은 종종 의무와 책임만을 강조하지만, 너는 안다. 즐거움이야말로 삶을 끝까지 이어주는 가장 강력한 에너지다.

네가 걸어온 길을 돌아보아라. 즐거움이 없었다면 너는 오래 버티지 못했을 것이다. 지금까지 살아온 네 삶의 빛은 모두 즐거움에서 비롯되었다. 그러니 잊지 말아라. 네가 즐거움이 없는 선택을 하지 않는 것은, 무엇보다도 너의 가장 큰 장점이다.

1月 14日

고집

네가 가진 가장 단단한 벽은 바로 고집이다. 누군가가 조언해도, 세상이 아무리 변해도 너는 그 자리에 버티듯 서 있었다. 변하기 싫다는 마음은 어쩌면 너를 지켜온 방패였을지도 모른다. 하지만 그 방패가 때로는 네 앞길을 막는 두꺼운 문이 되기도 했다. 네가 고집을 세울 때마다 사람들은 너를 이해하기 어려워했고, 기회는 조용히 스쳐 지나갔다.

그러나 요즘의 너는 조금 다르다. 아주 미세하게나마 변화의 바람을 받아들이고 있다. 네 안의 고집이 완전히 사라진 건 아니지만, 균열이 생기고 있다. 아침에 늘 가던 길 대신 조금 먼 길을 택해 걸어보기도 하고, 고집스럽게 미루던 일들을 조금 더 빨리 처리하려 애쓰는 모습이 보인다. 사소한 것 같지만, 그 작은 변화들이 모여 결국 네 삶의 색을 달라지게 할 것이다.

너도 알고 있지 않나. 변하지 않겠다는 완고함은 순간의 편안함을 주지만, 결국 제자리걸음을 반복하게 한다는 것을. 네가 가진 고집은 뿌리 깊은 나무와 같다. 쉽게 흔들리지 않지만, 동시에 바람에 따라 흔들려야만 성장할 수도 있다. 조금씩 가지를 움직이며 햇살을 받는 순간, 나무는 더 푸르고 높게 뻗어가는 법이다.

네가 보여주는 작은 변화는 사실 큰 의미다. 고집이라는 벽에 작은 창문을 내는 것과 같다. 그 창문을 통해 들어오는 빛이 너를 달라지게 만든다. 네가 완전히 다른 사람이 될 필요는 없다. 네 본질은 그대로 두되, 조금씩 세상과 손을 맞잡는 용기만 있으면 된다.

 네가 가진 고집이 때로는 너를 단단하게 만들고, 또 변화의 순간에는 너를 성장하게 하는 양날의 검이 된다. 이제는 그 균형을 배워야 할 때다. 완강히 버티는 너의 모습에서, 조금씩 바뀌어 가는 너의 모습에서, 한 가지 희망을 본다. 네가 고집과 변화를 동시에 품을 수 있는 날, 너는 더 깊고 자유로운 사람이 되어 있을 것이다.

1月 15日

따스한 첫사랑의 잔향

너는 꿈속에서 뱀에게 물리고 있었다. 차가운 이빨이 팔을 꿰뚫는 순간, 온몸이 얼어붙었다. 공포와 고통이 한꺼번에 몰려와 숨이 막혔다. 소리치고 싶었지만, 목구멍 안에서만 울릴 뿐, 아무도 듣지 못했다. 손끝까지 전해지는 찌릿한 고통 속에서, 너는 세상이 멈춘 듯한 기분을 느꼈다. 눈앞이 흐려지고, 어둠 속에서 너는 자신이 사라지는 듯한 불안에 휩싸였다.

그 순간, 갑자기 눈앞이 환하게 빛났다. 정신이 아득해지던 너는 어느새 병원 응급실 한쪽 침대에 누워 있었다. 차갑던 공포와 고통은 흔적처럼 사라지고, 대신 낯설지만, 이상한 평온이 몸 안을 감쌌다. 심장은 빠르게 뛰고 있었지만, 두려움보다는 묘한 안도감이 먼저 느껴졌다.

그리고 그 순간, 그녀가 나타났다. 첫사랑이었다. 어린 시절 마음속 깊이 간직해 두었던 얼굴이, 이렇게 현실처럼 선명하게 눈앞에 있었다. 그녀는 살짝 미소 지으며 손을 내밀었다. "너, 괜찮아?" 짧은 한마디였지만, 그 안에는 오래전부터 너를 향한 다정함과 걱정이 묻어 있었다. 너는 멍하니 그녀의 손을 잡았다. 꿈인지 현실인지 구분할 수 없었지만, 이상하게 마음은 이미 안정을 찾았다.

병원의 복도를 천천히 걸었다. 서로의 손은 자연스럽게 맞닿아 있었고, 말은 필요 없었다. 눈빛만으로 마음이 오갔다. 한때 서투르고 부끄러워 말하지 못했던 감정들이, 이 짧은 순간에 고요히 흘러 들어왔다. 너의 가슴은 설렘과 긴장으로 가득 찼지만, 동시에 마음 한구석에는 오래전부터 기다려 왔던 따스함이 스며들었다.

머릿속으로는 생각했다. '꿈이지만, 이 순간만큼은 현실이어도 좋겠다.' 현실이라면, 아마도 세상 모든 게 다소곳이 숨을 죽이고 너희 둘만을 위해 존재하는 느낌일 것이다. 그녀의 향기, 웃음, 부드러운 손길—모든 게 꿈보다 선명했다.

눈을 뜨자, 너는 여전히 침대 위에 있었다. 팔에는 뱀에게 물린 흔적 대신, 따스한 첫사랑의 잔향만 남아 있었다. 심장은 여전히 빠르게 뛰고 있었지만, 마음은 이상하게 차분했다. 기억 속 첫사랑의 웃음이 아직도 손끝에 남아 있는 듯했고, 너는 그 여운을 오래도록 곱씹으며, 다시 찾아오지 않을 수도 있는 순간의 설렘을 조용히 가슴에 담았다.

1月 16日

너와 있으면 재밌다.

　너와 함께 있으면 늘 마음이 가볍다. 삶이라는 무게를 짊어지고 하루를 건너는 일이 어쩐지 너와 함께 있을 때만은 조금은 장난처럼 느껴진다. 웃음이 터져 나오는 순간도, 말없이 창밖을 바라보는 순간도, 심지어 지루하게 느껴질 수 있는 대화조차도 너와 함께 있으면 전혀 다르다. 재미있다는 건 꼭 유쾌한 농담이나 화려한 사건이 있어야 가능한 게 아니라는 걸 너를 만나고서야 알았다.

　너와 걸을 때면 길모퉁이에 핀 작은 들꽃도 네겐 귀한 발견이 되고, 버스 창가에 기대어 있을 때 흘러가는 풍경조차 즐거운 이야기의 배경이 된다. 네가 혼자라면 무심히 지나쳤을 장면들이 너의 옆에서는 자꾸만 새로운 빛깔을 띤다. 그러니 너와 함께하는 순간은 그 자체로 한 편의 소소한 모험이 된다.

　사실, 재미있다는 말 속에는 편안하다는 감정이 함께 깃들어 있다. 긴장을 풀고, 억지로 잘 보이려 애쓰지 않아도 되는 사이, 마음을 내려놓을 수 있는 관계. 네가 웃으면 같이 웃게 되고, 네가 잠시 멍하니 있으면 그 고요 속으로 따라 들어가게 된다. 이 단순한 동행이 삶을 훨씬 다채롭게 만든다.

　돌아보면, 너는 특별히 대단한 일을 한 적이 없다. 값비싼 여행을 떠난 것도 아니고, 거창한 성취를 함께 자축한 것도 아니다. 하지만 소소한 일상의 틈새에서 너는 늘 재미를 발견해 왔다. 갑자기 쏟아지는 소나기에 우산 없이 뛰던 순간, 작은 가게에서 시킨 음식이 예상과 달라 서로 눈치를 보며 웃던 순간, 별것 아닌 일들이 기억 속에 오래 남았다. 그것이 바로 너와 함께 있을 때의 마법이다.

   가끔 묻는다. 왜 너와 있으면 늘 재미있을까. 아마도 그 답은 너의 존재 그 자체일 것이다. 너의 말투, 너의 표정, 너의 사소한 습관들까지도 새롭고 소중하다. 그래서 기다린다. 다음에 다시 너를 만날 그 시간을. 또다시 웃음이 터지고, 사소한 풍경마저 반짝이는 순간을. 너와 함께 있으면, 삶은 단순히 버텨내야 할 무게가 아니라 함께 즐길 수 있는 길이 된다. 그래서 말하고 싶다. "너와 함께 있으면 항상 재미있다." 이 문장은 너에게 가진 모든 고마움과 애정을 담았다.

1月 17日

스스로 주인 되는 길

너는 늘 다른 이들의 기대 속에서 살아왔다. 부모가 정해준 길을 따랐고, 상사가 요구하는 대로 움직였으며, 친구들이 권하는 대로 시간을 채웠다. 남들에게는 성실한 사람으로 보였지만, 밤이 되면 가슴 깊은 곳에서 묘한 허기가 올라왔다. 네가 네 삶의 주인이 아니라는 걸, 누구보다 너 스스로가 알고 있었기 때문이다.

어느 날 아침, 출근길 버스 정류장에 서 있던 너는 갑자기 발걸음을 멈췄다. 평소라면 자동으로 버스에 몸을 실었겠지만, 그 순간 너는 마음속 작은 목소리를 들었다. '오늘은 다른 길로 가보자.' 목적지는 정하지 않았다. 그저 네 발이 원하는 곳을 향하도록 맡겼다. 오래된 골목을 따라 걷다 보니, 벽에 그려진 낡은 그림이 눈에 들어왔다. 색이 바랜 그림 속에서 오래전 기억이 스치고, 마음이 묘하게 따뜻해졌다.

작은 책방 문을 열고 들어가 먼지 낀 책 한 권을 펼쳤다. 낯선 글귀가 너의 눈과 마음을 스쳤고, 평소라면 지나쳤을 순간이 새로운 호기심으로 다가왔다. 그 순간, 이상한 자유가 가슴속에 번졌다. 누군가의 지시가 아닌, 네 선택이 만들어 낸 시간이라는 사실이, 너를 미묘하게 설레게 했다.

스스로 주인 되는 길은 거대한 사건이나 화려한 변화에서 시작되지 않는다는 것을. 단 하나의 선택, 단 하나의 용기에서 모든 게 시작된다. 완벽하지 않아도 괜찮다. 길을 걷다 넘어질 수도 있고, 계획과 달리 헤맬 수도 있다. 중요한 건 네가 네 삶을 직접 써 내려간다는 사실이다. 남의 평가나 시선에 흔들리지 않고, 오직 자신이 원하는 방향으로 발걸음을 내딛는 것. 그것이야말로 진정한 자유와 주인의식이다.

저녁이 되어 하늘이 붉게 물드는 동안, 너는 천천히 걸으며 주변을 바라보았다. 가로등 아래 흔들리는 나뭇잎, 바람에 스치는 먼지 냄새, 발밑의 낯선 골목길까지 새롭게 느껴졌다. 작은 선택 하나가 만들어 낸 하루였지만, 그 하루는 이전과 비교할 수 없는 깊이와 의미를 지녔다. 삶은 거창한 계획이 아니라, 매 순간 스스로 선택하고, 그 선택을 살아가는 연속이다.

그 길 위에서 너는 비로소 자신에게 속삭였다. "오늘 나는 내 삶의 주인이다." 마음속 깊은 허기가 서서히 사라지고, 대신 묘한 충만감이 스며들었다. 길은 여전히 낯설고 불확실했지만, 이제 너는 두렵지 않았다. 중요한 건, 네 삶의 펜을 스스로 쥐고 있다는 사실이었다. 작은 용기 하나로 시작된 길은 앞으로도 너를 어디로든 이끌 것이다. 그리고 그 모든 순간, 너는 오직 자신에게만 충실하며 살아갈 것이다.

1月 18日

목적지

너는 종종 인생을 결과로만 생각하곤 한다. 어떤 성취를 이루어야만 비로소 의미가 있다고 여기기도 한다. 하지만 잘 생각해 보면, 인생은 단순히 목적지에 도착하는 일이 아니다. 목적은 분명 필요하지만, 그 목적을 향해 걸어가는 과정이 곧 인생의 본질이다. 너의 하루하루가 모여 너의 이야기를 만들고, 그 과정이 이어져 하나의 연속성을 가진다.

너는 어제의 너와 오늘의 네가 다르다고 느낄 때가 있을 것이다. 그러나 그 다름마저도 서로를 이어주며 너라는 사람을 완성한다. 실수했던 기억, 후회했던 선택, 기뻐했던 순간, 사소한 웃음까지 모두 하나의 길을 잇는 돌과 같다. 너는 그 돌들을 밟아가며 지금 이 자리에 서 있다. 그러니 인생은 끊어지는 단속적인 사건이 아니라 흐르는 강물처럼 이어져 가는 연속의 과정이다.

너는 목적을 향해 달리면서도 종종 길 위에서 멈추어 서야 한다. 목적지만 바라보면 눈앞의 풍경을 놓치기 쉽다. 연속된 삶 속에서 잠시 고개를 돌려 작은 꽃을 보듯, 사람의 말에 귀 기울이듯, 그 과정의 순간들을 음미하는 것이 필요하다. 왜냐하면 결국 너의 인생을 따뜻하게 채워주는 건 결과보다는 과정에서 흘러간 기억들이기 때문이다.

인생을 연속적이라고 말할 때, 그것은 네가 과거와 단절된 존재가 아니라는 뜻이다. 어린 날의 너는 지금의 너 속에서 여전히 숨 쉬고 있고, 오늘의 너는 또 내일의 너를 만들어 간다. 네가 어떤 선택을 하든 그것은 단절된 점 하나가 아니라 이어진 선 위의 움직임이다. 그래서 너는 지금 순간에도 새로운 의미를 덧칠하는 중이다.

너는 언젠가 목적지에 다다를 것이다. 그러나 그곳에 도착했을 때 너를 웃게 하거나 울게 하는 건, 결국 그곳까지 걸어온 발자취일 것이다. 그러니 인생을 서두르지 말고, 끊어지지 않는 흐름 속에서 너 자신을 바라보아라. 너는 이미 그 과정에 충분히 살아가고 있다.

1月 19日

법칙

너는 인생을 살아가며 늘 자유롭다고 느끼고 싶어 한다. 하지만 조금만 깊이 들여다보면, 네 삶은 언제나 법칙이라는 보이지 않는 울타리 속에서 흘러간다. 중력의 법칙이 너를 땅에 붙들어 두듯, 사회의 규칙과 도덕의 경계가 너의 발걸음을 제한한다. 너는 그것을 불편하게 여길 때도 있지만, 바로 그 법칙이 있기에 삶은 혼란이 아니라 질서를 가진다.

너는 어릴 적부터 법칙을 배워왔다. 넘어지면 아프다는 것을 알게 되었고, 남을 다치게 하면 똑같은 상처가 돌아온다는 것도 배웠다. 배움은 언제나 어떤 질서 위에서 이루어졌다. 네가 무심히 지나치는 계절의 흐름조차 시간의 법칙을 따라 움직인다. 봄이 가면 여름이 오고, 가을이 지나면 겨울이 온다. 그 순환의 틀 속에서 너는 성장해 왔다. 네가 바라는 자유 역시 법칙 안에서 가능하다. 만약 모든 게 제멋대로라면 너의 자유는 곧 다른 사람의 고통이 되고 만다. 그래서 너는 스스로 절제하고, 남을 존중하며, 사회가 정한 약속에 맞추어 살아간다. 이는 억압이 아니라 공존의 방식이다. 법칙은 너를 묶는 족쇄가 아니라, 함께 살아가기 위한 최소한의 질서다.

때로 너는 법칙에 반발하고 싶을 것이다. 시험 없이도 실력을 증명하고 싶고, 규칙을 넘어 더 빠르게 나아가고 싶다. 그러나 그 순간에도 너는 또 다른 법칙을 만나게 된다. 원인을 만들면 결과가 따라온다는 인과의 법칙이다. 편법으로 얻은 이익은 오래 가지 못하고, 성실히 쌓아 올린 노력은 결국 빛을 발한다. 이 단순한 진리를 외면할 수 있는 사람은 없다.

너의 인생은 법칙 아래에서만 제대로 진행된다. 신뢰를 지키면 관계가 깊어지고, 시간을 들이면 결실이 맺히며, 정직하게 뿌린 씨앗은 반드시 열매로 돌아온다. 이것은 인간이 만든 법조문보다 더 근원적인 삶의 이치다. 네가 그 질서를 이해할수록 인생은 너에게 덜 낯설고, 더 의미 있는 여정으로 다가올 것이다.

그러니 기억해라. 인생은 법칙 아래 진행된다. 너는 그 울타리 안에서 길을 찾고, 때로는 넘어지고, 다시 일어나며 걸어간다. 그 모든 과정이 결국 너를 하나의 완성으로 이끌어가는 것이다.

1月 20日

선택

너는 종종 운명을 정해진 길처럼 생각한다. 이미 누군가의 손에 의해 짜진 대본 속에서 네가 단지 연기하는 배우일 뿐이라고 느낄 때도 있을 것이다. 그러나 잘 들여다보면, 네가 오늘 내린 작은 선택 하나가 내일의 장면을 바꾸고, 네가 쥔 의지가 너의 운명을 새로 써 내려가고 있음을 알게 된다. 인간의 의지는 운명을 단순히 따르는 것이 아니라, 스스로 창조하는 힘이다.

너는 매일 갈림길 앞에 선다. 사소해 보이는 길일지라도 어떤 방향을 택하느냐에 따라 전혀 다른 결과가 찾아온다. 아침에 눈을 뜨고 오늘을 어떻게 살겠다고 마음먹는 순간부터 너의 운명은 달라진다. 게으름에 머무를 수도 있고, 작은 성실을 쌓아갈 수도 있다. 결국 네 삶을 결정짓는 것은 외부의 손길이 아니라 네 안에서 솟아오르는 의지다.

물론, 운명 앞에는 너의 힘이 닿지 않는 벽도 존재한다. 태어난 환경, 주어진 조건, 예상치 못한 사고와 우연. 그러나 그 벽 앞에서 어떤 태도로 취하는 건 오직 너의 몫이다. 어떤 이는 절망 속에서 주저앉지만, 또 다른 이는 같은 절망 속에서 길을 찾는다. 바로 그 차이가 운명의 향방을 갈라놓는다. 너의 의지가 현실을 바꾸는 순간, 운명은 더 이상 정해진 틀이 아니라 네가 새겨나가는 궤적이 된다.

너는 아마도 스스로 작다고 느낄 때가 있을 것이다. 하지만 역사를 바꾼 이들, 삶을 극적으로 바꿔낸 사람들 또한 처음에는 너와 다르지 않았다. 단지 그들은 의지를 놓지 않았고, 그 의지가 결국 길을 열었다. 네 안에도 같은 불씨가 있다. 그것을 믿고 키워내는 순간, 너는 운명을 창조하는 주인으로 서게 된다.

운명이 너를 지배하는 것이 아니라, 네 의지가 운명을 새롭게 그려간다. 그러니 두려워하지 마라. 작아 보이는 선택 하나도 결국 너의 삶을 빚어내는 조각이다. 네가 끝내 어떤 운명을 살아가게 될지는 네 의지가 어떤 모양을 그려내느냐에 달려 있다. 오늘의 결심이 내일의 너를 만들고, 그 연속이 결국 하나의 운명을 완성한다.

인간의 의지는 그 운명을 창조한다. 너는 이미 너의 운명을 만드는 중이다.

1月 21日

지난 후회

　오늘 문득, 지난 시간을 되돌아보았다. 스스로 솔직해지자면, 너는 부모에게 효를 다하지 못했다는 사실이 마음 깊이 박혀 있다. 말하지 못했던 사랑, 하지 못한 배려, 그동안의 무심함과 소홀함이 오늘 밤 마음을 흔든다.

　너는 아무 말 없이 혼자 방 안에 앉아 있다. 아무도 없는 공간, 오직 네 마음속 후회만이 조용히 울린다. 부모님께 하지 못한 말, 드리지 못한 손길, 작은 부탁도 귀찮다고 미뤘던 시간들, 그 모든 순간이 머릿속을 스친다. 너는 그 기억 하나하나에 눈물을 흘린다. 말없이, 마음속에서.

　부모님께서 너를 위해 애쓰신 시간들을 떠올릴 때마다, 너는 가슴이 먹먹해진다. 세상에선 사소해 보였던 일들, 부모님이 보이지 않는 곳에서 한 수고와 사랑, 그것들을 너는 제대로 느끼지 못했다. 감사 대신 당연함으로 치부하며, 지나쳐 버린 자신이 원망스럽다.

　너는 후회 속에서 스스로 다독인다. 이미 지나간 시간은 돌아오지 않지만, 마음속으로라도 그분들에게 조금 더 가까이 다가가고 싶다. 말없이, 마음속에서 흐르는 눈물 속에는 미안함과 사랑이 섞여 있다. 눈에 보이는 효도는 부족했지만, 마음속에서는 하루하루 부모님을 향한 사랑을 다시 쌓아 올린다.

어쩌면 부모님은 너의 이런 마음을 이미 알고 계실지도 모른다. 너의 무심함과 부족함에서도 변함없는 사랑으로 너를 품어주셨음을, 너는 숨어 있는 기억 속에서 느낀다. 그렇기에 네 마음의 눈물은 단순한 후회만이 아니다. 사랑과 감사, 그리고 조금 더 성숙해지고 싶은 마음이 함께 흐르는 눈물이다.

오늘 너는 조용히 다짐한다. 남은 시간, 말과 행동으로 조금 더 부모님을 바라보고, 사랑을 표현하자고. 이미 지나간 세월을 되돌릴 수 없지만, 지금부터라도 마음과 행동을 일치시키며 살아가자고. 효도는 거창한 것이 아니라, 작은 마음의 표현과 일상의 관심에서 시작된다.

말없이 흐르는 마음의 눈물 속에서, 너는 부모님께 전하지 못한 미안함과 사랑을 담는다. 그리고 속으로 약속한다. 남은 시간, 더 솔직하게, 더 따뜻하게, 더 다정하게 부모님을 바라보겠다고. 후회와 눈물 속에서도, 너는 조금 더 성숙한 너를 만나며, 마음속으로 그 사랑을 되새긴다.

1月 22日

영

너는 거울 앞에 서서 종종 네 몸을 바라본다. 얼굴의 주름, 근육의 모양, 혹은 피로가 쌓여 흐려진 눈빛을 보며 "이것이 나"라고 단정한다. 그러나 그것은 일부일 뿐이다. 네가 스스로 단지 육체라 오해하는 순간, 네 안에 더 깊이 자리한 본질, 곧 영이라는 사실을 잊게 된다. 그리고 그 망각에서 많은 혼란과 고통이 흘러나온다.

너는 몸을 위해 하루를 산다. 먹고, 입고, 쉬고, 일하는 모든 일이 몸을 지탱하기 위함이라고 여긴다. 그러다 보니 몸이 약해지면 삶 전체가 무너지는 듯 느끼고, 외모가 흐려지면 존재의 가치마저 줄어든다고 착각한다. 그러나 네가 잊은 것이 있다. 너는 몸을 입은 영이지, 영을 잊은 몸이 아니다. 몸은 그릇이고, 영은 그 안에 담긴 빛이다.

네가 영을 망각할 때, 비교와 불안이 시작된다. 다른 이의 키와 외모, 재산과 지위를 보며 초라함을 느낀다. 육체만을 나라고 믿으면, 너의 가치는 언제나 외부 조건에 흔들린다. 하지만 네가 영이라는 사실을 기억한다면, 너는 변치 않는 중심을 가진다. 아무리 몸이 늙어도, 아무리 세상의 기준에서 벗어나도, 네 존재의 빛은 줄어들지 않는다.

육체의 눈으로만 세상을 보면, 너는 한정된 삶 속에서 허무를 느낀다. 죽음이 다가오면 모든 게 끝이라고 믿고 두려움에 사로잡힌다. 그러나 영의 눈으로 세상을 보면, 죽음은 끝이 아니라 또 다른 과정이다. 봄이 지나 여름이 오듯, 육체의 소멸은 영의 또 다른 길로 이어진다. 네가 영을 잊지 않을 때, 죽음마저도 삶의 일부로 받아들일 수 있다.

너는 가끔 설명할 수 없는 위안을 경험한다. 힘든 날에도 문득 마음이 맑아지거나, 아무 이유 없이 누군가를 사랑하고 싶어지는 순간이 있다. 그것이 바로 영이 네 안에서 속삭이는 증거다. 하지만 네가 육체만을 믿고 달려갈 때, 그 속삭임은 점점 작아지고, 결국 들리지 않게 된다. 그래서 네 삶은 더 시끄러워지고, 불안과 갈등은 끊이지 않는다.

네가 다시 영을 기억한다면, 삶은 다르게 흐른다. 몸을 돌보되 몸에만 매이지 않고, 세상의 기준을 따르되 그것에 매몰되지 않는다. 너의 존재는 본래부터 귀하고, 그 빛은 어떤 상황에서도 꺼지지 않는다는 사실을 알게 된다. 그러니 잊지 마라. 너는 단지 육체가 아니다. 너는 영이며, 몸은 그 영이 세상에 드러나기 위한 옷일 뿐이다. 그 사실을 기억할 때, 비로소 너는 삶의 근원적 자유와 평화를 맛볼 수 있다.

1月 23日

마지막 증언

사형을 앞둔 네 이름은 곽상호였다. 네가 살인을 저질렀다는 판결은 이미 확정되었고, 언론은 너를 '잔혹한 살인마'라 불렀다. 하지만 너 마음속엔 다른 이름이 무겁게 가라앉아 있었다. 진짜 범인, 너의 가장 가까웠던 친구, 주. 민. 호.

그날 밤 사건은 단순했다. 술에 취한 민호가 우발적으로 범행을 저질렀고, 너는 곁에서 그 모든 장면을 보았다. 경찰이 도착했을 때, 민호는 떨리는 눈빛으로 너를 바라보며 속삭였다. "부탁한다, 나한테는 가족이 있어. 네가 대신 뒤집어쓰면… 반드시 보답할게." 그 순간의 망설임이 너의 운명을 갈라놓았다.

재판 내내 너는 입을 굳게 다물었다. 변호사는 무죄를 주장했지만, 증거는 모두 너를 가리켰다. 민호는 증인석에서 흔들림 없는 목소리로 진술했다. "제가 아는 상호는 평소 폭력적이었습니다." 너는 그 말을 들으며 가슴이 찢겨 나갔지만, 여전히 입을 열지 않았다. 언젠가는 민호가 스스로 양심을 고백하리라 믿었기 때문이다.

그러나 그 믿음은 끝내 배신당했다. 사형 집행을 일주일 앞두고도 민호는 아무 말이 없었다. 오히려 사업을 키우고, 가정을 꾸리며 '성실한 가장'으로 살아가고 있었다. 그 모습을 담은 신문 기사를 읽으며, 너는 처음으로 깊은 절망에 빠졌다.

마지막 면회 날, 동생이 울며 말했다. "형, 왜 아무 말도 안 했어? 진짜 범인이 따로 있다는 거, 왜 밝히지 않았어!" 너는 침묵하다가 겨우 입을 열었다. "그 애에겐… 아내와 아이가 있었어. 내가 짊어지는 게 더 낫다고 생각했어." 동생은 오열하며 철창을 붙잡았지만, 네 마음은 이미 담담했다.

집행 당일, 형장은 너에게 마지막으로 할 말을 물었다. 너는 잠시 눈을 감았다가, 차가운 공기 속에서 입술을 열었다. "민호야, 네가 짓밟은 건 내 삶 하나가 아니라, 진실이었다. 언젠가는 너도 이 무게를 짊어지게 될 거다."

그것이 세상에 남긴 너의 마지막 증언이었다. 그러나 기록에는 단 한 줄만 남았다. "사형수 곽상호, 끝내 범행을 자백하지 않음."

1月 24日

천국은 시간과 공간 개념이 없다.

너는 늘 시계에 매여 산다. 몇 시에 일어나야 하고, 언제까지 일을 마쳐야 하며, 몇 년 안에 이루어야 할 목표가 있다고 스스로 다그친다. 공간 또한 네 삶을 규정한다. 이곳에선 편안하고, 저곳에선 불안하며, 머무는 자리와 떠나는 자리가 너의 감정을 흔든다. 너의 인생은 시간과 공간이라는 두 줄에 묶여 있다. 하지만 천국은 다르다. 천국은 그 어느 곳에도 묶이지 않고, 그 어떤 시각에도 갇히지 않는 자리다.

너는 천국을 미래의 어딘가로만 생각하곤 한다. 죽음 뒤에야 들어갈 수 있는 멀리 떨어진 공간이라고. 하지만 그 생각은 이미 시간과 공간의 틀에 갇힌 해석이다. 천국은 어제도, 내일도 아닌 지금의 충만 속에서 열린다. 어디로 가야 만날 수 있는 장소가 아니라, 너의 영이 깨어날 때 드러나는 차원이다.

시간이 없는 곳에서는 기다림이 없다. 조급함도, 후회도 사라진다. '곧'이라는 말조차 필요 없고, '이미 지나갔다'라는 개념도 없다. 모든 게 '지금'에 머문다. 너는 지금이라는 순간이 무한히 확장된 세계를 상상해 본 적 있는가. 천국은 바로 그 자리다. 거기서 너는 과거의 상처에 매이지 않고, 미래의 두려움에도 흔들리지 않는다. 오직 영원한 현재 속에 안식한다.

공간이 없는 곳에서는 거리도 없다. 네가 사랑하는 이와 아무리 멀리 떨어져 있어도 곧바로 함께 있을 수 있다. 만남과 이별의 구분이 사라지고, 중심과 변두리의 차별도 사라진다. 너는 어떤 장소에 있지 않아도 존재 그 자체로 충만하다. 이 땅에서 네가 늘 경험하는 '멀다, 가깝다'라는 감각이 천국에서는 무의미해진다.

너는 아마 묻고 싶을 것이다. 그렇다면 천국은 도대체 어떤 모습이냐고. 그러나 모습이라는 개념 자체가 이미 공간의 언어다. 시간을 재고 거리를 따지는 순간, 너는 천국을 오해하게 된다. 천국은 눈으로 보는 대상이 아니라, 네 영으로 경험하는 차원이다. 그곳에서 너는 흐름 없는 평화와 끝없는 빛을 만난다.

네가 지금 삶 속에서 시간과 공간의 굴레를 잠시 벗어날 때가 있다. 사랑하는 사람과 함께 있을 때, 잠시 모든 계산이 사라지고 순간이 영원처럼 느껴지지 않던가. 기도할 때, 혹은 깊이 몰입한 순간에 너는 이미 천국이 스쳐 지나간다. 그것이 바로 영원과 무한이 네 안에 살아 있다는 증거다.

천국은 저 먼 미래의 장소가 아니다. 시간과 공간의 굴레를 벗어난 지금 이 자리, 너의 영이 깨어날 때 열리는 세계다. 네가 그 사실을 알아차리는 순간, 이미 천국은 너의 삶 속에 스며 있다.

1月 25日

천국은 생각의 속도로 이동하는 세계다.

　너는 지금까지 이동하는 것을 늘 발걸음이나 수단에 의지해 왔다. 버스를 타야 하고, 차를 몰아야 하며, 비행기를 타야 멀리 갈 수 있다고 믿는다. 하지만 그 모든 게 공간의 제약 속에서만 통하는 방식이다. 천국은 다르다. 그곳에서는 몸이 아니라 생각이 곧 길이 되고, 의식이 곧 날개가 된다. 네가 마음에 품는 순간, 이미 그 자리에 도착해 있다. 천국은 생각의 속도로 이동하는 세계다.

　네가 사랑하는 사람을 떠올리는 순간, 이미 그의 곁에 있다. 그리움이 거리를 가르지 못하고, 기다림이 시간을 잡지 못한다. 네가 보고 싶은 풍경을 마음에 그리는 순간, 그것은 현실이 된다. 바다를 그리면 바다 앞에, 숲을 그리면 숲속에, 빛을 그리면 곧 빛 속에 들어선다. 그곳에서는 이동이 아니라 현현(顯現)이 된다. 단절이 없고, 지연이 없으며, 오직 생각과 동시에 이루어지는 도달만이 있다.

　너는 아마 상상해 볼 것이다. "그렇다면 천국에서는 길이 필요 없겠구나." 맞다. 천국에서의 길은 발걸음이 아니라 마음이다. 너의 의식이 방향을 정하고, 사랑이 목적지가 된다. 이곳에서처럼 길을 헤매거나 늦을 일이 없다. 천국은 네가 원하고 바라보는 그 자리와 즉시 하나가 되는 곳이기 때문이다.

　생각의 속도로 이동한다는 것은 곧 네가 무엇을 품느냐가 가장 중요하다는 뜻이다. 천국에서 불안과 두려움은 의미가 없다. 네가 사랑을 품으면 사랑 속으로, 평화를 품으면 평화로 들어간다. 네 의식이 곧 환경을 만들고, 환경은 곧 의식의 반영이 된다.

이 땅에서는 언제나 기다림과 거리가 따른다. 너는 누군가를 만나기 위해 시간을 정하고, 그곳으로 가기 위해 수고를 들인다. 그러나 천국에서는 그런 과정이 사라진다. 네가 만나고자 하는 이와의 분리가 애초에 존재하지 않기 때문이다. 생각은 지체되지 않고, 마음은 곧 현실이 된다.

너는 지금도 가끔 그 천국의 단서를 맛본다. 누군가를 떠올렸는데 뜻밖에 전화가 오거나, 간절히 원했던 순간이 빠르게 이루어질 때, 너는 이미 생각의 속도를 알고 있다. 천국은 바로 그 힘이 완전하게 펼쳐지는 곳이다. 천국은 멀리 있는 공간이 아니라, 네 마음의 방향과 속도가 곧 이동이 되는 차원이다. 네가 사랑을 품는 순간, 천국은 이미 네 곁에 있다.

1月 26日

기다림은 지킴이다.

너는 가끔 무심히 무언가를 바라본다. 창밖을 스치는 구름일 수도 있고, 멀리서 걸어오는 누군가의 모습일 수도 있다. 하지만 그 눈길에는 단순한 시선이 아니라 기다림이 숨어 있다. 바라본다는 것은 곧 마음을 걸어두는 일이고, 그 마음은 결국 누군가를 기다리는 모양으로 피어난다.

너는 기다릴 때 불안을 느끼기도 한다. 올지, 오지 않을지 알 수 없는 시간 앞에서 마음은 흔들린다. 그러나 기다림이 단순한 공허라면 너는 오래 버틸 수 없을 것이다. 기다림 속에는 사실 너의 깊은 지킴이 숨어 있다. 네가 자리를 지키지 않았다면 기다림은 금세 흩어졌을 것이다. 기다린다는 건 그 자리를 떠나지 않겠다는 고백이자, 네 안의 무언가를 지켜내겠다는 다짐이다.

네가 누군가를 기다릴 때, 사실 너는 그 사람을 향한 마음을 지키고 있다. 네가 어떤 순간을 기다릴 때, 사실 너는 그 순간을 향한 희망을 지키고 있다. 그래서 기다림은 늘 단순한 시간이 아니라 충실한 의지다. 너는 그것을 알고 있기에 기다림 속에서 쉽게 자리를 포기하지 않는다.

바라봄과 기다림, 그리고 지킴은 결국 하나의 흐름이다. 네가 바라볼 수 있다는 건 이미 기다리는 마음이 있다는 뜻이고, 네가 기다린다는 건 네가 지키고 있는 무언가가 있다는 증거다. 이 흐름은 네 삶을 단단히 붙잡아준다. 오늘 네가 쉽게 흔들리지 않고 버틸 수 있는 건, 바라보고 기다리며 지켜온 것들이 있기 때문이다.

너는 어쩌면 긴 기다림 속에서 지쳐본 적도 있을 것이다. 그러나 그때조차 너는 무엇을 놓치지 않고 지켜왔다는 사실을 잊지 마라. 기다림이 길수록 네가 지킨 마음은 더 깊어진다. 그것은 네가 살아 있다는 가장 분명한 증거이기도 하다.

그러니 바라보아라. 그것은 기다리는 마음이고, 기다려라. 그것은 곧 지키고 있는 것임을 기억하라. 너의 기다림은 헛되지 않으며, 지킨 마음은 언젠가 반드시 너를 빛나는 순간으로 이끌 것이다.

1月 27日

삶은 속도보다 방향

너는 늘 속도를 의식하며 살아왔다. 더 빨리 배우고, 더 빨리 돈을 벌고, 더 빨리 성공해야 한다는 압박 속에서 숨이 가쁘게 달려왔다. 그러나 어느 순간 너는 깨닫는다. 그렇게 달려온 길이 원하던 곳과는 전혀 다른 방향이었다는 사실을. 그때 마음에서 문득 떠오른다. 삶은 결국 속도보다 방향이라는 진리.

너는 누구보다 빠른 발걸음을 가졌을지 모른다. 그러나 잘못된 길 위의 속도는 오히려 너를 더 멀리 데려가 버린다. 길을 잃은 채 달리는 건, 제자리에 멈춰 있는 것보다 더 위험하다. 그래서 네게 필요한 것은 속도를 다그치는 힘이 아니라, 방향을 살피는 눈이다. 어디로 가고 있는지 끊임없이 점검하지 않는다면, 너의 속도는 언제나 불안한 그림자에 불과하다.

삶에서 방향은 곧 가치와도 같다. 너는 무엇을 위해 사는가, 어디를 향해 걷는가. 이 물음이 분명할 때, 비록 걸음이 느려도 너는 결국 도착한다. 방향이 바로 서 있으면 작은 발걸음 하나도 의미 있고, 더딘 걸음조차도 단단한 축적이 된다. 반대로 방향이 흔들리면 아무리 빠른 속도도 결국 헛바퀴 돌 듯 허공을 맴돌 뿐이다.

너는 주변을 돌아볼 필요가 있다. 세상이 재촉하는 속도를 좇느라 너의 삶이 어디로 흘러가는지 잊고 있지 않은가. 타인의 기준이 네 방향을 대신 정해주고 있지는 않은가. 결국 삶의 주인은 너 자신이고, 네가 택한 방향만이 네 삶을 너답게 만든다. 속도는 남과의 비교 속에서 생겨나지만, 방향은 네 내면에서 우러나온다.

네가 원하는 길이 있다면, 설령 늦더라도 그 길을 따라가라. 조금 늦게 도착해도 괜찮다. 중요한 것은 도착하는 시각이 아니라, 도착하는 장소다. 삶의 목적지가 분명하다면, 너의 걸음은 언제나 의미로 채워질 것이다.

그러니 기억하라. 살다 보니 삶은 속도보다 방향이다. 너는 빨리 달릴 필요가 없다. 다만 올바른 길 위에 서 있다는 확신만 있으면 된다. 그 확신이 네 걸음을 단단히 붙들고, 결국 너를 원하는 곳으로 이끌 것이다.

1月 28日

충전이 필요합니다.

아무도 모르게
조금씩 삭아집니다.

말없이 웃고,
조용히 듣고,
어느새 고개만 끄덕이는 나.

하루치 햇살을
다 써버린 것처럼
몸은 무겁고
마음은 텅 빈 충전깁니다.

기억은 흐릿하고,
눈앞의 일상마저
낯설게 껌뻑입니다.

충전이 필요합니다.

따뜻한 선하나
조용한 시간
아무것도 묻지 않고

그저 보내주는 온기로,

말 대신
손을 내밀어 주는
조용한 체온으로

충전이 필요합니다.

푸르던 시절,
가득 찬 열정이
멈추지 않도록,

누군가, 나를
조금만 더
오래도록 붙잡아.

아직,
살아 있음을
다시,
느낄 수 있도록.

나는 지금
충전이 필요합니다.

1月 29日

당신이 있다는 기적

너는 늘 부모님의 품 안에서 자라왔다. 어린 시절에는 그것이 당연한 줄 알았다. 밥이 차려져 있고, 옷이 깨끗하게 다려져 있으며, 잠들기 전 불을 꺼주는 손길이 있는 것이 그냥 세상의 이치라 여겼다. 그러나 시간이 흘러 어른이 되고 나서야, 그 모든 게 누군가의 희생과 사랑에서 비롯되었다는 사실을 깨닫는다.

아버지는 언제나 묵묵히 등을 보이며 살아왔다. 새벽같이 일터로 나가고, 지친 몸으로 돌아와도 가족을 위해 웃음을 잃지 않았다. 너는 그 웃음 속에 담긴 고단함을 이제야 안다. 젊은 날의 열정도, 하고 싶은 꿈도 뒤로 미룬 채 오직 가족을 위해 삶을 걸어온 그 모습이 네 마음을 울린다. 아버지의 굵은 손마디에는 세월의 흔적이 패여 있고, 그 손이 삶을 떠받쳤다는 걸 이제는 선명히 본다.

어머니는 늘 세심한 눈길로 너를 지켜왔다. 아프다고 말하기도 전에 약을 건네고, 슬픔을 숨겨도 눈빛 하나로 알아채던 사람. 너는 때때로 그 따뜻함을 당연시했고, 때로는 귀찮다며 등을 돌리기도 했다. 하지만 세상 어디에도 그런 사랑은 없다. 네가 조금씩 나이를 먹으며 절실히 깨닫는다. 어머니의 작은 손길, 따뜻한 밥상이 얼마나 큰 위로였는지 이제야 알게 된다.

너는 부모님의 삶을 떠올리며 묻는다. 그 끝없는 헌신과 사랑에 너는 무엇으로 답할 수 있을까. 돈으로도, 말로도 다 표현할 수 없는 마음이 가슴을 채운다. 그래서 다짐한다. 완벽하지는 않더라도, 부모님의 삶이 헛되지 않았음을 보여주겠다고. 그 사랑이 낳은 너의 삶이 빛을 잃지 않도록 살아가겠다고.

부모님은 네게 세상의 첫 집이었고, 가장 든든한 뿌리였다. 너는 그 뿌리 덕분에 쓰러지지 않고, 다시 일어나며, 앞으로 나아갈 수 있었다. 비록 언젠가는 이별이 찾아오겠지만, 그들의 사랑은 너의 삶 속에서 계속 흐를 것이다.

너는 안다. 부모님이 있다는 건 단순한 사실이 아니라, 하나의 기적이다. 그리고 그 기적 속에 살아온 모든 날이 너를 지금의 너로 만들었다는 것을. 그래서 너는 오늘, 조용히 속삭인다. 고맙다고, 사랑한다고.

1月 30日

삶의 주인

너는 오래도록 남의 시선에 길을 빌려 살아왔다. 친구가 웃는다고 함께 웃고, 부모가 기대한 길로 발걸음을 맞추며, 너는 스스로 잃어버린 채 시간을 흘려보냈다. 남이 정한 규칙 안에서는 안전했지만, 마음속 작은 나무 하나가 마를 때마다 가슴이 시렸다. 그러던 어느 날, 거울 속 얼굴을 바라보다 문득 묻는다. "이 삶의 주인은 누구인가?" 그 질문은 작은 불씨처럼 가슴속에서 타올라, 너를 흔든다.

처음엔 두려웠다. 남들이 정한 길은 편안했고, 거기서 네가 상처 받을 일은 거의 없었다. 그러나 그 편안함에서 너의 영혼은 점점 메말라 갔다. 이제는 두려움이 있어도 스스로 서야 했다. 네가 선택한 길에서만, 네 목소리가 울리고, 네 숨결이 온전히 흐른다. 그 생각에 한숨을 내쉬면서도, 동시에 마음에서는 묘한 설렘이 피어났다.

스스로 삶의 주인이 되는 길은 화려하지 않다. 길 위에는 흙먼지와 돌멩이가 널려 있고, 때로는 외롭고, 때로는 모든 걸 잃은 듯 허전하다. 하지만 이상하게도, 그 길을 걷다 보면 자유가 느껴진다. 원하는 대로 걷는 순간, 비로소 발끝에서부터 가슴까지 살아 있는 감각이 전해진다. 작은 선택 하나에도 책임이 따르지만, 동시에 그것이 삶의 존엄임을 깨닫는다.

길 위에서는 예측 불가능한 사건이 일어난다. 갑자기 길 한복판에 길고양이가 나타나 쳐다보고, "여기서 뭐 하는 거야?" 하듯 야옹거리기도 한다. 때로는 바람이 네 머리칼을 헝클어뜨리고, 때로는 햇살이 너를 미소 짓게 만든다. 이 모든 게 남의 시선과 상관없는, 오롯이 네 선택의 결과라는 사실이 신기하고 즐겁다.

너는 무수한 갈림길 앞에서 머뭇거린다. 오른쪽 길은 넓고 편안하지만, 왼쪽은 좁고 울퉁불퉁하다. 누가 옆에서 "그쪽이 안전해"라고 말해도, 이제 너는 스스로 결정해야 한다. 결국 숨을 고르고, 마음속 목소리를 따라 한 걸음 딛는다. 남의 눈치를 보지 않고, 자신의 선택을 믿는 그 순간, 너는 비로소 너 자신이 된다.

길은 여전히 낯설고 험하다. 돌부리에 걸려 넘어질 때도 있고, 갑자기 하늘에서 잎사귀가 쏟아져 내려 눈을 가릴 때도 있다. 하지만 이 길의 주인은 오직 너다. 그리고 그 사실 하나만으로도, 너는 단단하게 세워진다. 네 안에서, 드디어 삶이 너를 향해 눈을 뜬다. 모든 길이 설렘과 불안으로 가득하지만, 동시에 그것이 살아 있다는 증거임을 너는 알게 된다.

스스로 삶의 주인이 되는 길은 오늘도 이어진다. 웃고, 넘어지고, 다시 일어서며 걷는 그 길 위에서, 너는 조금씩, 그러나 확실하게 너 자신이 된다. 이 길 위에서는 누구의 그림자에도 기대지 않아도 된다. 네 안에서, 네 선택에서, 너는 자유롭다.

1月 31日

이미 행복한 사람이다.

　너는 늘 누군가의 인정을 갈망하며 살았다. 회사의 평가, 친구들의 시선, 가족의 기대에 맞추느라 정작 자신이 원하는 것이 무엇인지조차 잊고 있었다. 매번 누군가의 기준에 맞추며 걷다 보니, 마음속 작은 갈증과 불만이 조금씩 쌓여갔다. 그러던 어느 날, 지하철 유리창에 비친 초라한 너의 얼굴을 보고 문득 생각했다. '내가 나를 좋아하지 않는데, 누가 대신 행복을 가져다줄 수 있을까?' 그 순간, 가슴이 묘하게 저려 왔다.

　그날 이후 너는 작은 실험을 시작했다. 매일 아침 거울을 보며 스스로 말을 걸었다. "오늘도 괜찮아." 처음엔 어색하고 부자연스러웠지만, 반복할수록 마음속 무거운 짐이 조금씩 풀리는 듯했다. 점심시간에는 남들 눈치 보지 않고 혼자 좋아하는 메뉴를 고르며, 작은 즐거움이 마음속에 스며드는 걸 느꼈다. 퇴근길에는 억지로 모임에 가지 않고 공원 벤치에 앉아 노을을 바라보았다. 붉게 물드는 하늘과 바람에 흔들리는 나뭇잎, 지나가는 사람들의 소소한 웃음이 너에게 이상하게도 편안함을 주었다.

　사소한 행동들이었지만, 하루하루 쌓이면서 너의 내면은 조금씩 달라졌다. 남들은 여전히 바쁘게 살아가고, 회사의 분위기도 크게 변하지 않았다. 그러나 너는 알았다. 행복은 거창한 성공이나 누군가의 칭찬에서 오는 것이 아니라, 스스로 다정히 대하는 순간에서 시작된다. 남의 시선에 자신을 맞추던 습관을 조금씩 내려놓을 때, 마음속 깊은 곳에서 자그마한 자유와 기쁨이 피어나는 것을 느꼈다.

어느 날 노을빛이 붉게 번진 하늘 아래, 너는 혼자 걸으며 미소를 지었다. 누구에게도 설명할 수 없지만, 분명히 너 안에서 자라난 행복이었다. 발걸음 하나하나가 가벼워지고, 마음속 공간이 넓어지는 느낌. 바람에 스치는 머리칼과 햇살에 반짝이는 거리, 평범한 풍경 속에서 너는 삶의 작은 풍요를 발견했다. 그리고 그 순간, 너는 확신했다. "나는 이미 행복한 사람이다."

행복은 외부에서 찾아오는 것이 아니라, 지금 스스로 이해하고 다정히 대해주는 마음에서 비롯된다. 그 깨달음은 소리 없이 마음을 채우고, 너를 부드럽게 감싸 안았다. 이제 너는 남의 기대를 좇기보다, 자신만의 속도로 삶을 걸어갈 수 있다. 혼자이지만 외롭지 않고, 단순하지만 충분히 풍요롭다는 것을 안다. 그리하여 오늘도, 너는 이미 행복한 사람으로 살아가고 있다.

2月

처음은 언제든
삶을 다시 시작하게 하는 힘이 된다.

2月 1日

해무

   회색 구름이 머리 위를 짙게 덮을 때, 너는 그것이 단순한 하늘의 장난이 아님을 직감한다. 회색의 덩어리들이 엉겨 붙어 한순간 세상을 삼킬 듯 밀려오고, 그 속에서 너는 생경한 두려움을 느낀다. 그것은 단순히 비를 예고하는 구름이 아니다. 차갑게 스며드는 예감, 재앙의 전조처럼 보이는 어떤 그림자다. 너는 하늘을 올려다보며, 마치 신이 펼쳐놓은 커다란 장막이 세상을 시험하듯 드리운 것 같은 기분에 사로잡힌다.

   그리고 이어지는 해무. 바다의 숨결처럼 스멀스멀 밀려와 너를 감싸는 순간, 너는 그 안에서 길을 잃는다. 해무는 바람과 달리 소리를 내지 않는다. 무겁고, 두터우며, 마치 세상과 너를 단절시키려는 듯 주변의 윤곽을 지워버린다. 발밑의 땅조차 낯설어지고, 손 내밀면 잡힐 듯 가까운 사물이 금세 허공 속으로 사라진다. 너는 알 수 없는 깊이에 갇힌 기분에 휩싸이고, 그 속에서 자신이 얼마나 작은 존재인가를 다시 깨닫는다.

   하지만 그 두려움에도 묘한 매혹이 있다. 너는 회색 구름이 드리운 하늘을 바라보며, 너의 눈으로는 다 읽어낼 수 없는 거대한 서사를 느낀다. 구름은 짓눌리듯 무겁게 깔리지만, 그 무게 안에는 반드시 흩어질 순간이 담겨 있다. 해무 역시 무섭도록 촘촘하지만, 언젠가는 태양의 손길에 녹아 사라질 것이다.

너의 두려움은 절대 영원하지 않다. 하늘을 가득 덮은 회색조의 장막은 오히려 너로 하여 빛의 가치를 새삼 느끼게 한다. 해무가 걷히고 난 뒤 드러나는 바다는, 이전보다 더 푸르고 선명하게 네 앞에 펼쳐질 것이다.

그러니 너는 그 두려움조차 잠시 지켜본다. 무겁게 드리운 회색 구름 아래에서, 또 해무가 모든 걸 삼켜 버린 듯한 순간에도, 너는 한 가지를 배운다. 기다림 속에서 빛은 더 단단해진다는 것. 그리고 네 마음 깊은 곳에 작은 등불처럼, 끝내 사라지지 않은 희망이 있다는 것을, 너는 오늘도 그 희망을 붙들고, 다시 한 발을 내디딘다.

2月 2日

주는 것 없이 미운 사람

너는 살다 보면 꼭 그런 사람을 만난다. 어디서나 주는 것 없이 미운 사람. 특별히 큰 잘못을 저지른 것도 아닌데, 이유를 설명하기도 힘든데, 묘하게 눈에 거슬리고 마음을 불편하게 만드는 사람이 있다.

처음엔 네가 잘못 본 게 아닌가 싶어 자신을 스스로 의심한다. 혹시 네가 마음이 좁아서 그런 건 아닐까, 그 사람의 말투나 표정이 우연히 네 기분을 건드린 건 아닐까 곱씹어 본다. 하지만 이상하게도 시간이 지날수록 그 사람이 더 미워진다. 말 한마디를 해도 꼬여서 들리고, 웃는 얼굴조차 얄밉게만 느껴진다. 결국 너는 인정한다. 사람 사이에는 이렇다 할 명분도 없이 미움이 자라날 때가 있음을. 그럴 때 너는 마음속에서 갈등한다. '왜 나는 저 사람을 미워할까? 나는 더 나은 인간일까?' 네 안의 양심이 조용히 속삭인다. '그 역시 누군가의 가족이고 친구일 텐데, 나만 이렇게 싫어하는 건 아닐까?' 하지만 곧 또 다른 목소리가 튀어나온다. '아니야, 저 사람의 태도와 분위기가 문제야. 나만 그런 게 아닐 거야.' 그렇게 너는 이 미묘한 감정을 합리화하면서도 한편으로는 부끄러워한다. 어쩌면 그것은 네 안에 숨은 또 다른 자화상일지도 모른다. 네가 싫어하는 그 사람의 모습 속에서 네가 닮고 싶지 않은 네 그림자를 발견하는 것이다. 느릿느릿한 태도, 자기만 아는 말투, 타인을 배려하지 않는 습관. 그것들이 너를 불편하게 만드는 것은, 네 안에도 어렴풋이 존재하기 때문이다.

미움은 종종 타인에게서 발견한 '나의 결점'에 대한 거울이기도 하다. 물론 세상에는 정말로 남을 곤란하게 하고 상처 주는 사람도 있다. 너의 미움이 단순한 감정이 아니라 정당한 분노일 때도 있다. 그럴 때 너는 그 사람과 거리를 두는 것이 맞다. 굳이 착한 체하며 참아내는 것은 오히려 너를 병들게 한다. 하지만 네가 단지 이유 없는 미움을 품고 있는 것이라면, 조금 다른 길을 선택해 보는 것도 좋다.

그 사람을 바꾸려고 하지 말고, 네가 먼저 한 발 뒤로 물러나 바라보는 것이다. '나는 왜 저 사람을 싫어할까?' 질문을 던지고, 차분히 그 답을 찾는 동안 너는 조금 성숙해진다. 미움이 줄어들지 않아도 괜찮다. 다만 미움에 지배당하지 않고 그 감정을 다스릴 수 있다면, 너는 이미 자유로워진 것이다. 살다 보면 끝내 가까워질 수 없는 사람이 있다. 네가 아무리 노력해도 화해할 수 없는 관계도 있다. 그러나 그것이 네 인생 전체를 어둡게 만들 필요는 없다. 너는 그저 인정하면 된다. '나는 저 사람을 좋아할 수 없다. 하지만 그 또한 하나의 존재로 살아가고 있다.' 그 정도의 인정이 너를 한결 가볍게 한다. 미운 사람은 늘 어디에나 있다. 하지만 그 사람에게 끌려다니며 네 마음을 소모하는 것과, 조금 거리를 두고 담담히 바라보는 것 사이에는 큰 차이가 있다. 너는 후자를 선택할 수 있다. 결국, 네가 미움을 어떻게 다루느냐에 따라 네 삶의 빛깔도 달라진다.

그래서 너는 오늘도 자신에게 묻는다. '나는 그 사람을 어떻게 대할 것인가?' 그리고 조용히 답한다. '미워하는 마음을 부정하지 않되, 그 마음에 매이지 않겠다.' 그렇게 네 마음은 천천히 단단해지고, 그 사람이 조금 덜 미워 보일 것이다.

2月 3日

몰두

너는 가끔 어떤 일에 완전히 빠져든다. 시간을 잊고, 배고픔도 잊고, 심지어 네가 누구인지조차 희미해지는 순간이 있다. 그것이 바로 몰두다. 몰두는 너를 망각 속으로 데려간다. 마치 현실의 무게가 사라지고, 오직 하나의 대상과 너만 남은 상태.

그때 너는 현실에서 떨어져 나온 듯 느낀다. 주변의 소음은 사라지고, 시계는 멈춘 것 같으며, 사람들의 말소리조차 머릿속에 들어오지 않는다. 너는 오로지 눈앞의 일에만 흡수되어 있다. 누군가는 그것을 '집중'이라 부르고, 또 누군가는 '도취'라 부른다. 하지만 너는 안다. 그것은 단순한 집중을 넘어선 다른 차원의 경험인 것을. 몰두의 순간, 너는 네가 가진 걱정들을 잊는다. 어제의 후회도, 내일의 불안도 잠시 자취를 감춘다. 너를 괴롭히던 현실적인 문제들조차 스스로 문을 닫아버린다. 아이러니하게도 네가 현실에서 벗어나고자 애쓴 적이 없는데, 몰두는 자연스럽게 너를 현실의 고통에서 이탈시킨다.

그러나 너는 동시에 알게 된다. 몰두는 달콤하지만 오래 머무를 수 없는 상태인 것을. 너무 깊이 빠져들면 현실로 돌아올 때 공허함이 너를 맞이한다. 세상은 여전히 그대로인데, 오직 너만 잠시 다른 곳에 다녀온 것이다. 그래서 몰두는 너를 살리는 동시에, 너를 망각하게도 한다. 현실에서 벗어나는 휴식이 되기도 하지만, 현실을 직면하지 못하게 만드는 유혹이 되기도 한다. 그렇다고 해서 너는 몰두를 피할 수 없다. 아니, 어쩌면 몰두 없이는 살아갈 수도 없다. 사람은 본능적으로 무언가에 몰두하며 자기 존재를 확인한다. 글을 쓰거나 그림을 그릴 때, 운동을 할 때, 심지어 누군가를 사랑할 때조차 너는 몰두한다. 그 순간만큼은 네가 사라지고, 대신 너와 대상만이 존재한다. 그것이야말로 삶이 주는 가장 순수한 몰입의 기쁨이다. 결국 너는 깨닫는다. 몰두는 현실을 망각하게 만들지만, 그 망각 덕분에 너는 다시 현실에 견디는 힘을 얻는다. 잠시 빠져들어야 다시 일어설 수 있고, 순간적으로 잊어야 더 깊이 기억할 수 있다.

그러니 몰두를 두려워하지 말고, 거기에 영원히 머무르려 하지도 말라. 너는 살아 있는 한 다시 현실로 돌아와야 한다. 하지만 돌아온 너는 전과 다를 것이다. 몰두가 너를 단단하게, 혹은 한층 가볍게 만들어 놓았을 테니까. 그리고 그 망각의 순간이 있었기에 너는 다시 오늘을 살아낼 수 있다.

2月 4日

타이밍

너는 살아가면서 '적당한 타이밍'이라는 말을 곱씹을 때가 있다. 무언가를 시작하려 할 때, 혹은 끝내야 할 때, 그 시점이 너무 빠르지도 늦지도 않아야 한다는 걸 너는 안다. 그런데 그 적당함을 찾는 일은 생각보다 어렵다. 너는 종종 서두른다. 마음이 앞서서 준비가 덜 되었는데도 성급히 발을 내디딘다. 그리고 나서야 깨닫는다. 아직 때가 아니었음을. 반대로 지나치게 머뭇거리다 기회를 놓쳐버릴 때도 있다. 한순간의 용기만 있었어도 잡을 수 있었던 가능성이 너의 손끝에서 미끄러져 나간다. 그럴 때마다 너는 후회한다. '왜 조금 더 일찍, 왜 조금 더 늦게 하지 못했을까?' 하지만 삶은 늘 수학 공식처럼 딱 맞는 시점을 알려주지 않는다. 적당한 타이밍은 정해져 있지 않고, 너의 마음과 상황, 그리고 우연히 맞물릴 때 비로소 찾아온다. 중요한 건 그 시점을 완벽하게 알아맞히는 게 아니라, 네가 지금 어디쯤 서 있는지를 느끼는 것이다.

생각해 보라. 봄꽃이 피는 시절에도 너무 이른 꽃망울은 서리에 상하고, 너무 늦은 꽃은 햇살을 누리지 못한다. 하지만 적당한 시기를 맞이한 꽃은 그 계절을 가장 빛나게 장식한다. 너의 인생도 그렇다. 서두름과 지체 사이에서 균형을 찾을 때, 너는 가장 자연스럽고 단단한 순간을 맞이한다. 적당한 타이밍은 결국 기다림과 용기의 합이다. 때로는 기다릴 줄 알아야 하고, 때로는 과감히 나아가야 한다. 기다릴 만하면 기회가 스쳐 가고, 용기만 있으면 준비되지 않은 무모

함에 부딪힌다. 너는 그 두 가지를 저울에 올려 재며 매번 다른 답을 찾아야 한다.

　인생에서 모든 게 완벽하게 맞아떨어지는 순간은 드물다는 것을. 그래서 더 중요한 건 네가 선택한 순간을 믿는 일이다. 비록 남들이 보기엔 조금 빠르거나 늦어 보이더라도, 너에게 맞는 리듬이라면 그것이 곧 적당한 타이밍이 된다. 오늘도 너는 고민한다. '지금일까, 아니면 조금 더 기다려야 할까?' 정답은 아무도 모른다. 하지만 너는 언젠가 깨닫는다. 완벽한 때를 찾으려 애쓰는 것보다, 불완전한 순간을 스스로 적당하게 만들어 가는 것이 더 큰 지혜인 것을. 결국 너의 삶을 빛내는 건 타이밍이 아니라, 그 순간을 어떻게 받아들이고 살아내느냐에 달려 있다.

2月 5日

그리움

　너는 그리움을 불꽃처럼 안고 산다. 그것은 꺼지지 않는 작은 화염처럼 네 가슴속에서 오래 타오른다. 시간이 흘러도, 계절이 몇 번 바뀌어도 그 불꽃은 쉽게 사그라지지 않는다. 오히려 바람이 불수록 더 선명해지고, 고요한 밤일수록 더 붉게 일어난다.

　그대라는 이름은 너의 불꽃에 기름을 붓는다. 눈앞에 없는데도, 목소리를 들을 수 없는데도, 너는 여전히 그대를 느낀다. 마치 따뜻한 난로 앞에 앉아 있는 것처럼, 마음 한쪽이 은근히 데워진다. 그 불꽃은 너를 아프게도 하지만 동시에 살아 있음을 증명하기도 한다.

　그리움이 없었다면 네 하루는 무채색으로만 번져갔을 것이다. 너는 가끔 자신에게 묻는다. '언제쯤, 이 불꽃이 식을까?' 하지만 곧 알게 된다. 그리움은 단순히 꺼뜨릴 수 있는 감정이 아님을. 그것은 사라지기를 거부하는 불씨다. 네가 기억을 품는 한, 네가 여전히 마음속에 그대를 불러내는 한, 이 불꽃은 꺼지지 않는다.

　그러나 너는 두려워하지 않는다. 불꽃은 단지 태우는 것이 아니라 비추는 힘도 있기 때문이다. 그대에 대한 그리움이 있기에 너는 여전히 눈부신 과거를 기억하고, 또 미래를 그려낼 수 있다. 너를 괴롭히는 듯하면서도, 그 불꽃은 너의 길을 밝혀준다. 살아가다 보면 수많은 인연이 스쳐 지나가지만, 그대라는 불꽃만큼 오래 타오르는 건

드물다. 너는 그 불꽃을 붙잡으려 하지도, 억지로 꺼뜨리려 하지도 않는다. 그저 함께 살아간다. 그 불꽃이 네 안에서 스스로 온도를 조절하듯, 너는 그리움을 삶의 일부로 받아들인다.

너의 그리움은 결국 증언이다. 너는 누군가를 진심으로 사랑했고, 그 사랑이 시간 앞에서도 완전히 사라지지 않았음을 증명한다. 불꽃은 식지 않고, 네 마음속에서 오늘도 은근히 타오른다. 그대가 곁에 없더라도, 너는 여전히 그 불꽃으로 따뜻함을 느낀다. 그리움은 단순한 결핍이 아니라, 꺼지지 않는 불꽃 같은 선물임을. 그것이 아픔과 기쁨을 동시에 주며, 네가 살아 있음을 알려주는 가장 확실한 신호임을. 그리고 너는 속삭인다. '그대여, 나는 여전히 당신을 그리워한다. 그리움은 식지 않은 불꽃이 되어 나를 태우고, 나를 살린다.'

2月 6日

돌아간다는 것은

　너는 언젠가 제자리로 돌아간다고 말하게 될 것이다. 삶의 긴 여정을 걸어온 끝에, 죽음 앞에서 비로소 본연으로 복귀했다고. 태어남은 한 번뿐이지만, 돌아감은 필연이다. 너의 육신은 흙으로 돌아가고, 너의 숨결은 바람으로 흩어지며, 너의 의식은 그보다 더 깊은 자리로 스며든다.

　죽음을 두려움으로만 여기던 시절이 있었다. 모든 게 끝나는 어둠이라 생각했기 때문이다. 하지만 너는 조금씩 깨닫는다. 그것은 단절이 아니라 회귀인 것을. 강물이 바다로 흘러 들어가듯, 불꽃이 연기로 하늘에 스며들듯, 너 역시 너의 자리로 돌아가는 것뿐이다.

　살아 있는 동안 너는 무수한 이름과 역할을 걸치며 살아왔다. 자식으로, 부모로, 누군가의 벗으로, 혹은 세상의 한 노동자로. 하지만 그 모든 껍질은 죽음 앞에서 벗겨진다. 마지막에는 아무 장식도, 아무 이름도 필요 없다.

　너는 본래의 모습으로 돌아간다. 생명이라는 근원 속으로, 처음 시작된 그 자리로. 이 복귀는 패배가 아니다. 오히려 완성이다. 삶은 한 바퀴를 돌아 너를 처음의 고요로 인도한다. 그곳에는 서두름도, 집착도 없다. 너는 이제 쫓기지 않고, 잃을 것도 없으며, 오직 있는 그대로 존재로 남는다. 그것이 제자리다.

그러니 죽음을 이야기할 때 너는 이렇게 말할 수 있다. "나는 사라진 것이 아니라 돌아간 것이다." 너의 본질은 꺼져버린 불빛이 아니라, 다른 모습으로 이어진 불꽃이다. 삶의 무게를 다 내려놓고, 처음과 끝이 만나는 자리에서 너는 다시 전체와 하나가 된다. 너는 알게 된다. 죽음은 종말이 아니라 귀환이고 길고도 짧은 여정을 마치고 제자리로 돌아온 너는 더 이상 두렵지 않다. 이제 너는 속삭인다. "나는 본연으로 돌아왔다."

2月 7日

함께 늙는다는 것

그대 손등의 주름을
나는 한 줄씩 외운다.

초겨울,
눈 내리던 첫 만남의 떨림도,
조심스레 울던 첫 아이의 숨결도,
말없이 눈물 삼키던 밤의 고요도,
모두, 그 주름 사이에 새겨 있다.

그대의 흰머리를
나는 매일 새로이 넘긴다.
한 올 한 올,
사랑이 녹아 익은 흔적이다.

더디게 걷는 이 골목도
그대와 함께라면
모든 풍경은 따스하다.

기억은 흐려지지만
그대 목소리는 다정하고.

오늘도,
그대 숨결 곁에서
하루를 마음 안에 가둔다.

사랑이란
혼자가 아니라는 것을.

그대가 있어,
나는 끝까지 사랑하고.

2月 8日

그분께 드리는 감사

　그분을 처음 만난 날을 또렷이 기억하지는 못한다. 그저 교실 안에 들어서던 그분의 발걸음, 칠판 앞에 선 모습, 단정히 정리된 목소리만이 희미하게 떠오를 뿐이다. 그러나 시간이 지난 지금, 문득 지난날을 떠올리면, 그분이 네게 남긴 흔적은 희미하지 않다. 그것은 세월이 흐를수록 오히려 또렷하고 깊어진다.

　그분은 늘 학생들에게 공평했다. 똑같이 따뜻한 눈빛으로 바라보았고, 똑같이 기다려 주었다. 그때의 너는 세상에 불만이 많고, 스스로 내던지듯 살아가던 불안한 아이였다. 작은 일에도 쉽게 지치고, 시험 성적 하나에도 마음이 무너져 내렸다. 그런데 그분은 너의 흔들림을 알아차리고 조용히 다가와 주었다. "괜찮다, 네 속도대로 가면 된다." 짧은 그 말이 너의 마음에 잔잔한 울림을 남겼다.

　너는 그분께 큰 기대를 품지 않았고, 그분도 특별한 은혜를 베풀었다고 생각하지 않았을지 모른다. 그러나 그 시절, 누군가의 괜찮다는 말이, 네겐 어두운 골목을 밝히는 등불 같았다. 너는 그 작은 빛을 붙잡고 한 발 한 발 걸어 나왔다. 그 길 끝에서 지금의 네가 서 있다.

　세월이 흘러 교실을 떠난 뒤에도, 그분의 목소리는 네 마음속에서 자주 되살아난다. 힘겨운 일을 만날 때마다, 너는 그분이 했던 말들을 떠올린다. "실패는 부끄러운 게 아니다. 다시 시작하면 된다." 그 말은 책 속 문장이 아니라, 실제로 너를 알고 있던 사람이 건넨 위로였다. 그래서 더 깊고, 그래서 더 오래 남는다.

어쩌면 그분은 기억하지 못할지도 모른다. 교무실 앞에서 잠시 멈춰 너를 불렀던 그날, 네 눈을 마주 보며 짓던 미소, 그리고 지나가듯 건네던 한마디. 그분에겐 짧은 순간이었지만, 네겐 그것이 삶을 붙잡게 한 손길이었다. 지금 돌아보면, 감사란 거창한 사건에서 오는 것이 아니라, 그렇게 스쳐 지나가는 순간에서 태어나는 것임을 깨닫는다.

너는 이제 그분을 찾아가 "고맙습니다"라고 말할 기회조차 얻지 못했다. 하지만 이렇게 글로 남기며 그분께 마음을 전한다. 그분이 알든 모르든, 네 안에서 그분은 여전히 살아 있고, 여전히 너를 지탱해 주고 있다.

그분은 네게 단순히 한때의 교사가 아니었다. 그분은 네 삶의 이정표였고, 흔들리는 길 위에서 너를 붙들어 준 손길이었다. 그래서 너는 오늘도 그분을 생각하며, 조용히 감사한다.

2月 9日

첫, 처음

너는 기억할 것이다. '첫, 처음'이라는 순간을. 세상에 태어나 처음 눈을 뜬 그 아득한 순간은 스스로 기억하지 못하지만, 그 후 이어진 크고 작은 첫 경험들은 너의 몸과 마음에 선명한 흔적을 남겼다.

네가 처음 걸음을 내디뎠을 때, 그 조그만 발걸음 하나에 세상은 넓어졌다. 비틀거리며 넘어지고 울음이 터져도, 그 순간은 두려움보다 새로운 가능성으로 가득했다. 네가 처음 소리를 내어 부른 이름, 처음 쥔 연필, 처음 마주한 바다. 그것들은 지금 돌이켜보면 소박한 일이었으나, 당시의 너에게는 세계가 열리는 문과 같았다.

'첫, 처음'은 늘 설렘과 두려움이 함께 있었다. 학교 교실 문 앞에 서서, 낯선 얼굴들 앞에서 이름을 말하던 그 순간의 떨림. 손에 땀이 맺히고, 목소리가 흔들렸지만, 바로 그 경험이 이후의 많은 만남을 가능하게 했다. 누군가에게 건네는 첫인사, 첫 웃음, 그리고 어쩌면 첫 눈물까지도 모두 네 성장의 증거였다.

사랑도 그랬다. 처음 마음이 흔들렸던 날을 기억하는가. 어설픈 시선과 서툰 말투, 그러나 가슴 깊숙이 파문을 일으키던 그 감정. 그 첫 경험은 비록 서툴고 상처를 남겼을지라도, 너를 더 넓은 세계로 이끌었다. 사랑을 배우고, 상실을 견디고, 다시 희망을 품는 일은 모두 그 '첫, 처음'이 있었기에 가능했다.

이제 너는 많은 첫 경험을 지나왔다. 처음이었던 것들이 반복되어 익숙해지고, 새로움은 차츰 사라지는 듯 보인다. 그러나 잘 생각해 보라. 여전히 네 앞에는 또 다른 '첫, 처음'이 기다리고 있다. 새로운 사람을 만나는 일, 새로운 길을 걷는 일, 낯선 시도 앞에 서는 일. 나이는 더 이상 중요하지 않다. 처음은 언제든 삶을 다시 시작하게 하는 힘이 된다.

너는 때때로 두려워한다. "지금에서야 뭘 처음 하겠는가." 그러나 첫, 처음은 결과의 크기가 아니라, 마음의 자세에서 비롯된다. 작은 일에도 두근거림을 잃지 않는 태도, 사소한 변화에도 설렘을 허락하는 용기, 그것이야말로 너를 계속 살아 있게 만든다. 너의 삶은 아직 끝나지 않았고, 첫, 처음은 여전히 너를 기다리고 있다. 다시 문을 열고, 첫발을 내디뎌 보라. 그 순간, 너는 또다시 살아 있다는 가장 분명한 증거를 얻게 될 것이다.

2月 10日

사랑

너의 하루는 사랑에 빠진 설렘으로 시작된다. 눈을 뜨자마자 떠오르는 얼굴이 있고, 아무 이유 없이 입가에 미소가 번진다. 평소 같으면 무겁게만 느껴지던 아침 공기도 오늘은 한결 가볍다. 세상은 달라지지 않았는데, 너의 시선이 달라졌을 뿐이다. 사랑에 빠졌다는 건, 이렇게 단순한 일상을 빛나게 만드는 힘이다.

하루 종일 너는 사소한 것들에 설렌다. 휴대전화에 불이 들어오면 혹시 그 사람의 메시지가 아닐지 가슴이 뛴다. 창밖을 바라보다가도, 음악을 듣다가도, 불현듯 그 사람이 네 옆에 있는 착각에 빠진다. 그 설렘은 네 어깨를 가볍게 하고, 발걸음을 재촉하게 한다. 너는 거울 앞에 서는 시간마저 달라진다. 괜히 더 단정히 다듬고 싶은 마음, 그 사람 앞에 조금 더 예쁘게 보이고 싶은 마음이 생긴다. 그것은 억지가 아니라 자연스러운 변화다. 사랑은 너를 꾸미게 만들고, 동시에 너를 더 진짜 너답게 만든다.

그러나 너의 하루는 설렘만으로 채워지지 않는다. 불안도 스며든다. 상대가 같은 마음일까, 혹은 네 마음만 앞서가는 건 아닐까. 하지만 이상하게도 그런 불안조차도 너는 싫지 않다. 그것조차 사랑에 빠졌음을 증명하는 징표처럼 느껴지기 때문이다. 저녁 무렵, 하루를 돌아볼 때 너는 알게 된다. 오늘 특별한 일이 있었던 것도 아니고, 대단한 사건이 벌어진 것도 아니다. 그저 누군가를 마음 깊이 떠올렸다는 사실 하나가 너를 달라지게 했다. 사랑은 이렇게 단순하고도 놀라운 힘을 지녔다.

    너는 내일도 다시 설렐 것이다. 그 사람의 말 한마디, 우연한 눈빛 하나가 네 하루를 흔들어 놓을 것이다. 그리고 너는 기꺼이 그 흔들림 속에서 살아간다. 왜냐하면 너의 하루는 이제 사랑이라는 빛으로 물들어 있기 때문이다.

2月 11日

부고

너는 가끔 죽음을 배달 상품처럼 맞이한다. 문득 울리는 휴대전화 알림 소리, 그리고 짧은 부고 메시지 한 줄. 이름 석 자, 향년 몇 세, 장례 일정. 그것으로 한 사람의 생은 정리된다. 아무리 가까운 이라도, 메시지는 늘 무표정하다. 뜨겁던 온기와 긴 세월의 이야기가 고작 몇 줄로 배달된다. 너는 그 차가운 간소함 앞에서 삶의 무게를 느낀다.

너의 가슴은 순간 움츠러든다. 어제까지 숨 쉬던 사람이 오늘은 부재로 전해지니, 삶이란 얼마나 덧없고 가벼운가. 하지만 아이러니하게도 그 가벼움이 너를 무겁게 짓누른다. 한 사람의 존재를 감당하지 못하는 세상의 속도, 관계를 축약해 버리는 사회의 무심함. 그 속에서 너는 네 삶 또한 언제든 저렇게 한 줄로 정리될 수 있음을 깨닫는다.

삶의 하중은 무겁다. 살아 있는 동안 너는 매일 같이 책임을 지고, 관계를 맺고, 고단한 하루를 버텨야 한다. 그런데 죽음 앞에서는 그 모든 게 한순간에 무너져 내린다. 남겨진 이들은 울고, 잊히지 않을 듯 슬퍼하지만, 결국 시간은 그마저도 덮어버린다. 죽음은 이렇게 무심히 찾아와 삶을 끝내고, 또 무심히 세상은 굴러간다.

너는 문득 묻는다. '그렇다면 이 무거운 삶은 무엇을 위해 감당하는 것일까?' 죽음이 배달되듯 언제든 올 수 있다면, 애써 짊어지고 있는 이 짐은 어떤 의미일까. 그러나 곧 또 다른 목소리가 속삭인다. '무겁기에 의미가 있다. 짐이 있기에 너는 살아 있음을 안다.' 삶의 하중은 피할 수 없는 고통이지만, 동시에 살아 있음의 증거다. 부고 메시지는 끝을 알리지만, 네가 살아 있는 동안은 시작과 과정을 써 내려갈 수 있다. 오늘의 무게를 견디는 이유는 단순하다. 너의 하루가 아직 끝나지 않았기 때문이다. 언젠가 너에 관한 한 줄짜리 부고가 배달되겠지만, 그날이 오기 전까지는 무겁더라도 계속 살아내야 한다.

그래서 너는 오늘도 묵묵히 짐을 진다. 무게가 너를 힘들게 하지만, 그 무게가 너를 너답게 만든다. 죽음은 배달 상품처럼 언제든 찾아오지만, 삶은 네 손으로 직접 풀어내야 할 포장이다. 그 하중을 짊어진 채 너는 다시 하루를 살아낸다.

2月 12日

사랑바보

너는 흔히 '사랑바보'라 불릴 만한 사람이었다. 남들이 보기엔 눈치도 없고, 자기희생만 하는 어설픈 사람 같아 보일지 몰라도, 사실 너는 누구보다 사랑에 진심이었다. 상대방이 좋아한다는 음식이 있으면 굳이 멀리 돌아가서라도 사다 놓았고, 비 오는 날이면 혹시 젖을까 서둘러 우산을 두고 가곤 했다. 별것 아닌 행동 같아도 너의 마음은 늘 따뜻했다.

너는 사랑을 대단한 무언가로 꾸미려 하지 않았다. 거창한 이벤트보다는 작은 쪽지 한 장, 늦은 밤에 보내는 짧은 안부, 피곤한 하루 끝에 건네는 따뜻한 음료 한 잔 같은 소소한 정성이 네 방식이었다. 그리고 그 순간마다 상대가 웃어주면 너는 그저 세상을 다 얻은 듯 행복했다. 남들이 볼 때는 바보 같을 정도로 단순한 기쁨이었지만, 정작 네 마음속에서는 가장 큰 선물이 되어 쌓여갔다.

가끔은 서툴러서 오해를 사기도 했다. 준비한 선물을 제대로 건네지도 못하고 쩔쩔매다가 얼굴만 붉히고 돌아설 때도 있었고, 상대의 기분을 미처 헤아리지 못해 작은 다툼으로 번진 적도 있었다. 하지만 너는 언제나 먼저 손을 내밀었다. 고집을 부리기보다 상대가 웃음을 되찾기를 바랐고, 그래서 화해는 늘 너의 몫이었다. 그 진심은 결국 전해졌다. 어느 날, 너의 이름을 부르는 목소리가 달라졌다. 더 이상 '고마워'가 아니라, '나도 너를 사랑해'라는 고백이 되돌아온 것이다. 그 순간 너는 또 바보처럼 환하게 웃었다. 하지만 그 웃음은 세상에서 가장 현명한 미소였다. 계산 없는 마음, 꾸밈없는 진심이 결국 너를 가장 큰 행복으로 이끌었으니 말이다.

이제 너는 더 이상 혼자가 아니다. 함께 밥을 먹고, 같은 길을 걸으며, 미래를 이야기할 사람이 곁에 있다. 작은 방 안에 둘이 나란히 앉아 창밖의 비를 바라보는 순간에도 너는 다시 한번 깨닫는다. 사랑 바보였던 네가, 결국 사랑 덕분에 가장 지혜로운 사람이 되었다는 것을. 그리고 너는 앞으로도 변하지 않을 것이다. 바보 같은 웃음과 서툰 손길로, 그러나 세상 그 무엇보다 깊은 마음으로, 네 사랑을 지켜갈 것이다.

2月 13日

주고 싶은 마음

너는 오늘도 자신에게 속삭인다. 부족하지 않아, 이미 충분히 가득 차 있어. 마음도, 사랑도, 하루 온도도. 너는 그 충만함을 온전히 느낄 줄 안다. 세상은 늘 더 많은 것을 요구하지만, 너는 안다. 지금, 이 순간 너의 마음이 충분히 풍요롭다는 것을. 그 사실만으로도 너는 이미 행복하다.

그래서 너는 주는 일에 주저하지 않는다. 아낌없이, 빈틈없이, 네 온 마음을 담아 주는 일은 너에게 기쁨이다. 작은 손길 하나, 건넨 말 한마디, 따뜻한 차 한 잔까지, 네 마음은 고스란히 담긴다. 주는 순간 너는 살아 있음을 느끼고, 상대가 웃는 모습을 보는 순간, 세상은 더 밝게 빛난다. 주는 것이 곧 너의 행복이 된다.

너는 그 행복을 매일 같이 확인한다. 길을 걷다가 문득 스치는 바람, 떨어지는 햇살, 심지어 비 오는 날의 소리조차도 너를 설레게 한다. 그 안에 너와 함께할 사람을 떠올리고, 네 마음을 나누고 싶다는 생각이 자연스럽게 번진다. 주고 싶은 마음이 너를 움직이고, 네 하루를 반짝이게 한다.

때로는 주고 또 주면서도 네 마음도 함께 채워진다. 상대가 기뻐하는 모습을 보며, 너는 단순하지만 강력한 깨달음을 얻는다. 행복은 받는 것이 아니라, 주는 것에서 비롯된다는 사실. 너는 계산하지 않는다. 아껴두지 않는다. 오히려 온 마음을 다해 주는 순간, 너는 삶의 가장 큰 선물을 받는 기분이다.

하루가 끝나면 너는 자신에게 고마워한다. 오늘도 충분히 주었고, 아주 행복했으며, 부족함을 느끼지 않았다고. 그 마음을 품고 잠드는 너는 안다. 내일도, 모레도, 그다음 날도 여전히 충분할 것이고, 너는 계속해서 아낌없이 줄 수 있을 것임을.

너는 웃는다. 주고, 또 주어도 절대 허기지지 않는 자신을 바라보며. 너는 행복하고, 풍요롭고, 무엇보다 사랑을 주는 법을 아는 사람이다. 그 마음은 빈틈없이 네 하루를 채우고, 네 삶을 완전하게 만든다. 지금, 이 순간, 너는 충분히 살아 있고, 충분히 사랑하며, 매우 행복하다. 그리고 너는 속삭인다. "이 마음 그대로, 이 행복 그대로, 오늘도 나는 주겠다." 주는 것이 두렵거나 버겁지 않다. 이미 너는 충분하므로. 너는 매우 행복하므로. 아낌없이 주는 너의 마음이, 네 삶의 가장 빛나는 풍경이다.

2月 14日

삭힘의 힘

너는 가끔 자신을 스스로 관찰하며 깨닫는다. 세상 모든 일에는 시간이 필요하다는 것을. 마음속의 울컥거림, 분노, 원망, 혹은 아픔조차도 한순간에 사라지지 않는다. 하지만 그것들을 억지로 밀어내기보다, 그대로 두고 기다릴 줄 알게 될 때, 너는 비로소 삭힘의 힘을 느낀다. 삭힘이란 단순한 참음이 아니다. 그것은 너 자신을 더 깊이 이해하고, 세상을 조금 더 넓게 보는 능력이다. 처음에는 화가 치밀어 올랐던 말들이, 시간이 지나면서 의미를 잃고, 결국 너를 괴롭히던 무게가 조금씩 가벼워진다. 삭히는 동안 너는 자신을 다독이며 마음의 근육을 키운다.

그 힘은 일상의 작은 순간에도 나타난다. 길을 가다 누군가의 무심한 말에 상처받았을 때, 바로 반응하지 않고 숨을 고르는 너 자신을 떠올려 보라. 순간의 울컥함을 억지로 삼킨 것이 아니라, 마음 깊이 내려놓고 관찰한 것이다. 그리고 너는 알게 된다. 삭힌 마음은 결국 더 단단한 평정으로 돌아온다.

너는 사랑에서도 그 힘을 경험한다. 상대의 서툰 행동이나 마음을 이해하려 애쓰다가 지치기도 하지만, 시간을 두고 기다리면 서로의 마음이 더 자연스럽게 맞닿는다. 화를 내는 순간보다, 마음을 삭힌 순간에 관계는 더욱 깊어진다. 삭힘은 상처를 무디게 하는 것이 아니라, 오히려 상처를 통해 성장할 기회를 준다.

삶은 항상 빠르게 흘러가지만, 너는 삭힘의 힘을 통해 속도를 늦추는 법을 배운다. 급하게 행동하지 않아도 세상은 도망가지 않는다. 오히려 시간을 두고 바라볼 때, 사소한 감정들이 선명히 보이고, 너의 판단력은 더욱 명료해진다. 화가 나도, 슬퍼도, 원망해도 괜찮다. 그 감정을 억지로 버리려 하지 말라. 다만, 마음 깊은 곳에 두고 시간을 주라. 삭힘의 힘은 기다림 속에서 자라며, 결국 너를 더 강하게, 더 지혜롭게 만든다.

네가 느끼는 이 힘은 조용하지만 단단하다. 세상의 소용돌이 속에서도 너를 흔들지 않고 중심에 서게 한다. 너는 오늘도 숨을 고르며, 마음속 울컥거림을 그대로 두고, 천천히 삭혀간다. 그리고 알게 된다. 삭힘의 힘이란, 세상을 견디는 가장 부드럽지만 확실한 힘인 것을.

2月 15日

박복한 여인

너는 태어나면서부터 세상이 그리 너그럽지 않음을 알았다. 작은 마을의 좁은 골목, 허름한 집, 늘 허기진 식탁, 그 모든 게 너의 어린 시절을 감싸고 있었다. 웃고 싶어도 웃음이 쉽게 나오지 않았다. 세상은 너에게 자주 등을 돌렸고, 너는 항상 혼자였다.

너는 성장하면서도 박복한 운명을 벗어나기 어려웠다. 학교에서는 친구들의 놀림과 선생의 냉대 속에서 자신을 숨기며 살아야 했고, 집안에서는 늘 가난과 책임이 너를 짓눌렀다. 조금이라도 스스로 행복을 꿈꾸면, 현실은 금세 그 꿈을 부서뜨렸다. 그러면서도 너는 자신에게 말한다. '이 또한 견뎌야 해.'

사랑도, 기대도, 너에게는 늘 잠깐 스쳐 가는 그림자였다. 마음을 열어도 그 상대는 오래 머물지 않았다. 결혼도, 가족도, 너를 위한 평안과는 거리가 멀었다. 아이를 낳고 길러도, 세상은 여전히 냉정했다. 너는 밤마다 혼자 눈물을 삼키며, 자신에게 왜 이토록 가혹한 삶을 줬는지 묻는다. 하지만 그 질문에 명확한 답은 없다.

그러나 너는 살아간다. 비록 박복하지만, 그 삶을 버티고 견디며 살아간다. 오늘 하루를 버티고, 내일의 고단함을 감당하며 살아간다. 때때로, 작은 행복이 스쳐 지나가면 너는 마음속으로 웃는다. 따뜻한 햇살, 잠깐의 여유, 아이의 웃음, 혹은 지나가는 사람의 친절.

그것이 너에게는 살아가는 이유가 된다.

너는 자신을 스스로 탓하지 않는다. 세상이 냉정하고 불공평하다는 것을 너무 잘 알지만, 그 속에서도 너는 살아남는다. 부러움을 가지지 않고, 질투하지 않고, 그저 하루를 버티며, 작은 순간에 마음을 놓을 줄 아는 너만의 힘을 키운다. 박복한 운명 속에서도 너는 조금씩 단단해지고, 조금씩 자신을 지켜낸다.

너는 알게 된다. 삶이 아무리 고단하고 불공평해도, 그 시간을 견뎌내는 것만으로도 너는 이미 존재 자체로 의미 있는 사람인 것을. 한 여자의 인생이 박복할지라도, 그 속에서 살아남고 버티고 느끼며 살아간다는 사실이 너에게는 가장 큰 위안이 된다. 오늘 밤, 너는 창밖의 달빛을 바라본다. 세상은 여전히 차갑지만, 너는 그 차가운 속에서도 살아 있다. 그리고 속삭인다. '이 삶이 아무리 힘들어도, 나는 살아가고 있어.'

2月 16日

소녀

너는 그날도 아침부터 허기진 배를 부여잡고 일어났다. 집 안은 여전히 어둡고 습했으며, 가난은 여전히 그림자처럼 늘 너를 따라다녔다. 작은 식탁 위에 놓인 밥그릇은 늘 비어 있었고, 오늘도 너는 스스로 음식을 덜어내며 살아갈 힘을 모았다. 학교에서 너를 기다리는 냉대와 놀림을 생각하면 가슴이 무거웠지만, 눈앞의 하루를 버티는 것이 우선이었다.

그날, 길을 걷다가 너는 작은 시장에서 장사하는 노인을 보았다. 노인은 흐린 눈빛이었지만, 지나가는 사람들에게 늘 친절하게 웃음을 건넸다. 너는 순간 생각했다. '저 사람처럼 나도 조금 더 마음을 열 수 있을까.' 그러나 현실은 기다려 주지 않았다. 그때 마주친 동급생이 너의 머리카락을 잡아당기며 놀렸다. 화가 치밀었지만, 너는 참았다. 마음속으로 속삭였다. '오늘도 버텨야 해.'

집에 돌아오면 또 다른 시련이 기다리고 있었다. 아버지의 짧은 말 한마디, 어머니의 지친 한숨, 그 모든 게 너의 어깨를 누르고, 너를 작은 존재로 만들었다. 하지만 그 속에서도 너는 희미한 희망을 찾아냈다. 구석에서 작은 공책을 꺼내, 하루의 일과를 적고, 마음속 이야기를 기록했다. 글을 쓰는 순간만큼은 너의 내면이 자유로웠다. 그 공책 속에서는 비로소 너 자신이 주인공이 되었고, 세상은 잠시 멈춘 듯했다.

시간이 흘러, 너는 처음으로 사랑을 느꼈다. 상대는 완벽하지 않았고, 세상 사람들의 기준으로는 보잘것없었다. 그러나 너에게는 매우 소중했다. 함께 걷는 골목길, 함께 나눈 웃음, 손끝에서 느껴지는 따스함. 세상은 여전히 차갑지만, 작은 행복은 스스로 만들어 낼 수 있다는 것을. 사랑이란 그렇게 너의 박복한 삶 속에서도 빛을 내는 작은 불씨였다. 하지만 행복은 오래 가지 않았다. 상대가 떠나고, 너는 다시 혼자가 되었다. 공허함과 상실감은 깊게 스며들었고, 눈물은 하루를 가득 채웠다. 그때 너는 자신에게 말했다. '다시 일어나야 해. 나는 살아야 해.' 박복한 운명은 여전히 너를 짓누르지만, 너는 조금씩 단단해지고 있었다.

그리고 어느 날, 너는 작은 기회를 잡았다. 마을의 작은 공장에서 일하게 된 것이다. 허리 굽은 채 무거운 짐을 옮기고, 땀으로 옷을 적셨지만, 너는 웃었다. 자신이 무언가를 해냈다는 사실이, 세상에 조금이라도 자신을 증명할 수 있다는 사실이 기쁨이었다. 박복한 삶 속에서도, 너는 살아갈 힘을 스스로 발견한 것이다.

세상은 언제나 차갑고 불공평하다. 하지만 살아 있다는 것, 하루를 버텨낸다는 것, 사랑하고 느끼며 희미한 행복을 찾는다는 것, 그것만으로도 충분히 의미 있는 삶인 것을. 오늘도 너는 그 사실을 되새기며, 다시 한 발짝을 내디딘다.

2月 17日

처갓집 말뚝 보고 절한다.

너는 오늘 그 말을 떠올린다. 각시가 예쁘면 처갓집 말뚝 보고 절한다고, 사람들이 웃으며 읊조리던 그 속담. 듣기에는 황당하고, 다소 과장된 이야기지만, 마음속 깊이 파고드는 진실이 있다. 너는 그 말이 단순히 남자들의 우스꽝스러운 행동을 풍자하는 것이 아니라, 사람 마음의 근본적인 본성을 보여준다고 생각한다.

너는 사랑을 알게 되면서 그 의미를 조금씩 깨달았다. 좋아하는 사람 앞에서는 평소라면 하지 않을 행동도 서슴지 않게 된다. 작은 칭찬 한마디에도 얼굴이 달아오르고, 사소한 선물에도 마음이 설렌다. 상대가 좋아할 만한 일이라면 아무리 어색하거나 번거롭더라도 기꺼이 해내고 싶어진다. 그 마음이 바로 속담 속 '처갓집 말뚝 보고 절한다.' 행동과 다르지 않다.

너는 가끔 자신을 관찰하며 웃는다. 사랑 앞에서 네가 얼마나 솔직해지고, 때로는 어리석게 변하는지. 누군가의 작은 미소에 하루가 달라지고, 누군가의 관심 한 조각에 네 마음은 폭발적으로 반응한다. 어쩌면 그때의 너는 가장 순수하고, 가장 인간적이다. 사랑 앞에서의 겸손과 과장, 설렘과 긴장, 모든 감정이 너를 살아 있게 한다.

그렇다고 해서 사랑이 단순히 즐거움만 주는 것은 아니다. 사랑 앞에서 네가 서툴고, 실수하고, 때로는 자존심을 버려야 할 때도 많다. 그러나 그 과정조차 너에게는 의미 있다. 네가 상대를 위해 기꺼이 바보가 되고, 웃음거리가 되며, 어색한 행동까지 감수하는 순간, 너는 비로소 진심을 느낀다. 사랑은 계산이 아니라, 마음이 움직이는 방식임을 깨닫는다.

너는 이 사실을 일상에서도 느낀다. 길을 걷다 마주친 친구의 농담, 시장에서 스치는 사람들의 눈빛, 바람에 흩날리는 꽃잎 하나에도 너는 사랑을 떠올린다. 그 마음은 너를 부드럽게 만들고, 삶의 작은 순간에도 설렘과 감사함을 느끼게 한다. 사랑 앞에서 네가 바보처럼 변하는 순간조차, 그 자체가 너의 삶을 풍요롭게 만든다.

너는 오늘도 누군가를 생각하며 웃고, 마음을 준비하고, 작은 설렘에 마음을 맡긴다. 사랑 앞에서 너는 바보처럼 솔직하고, 그래서 더 인간적이며, 그 과정에서 삶의 깊이를 느낀다. 처갓집 말뚝 보고 절한다는 속담은 이제 너에게, 사랑이 주는 솔직한 힘과 너다움의 증거처럼 느껴진다. 사랑 앞에서의 모든 어색함과 서툰 행동이, 결국 너를 살아 있게 하고, 세상을 더 밝게 보는 눈을 만들어 준다.

오늘 하루도, 너는 마음속 설렘을 가득 안고 살아간다. 너의 바보 같은 진심이, 세상과 너를 연결하는 가장 순수한 힘임을 느끼면서.

2月 18日

여행

너는 여행을 떠날 생각만 해도 가슴이 뛰는 것을 느낀다. 작은 배낭을 꾸리는 순간, 마음속에서 이미 모험이 시작된다. 길 위의 바람, 낯선 풍경, 새로운 냄새와 소리가 너를 기다린다고 생각하면, 하루 종일 설렘이 네 몸 안을 스며드는 것 같다.

너는 공항이나 기차역, 버스터미널에 서 있을 때마다 특별한 감각을 느낀다. 사람들의 발걸음, 스쳐 지나가는 이야기, 들려오는 각양각색의 말투와 웃음소리. 모두가 너의 여행의 일부처럼 느껴진다. 낯선 사람들과 섞이며 그 속에서 느끼는 에너지가 너를 더욱 들뜨게 한다. 길 위에서 마주하는 모든 풍경이 너에게 새로운 이야기를 건넨다. 산길을 걸으면 바람 속에서 나무의 향기가, 바닷가에서는 파도 소리와 염분의 냄새가 너를 감싼다. 너는 그것들을 그대로 받아들이며, 마음속으로 숨죽이고, 천천히 음미한다. 카메라에 담기보다, 마음속 깊이 새기는 것이 너에게는 더 소중하다.

너는 여행에서 만나는 사람들 속에서도 행복을 느낀다. 작은 식당의 주인, 길에서 만난 동행자, 혹은 스쳐 지나가는 관광객. 그들의 표정, 따뜻한 눈빛, 짧은 대화가 너에게 작은 설렘을 준다. 낯선 이들과 나누는 웃음 속에서, 너는 삶의 다채로운 색을 느끼며, 여행이 주는 특별한 자유를 경험한다.

잠깐의 길 잃음이나 예상치 못한 날씨조차 너에게는 즐거움이다. 비가 내리면 젖은 땅과 흙냄새가 너를 설레게 하고, 길을 헤매면 작은 골목과 숨은 풍경이 너에게 선물이 된다. 계획하지 않았던 순간 속에서 발견하는 기쁨이, 여행의 진짜 매력임을 너는 안다.

밤이 되면 너는 하루를 돌아본다. 걸었던 길, 만난 사람, 느꼈던 감정들이 마음속에서 빛난다. 작은 숙소 창문으로 들어오는 달빛, 도시의 불빛, 조용히 흐르는 음악, 모든 게 너의 하루를 채운다. 너는 자신에게 속삭인다. "오늘도 아주 살아 있다. 충분히 설레었다." 여행의 설렘은 단순한 이동이나 풍경만이 아니라, 너 자신이 세상과 연결되고 있음을 느끼는 순간에서 비롯된다는 것과 새로운 경험, 작은 발견, 그 모든 게 너의 마음을 흔들고, 평소와 다른 세상을 느끼게 한다. 여행은 너에게 살아 있음의 증거이자, 자유와 행복의 작은 조각이다.

그래서 너는 오늘도 배낭을 메고, 지도를 펼치며, 설렘 속에서 걸음을 내디딘다. 길 위에서 마주칠 모든 순간이 너에게 새로운 이야기를 선물할 것이라는 믿음으로, 너는 웃음을 머금고 세상 속으로 나아간다. 여행이 주는 행복한 설렘이, 너의 하루를, 그리고 너 자신을 조금 더 반짝이게 한다는 것을 느낀다.

2月 19日

질투

너는 가끔 자신을 바라보며 놀란다. 마음속 깊은 곳에서 느껴지는 질투가, 얼마나 조용히, 그러나 강하게 너를 갉아먹고 있는지 깨닫기 때문이다. 처음에는 사소한 시기심처럼 보이지만, 그 감정이 조금씩 스며들며 너의 이성과 의지를 잠식한다.

누군가의 성취, 누군가의 웃음, 누군가가 받는 관심에 마음이 쏠릴 때, 너는 알게 된다. 질투는 단순히 상대를 향한 감정이 아니라, 자신을 향한 불만이자 불안인 것을. 그때 너의 생각은 흐려지고, 판단은 흔들리며, 냉정하게 바라보던 세상도 조금씩 왜곡된다.

너는 질투를 느낄 때마다 자신에게 화가 난다. '왜 이렇게 사소한 일에도 마음을 빼앗기는가? 왜 남의 행복이 내 마음을 무겁게 만드는가?' 그러나 너는 알지 못한다. 질투는 한순간의 감정이 아니라, 오래도록 마음속에서 자라며 자신을 갉아먹는 힘을 가지고 있다는 것을. 그러면서도 너는 그 감정을 외면하기 어렵다. 질투는 부드럽게 속삭이지만, 동시에 강하게 억압한다. 너는 마음속 깊은 곳에서 자신을 스스로 질책하며, '왜 나는 충분하지 않은가? 왜 나는 더 잘할 수 없었던가?' 하고 묻는다. 그 질문들은 너의 이성과 의지를 흔들며, 때로는 하루를 무겁게 만든다.

하지만 너는 한 가지 깨닫는다. 질투를 느낀다는 사실 자체가, 너의 마음이 여전히 살아 있고, 열정을 가지고 있다는 증거인 것을. 문제는 질투를 방치하는 것이다. 마음속 불씨가 점점 커지면, 너는 상대를 탓하고, 세상을 탓하며, 결국 자신을 스스로 잃게 된다. 이성과 의지가 갉아먹히는 것은, 바로 그 방치 속에서 일어난다.

그래서 너는 자신에게 속삭인다. "느끼되 지배당하지 말자." 질투를 감정으로 받아들이되, 그것에 의해 판단과 행동이 흐려지지 않도록 마음을 다잡는다. 질투가 너를 갉아먹기 전에, 너는 자신을 스스로 돌아보고, 마음속 작은 평정을 회복한다.

질투는 절대 사라지지 않는다. 누군가의 행복을 볼 때, 마음속에 스며드는 그 불안과 시기심은 반복될 것이다. 그것을 인식하고, 자신을 스스로 지키며, 의지와 이성을 지켜내는 순간, 질투는 너를 갉아먹는 도구가 아니라, 성장의 계기가 될 수 있다.

오늘도 너는 마음속에서 질투를 느끼며, 동시에 그것을 다스리는 자신을 바라본다. 자신을 흔드는 감정을 인정하면서도, 이성과 의지를 붙잡는다. 질투가 네 안에서 숨 쉬더라도, 너는 그것에 무너지지 않는다. 너는 여전히 살아 있고, 너의 마음과 정신은 여전히 자유롭다.

2月 20日

극세한 감각

너는 순간, 몸속 깊은 곳에서부터 피가 서늘하게 내려앉는 것을 느낀다. 심장이 뛰는 소리보다 더 선명하게, 혈관을 따라 차갑게 흐르는 감각. 그것은 단순한 추위가 아니다. 마음과 몸이 동시에 얼어붙는, 현실과 감각이 분리된 순간이다. 숨을 쉬어도 온기가 퍼지지 않고, 손끝 발끝까지 마치 생명이 잠시 멈춘 것처럼 차갑다.

그 순간, 너는 놀란다. 핏속으로 새로운 생명이 숨어드는 것을 느낀다. 그것은 두려움과 경이, 혼란과 설렘이 뒤섞인 감각이다. 단순히 몸의 변화가 아니라, 존재의 근본을 건드리는 감각. 심장이 뛰고, 혈액이 흐르지만, 동시에 무엇인가 다른 것이 스며들고 있다는 사실이 너를 압도한다. 너는 그것이 살아 있는 힘인 것을, 자신을 넘어서는 생명의 흐름임을 직감한다.

피가 흐르는 감각 하나하나가 생생하다. 손가락 끝에서 피가 가늘게 흐르는 듯, 심장으로부터 뿜어져 나오는 온기가 순간적으로 식는 느낌. 그러나 그 안에는 동시에 새로운 에너지가 들어차는 기운이 있다. 차갑고 따뜻함이 뒤섞이며, 혼란 속에서 너는 몸과 마음이 동시에 깨어나는 것을 느낀다. 숨 한 번 쉬는 것조차 이전과 다르게 선명하다.

너는 이 순간, 삶과 죽음, 존재와 생성의 경계를 느낀다. 피가 식는 것처럼 느껴지는 것은 죽음이 아니라, 변화의 시작이다. 새로운 세포가 네 안으로 들어오며, 낯설지만 불가피하게 몸을 점유한다. 경계와 차이를 이해하기 전에 너는 이미 변화의 중심에 서 있다. 몸속에서 흐르는 혈액과 함께, 새로운 힘과 가능성이 너를 끌어올린다. 이 느낌은 공포와 경이 사이를 오간다. 피가 차갑게 식는 순간, 너는 스스로 묻는다. '이것이 진짜일까, 아니면 환상일까.' 그러나 동시에 너는 알게 된다. 변화와 생명은 항상 두려움을 동반하고, 몸과 마음이 극한으로 깨어날 때, 그제야 너는 온전히 살아 있음을 느낀다.

너는 천천히 숨을 고르고, 몸속 흐름을 느낀다. 차갑게 식었던 피는 이제 새로운 생명을 품으며 따스함과 힘을 동시에 퍼뜨린다. 너는 그 속에서 자신이 새로 태어난 감각, 이전과는 다른 존재로 깨어나는 감각을 경험한다. 차가움과 온기, 공포와 설렘, 생명과 변화가 한데 뒤섞인 순간, 너는 살아 있다는 사실을 피부와 혈관 속 깊이 느낀다. 피가 식는 느낌조차 두려움만이 아니며, 그 속으로 들어오는 새로운 힘과 생명은 너를 변화시키고, 존재의 깊이를 확장한다는 것을. 너는 이 극세한 감각을 기억하며, 몸과 마음이 완전히 깨어 있는 순간을 음미한다. 살아 있음이 이렇게 사실적이고, 이렇게 깊이, 또 이렇게 섬세하게 느껴질 수 있다.

2月 21日

짝사랑

그가 웃으면
나는 아무것도 못해요.
말도,
숨도,
조금 멍해져서
그냥 바라만 보아요.

그가 얘기하면
나는 조용해져요.
고개만 끄덕이며
가슴 한쪽이 살짝,
따뜻해져요.

그가 옆에 앉으면
심장이 먼저 알아차려요.
숨죽인 설렘 속에
나는,
그냥 그 자리에 있어요.

그를 보는 날엔
하루가 다 예뻐요.

하늘도,
나무도,
바람도,
다 웃고 있어요.

그냥,
행복해요.
아무 이유도 없이
그 사람이라서.

2月 22日

갈비탕에 국수

너는 부엌에서 갈비탕을 다시 끓인다. 이미 진하게 우러난 국물 위로 한껏 향이 퍼지고, 살짝 데운 국수 면발을 국물에 넣어 준비한다. 어머니가 좋아하시던 맛을 떠올리며, 너는 조심스레 손을 움직인다. 이 단순한 행동 속에, 너는 마음을 담는다. 어머니가 좋아하실 얼굴을 떠올리며, 작은 설렘과 따스함이 너의 손끝에서 흘러나온다.

드디어 식탁에 놓인 갈비탕을 앞에 두고, 국수가 말린 그릇을 조심스레 건넨다. 어머니는 처음에는 눈길만 주시다가, 국수 면발을 젓가락으로 집어 올리며 눈이 반짝인다. 너는 그 순간, 오래전 어린 시절처럼 순수하게 기뻐하시는 모습을 떠올린다. 말없이 입가에 웃음이 번지고, 숟가락으로 국물을 살짝 떠서 맛을 확인하는 어머니의 모습이 너의 마음을 따뜻하게 채운다.

너는 그 모습을 바라보며 마음속으로 안도한다. 평범한 한 끼, 사소한 국수 한 줌이지만, 어머니에게는 큰 즐거움이고, 너에게는 마음을 전할 작은 기회. 어머니의 눈빛과 표정이 너에게 말한다. "그래, 이렇게 해주는 것만으로도 매우 고맙다." 너는 아무 말 없이 미소를 짓는다. 국수를 입에 넣은 어머니는 살짝 고개를 끄덕이며, 국물 맛을 음미한다. 면발이 부드럽게 넘어가고, 진한 갈비탕 국물과 어우러지는 순간, 너는 그 소리를 마음속으로 새긴다. "맛있다"라는 한마디가, 말로 다 표현할 수 없는 정성과 사랑을 담고 있다. 너는 그 말속에서 자신도 모르게 작은 행복을 느낀다. 너는 어머니가 국수 한 젓가락을 더 드실 때마다 마음속에서 묘한 흐름을 느낀다. 그 흐름은 안도와 기쁨, 그리고 잠시 잊고 있던 일상의 평온이다. 아무리 바쁜 하루였더라도, 아무리 지친 마음이었더라도, 이렇게 작은 순간 하나가 마음을 온전히 채워줄 수 있다는 사실을 너는 새삼 깨닫는다.

식탁 위의 공기는 차분하지만, 동시에 따스하다. 어머니의 얼굴에 미소가 번지고, 너의 마음도 그 온기 속에서 풀린다. 너는 알게 된다. 특별한 음식이나 화려한 선물이 아니어도, 마음을 담은 손길이 사랑을 전달할 수 있다는 것을. 갈비탕에 국수를 말아 드리는 단순한 행위가, 이렇게 큰 기쁨을 가져올 수 있다.

너는 어머니를 바라보며 생각한다. 삶은 결국 이런 순간들의 연속인 것을. 누군가를 위해 마음을 쓰고, 누군가의 기쁨을 느끼는 것, 그것이 바로 일상 속 작은 행복임을. 어머니가 국수를 맛있게 드시는 모습 속에서, 너는 일상의 소중함과 사랑의 힘을 다시금 깨닫는다.

그날, 갈비탕 국수 한 그릇이 식탁 위에서 전하는 작은 온기 속에, 너와 어머니는 말없이 서로의 마음을 확인한다. 아무 말 없이도 충분히 전해지는 사랑, 그것이 바로 너에게 가장 따뜻한 기억으로 남는다.

2月 23日

마지막 산책

너는 어머니와 함께 가까운 절로 향한다. 조용한 골목을 지나, 오래된 기와지붕 아래로 햇살이 부드럽게 내려앉는다. 너는 발걸음을 느리게 하고, 어머니 옆에서 숨을 고른다. 절의 향내가 코끝을 스치고, 종소리가 멀리서 울려오는 순간, 마음이 조금씩 가라앉는다. 너는 어머니의 손을 잡는다. 손은 따뜻하고, 작은 주름마다 세월의 흔적이 깊게 새겨져 있다. 손을 맞잡는 순간, 말로 다 할 수 없는 시간과 기억이 스며든다. 어린 시절부터 지금까지, 모든 순간을 함께 걸어온 흔적이 손끝을 통해 전해진다. 너는 그 따스함 속에서 안도와 감사, 그리고 조용한 감정을 동시에 느낀다.

절 안에서 너와 어머니는 잠시 무릎을 꿇고 기도를 드린다. 향이 피어오르고, 조용한 공간 속에서 너는 마음속 무거운 짐을 조금 내려놓는다. 어머니는 한참 동안 눈을 감고 기도하시다가, 천천히 너를 바라보며 말씀하신다. "사는 게 때로 힘들지만, 중요한 것은 마음을 잃지 않는 거란다. 그리고 누구보다 자신을 믿고, 걸음을 멈추지 않는 거야." 그 말 한마디 한마디가, 너에게는 삶의 무게를 다스리는 작은 빛처럼 다가온다.

너는 어머니의 조언을 마음속에 새기며, 천천히 절을 나선다. 바람은 부드럽게 얼굴을 스치고, 너는 어머니와 나란히 걷는 발걸음에 집중한다. 서로의 손을 잡고, 조용히 이어지는 산책길에서 너는 말없이도 많은 것을 배운다. 어머니가 걸음을 옮길 때마다, 삶을 꿋꿋이 살아온 힘과 지혜가 느껴진다. 너는 그 힘을 손끝으로 전해 받고, 동시에 너 자신에게도 용기를 불어넣는다.

길가에 피어난 작은 꽃과 풀잎, 멀리서 들려오는 새소리와 바람소리 속에서, 너는 평화와 고요를 느낀다. 어머니와 함께하는 이 시간 속에서, 너는 사랑과 인생의 깊이를 깨닫는다. 과거의 고민, 미래의 불안, 모든 게 잠시 뒤로 밀리고, 오직 이 순간의 감각과 교감이 마음을 채운다.

너는 걸음을 멈추고 어머니를 바라본다. 눈빛 속에는 삶의 흔적과 지혜, 그리고 따스한 이해가 담겨 있다. 너는 손을 더욱 꼭 잡고, 마음속으로 다짐한다. 삶이 아무리 거칠고 불확실하더라도, 서로를 믿고 곁에 있는 한, 걸음을 멈추지 않겠다.

2月 24日

꿈

어머님과 집으로 돌아가는 길, 잠시 멈춰 앉아 어머님의 이야기를 듣는다. 오늘따라 어머님의 목소리는 평소보다 더 조용하고 부드럽다. 어머님은 꿈 이야기를 꺼내신다. 잔잔한 강가, 물결이 가볍게 출렁이는 풍경 속에서, 아버지가 손을 내밀어 함께 걷는다는 이야기다.

너는 그 말을 들으며 눈앞에 강가를 떠올린다. 햇빛이 물 위로 반짝이고, 바람이 머리카락과 옷자락을 스치며, 모든 게 조용히 숨 쉬는 듯하다. 어머님은 손끝으로 허공을 스치듯, 아버지와의 걸음을 묘사한다. 너는 그 순간, 강가의 물소리와 함께 아버지의 손길이 너에게도 전해지는 것 같은 착각을 느낀다.

어머님의 목소리에 담긴 그리움과 평온, 그리고 약간의 아쉬움이 너의 마음을 스민다. 너는 눈을 감고 상상한다. 아버지의 손을 잡고 강가를 걷는 순간, 발밑에 흐르는 물과 붉은 황혼이 만들어 내는 빛과 그림자가 천천히 마음속에 스며든다. 말없이 걷는 동안, 서로의 온기와 존재를 느끼며, 시간은 느리게 흘러간다.

너는 어머님의 이야기를 들으며, 오래전 잊고 지냈던 감정을 떠올린다. 아버지와의 추억, 그리고 지나간 계절의 풍경들. 강가에 발을 담근 채 걷는 그 순간 속에서, 너는 삶과 기억, 그리고 사랑이 어떻게 서로 엮여 있는지를 깨닫는다. 붉은 황혼이 물 위에 반사될 때, 모든 게 조용히 빛나며 너의 마음을 채운다. 너는 잠시 숨을 고른다. 어머님의 이야기가 끝나고, 너는 손을 놓고 현실로 돌아오지만, 마음속에는 여전히 강가와 황혼이 남아 있다. 아버지와 손을 맞잡고 걸었던 그 감각, 물결이 발목을 스치던 차가운 느낌, 붉게 물든 하늘이 남긴 따스함이 너를 감싼다. 그 모든 게 말로 다 표현할 수 없는 평온과 위안이 되어, 너의 발걸음을 조금 더 가볍게 만든다.

너는 집으로 가는 길, 어머님의 손을 꼭 잡는다. 말없이 나란히 걷는 그 순간, 꿈속에서 느낀 감정이 현실 속에서도 너를 지탱한다.

어머님의 이야기를 통해 너는 삶과 사랑, 시간의 흐름 속에서 놓치고 있었던 온기와 연결을 다시 느낀다. 강가의 물과 붉은 황혼, 아버지의 손길은 현실 속으로 스며들어, 너에게 조용하지만 깊은 울림을 남긴다.

너는 집으로 돌아가면서 꿈속의 아버지가 왜 어머님에게 왔을까? 찜찜한 생각이 들었다.

2月 25日

가는 길

너는 휴대전화 넘어 들려온 소리에 숨이 막힌다. "어머님이 쓰러지셨어." 한마디가 모든 시간을 끊어버린 듯, 머릿속은 순식간에 공허해진다. 심장이 빠르게 뛰고, 손끝이 얼얼하다. 마음속에서는 공포와 죄책감이 동시에 몰려오고, 어떻게든 바로 달려가야 한다는 생각만 남는다. 급히 짐을 꾸리며 너는 생각한다. 무엇을 챙겨야 하는가. 옷, 신분증, 최소한의 돈과 간단한 세면도구. 그러나 손이 움직이는 속도보다 마음의 불안은 더 빠르다. 떠오르는 지난 기억들—어머니의 건강을 걱정하며 지켜보던 시간, 함께했던 소소한 일상—모두가 한꺼번에 스쳐 지나간다. 마음속 죄책감은 점점 커지고, '왜 미리 더 챙기지 못했을까?' 하는 생각이 머리를 맴돈다.

도로 위에서 차가 달리기 시작하자, 너는 주변 풍경조차 제대로 보이지 않는다. 달리는 차 안에서 숨을 고른다. 하지만 마음속 불안은 멈추지 않는다. 속도를 높이면 높일수록, 너의 심장은 더 빠르게 뛰고, 가슴 한쪽이 쿵쿵 울린다. 창밖의 풍경은 흐릿하게 지나가고, 너의 온 신경은 오직 한 곳, 고향으로 향한다.

길 위에서 너는 순간순간 시간을 계산한다. 몇 시쯤 도착할 수 있을까, 병원에 누가 있을까, 혹시라도 늦으면 어떡하지. 머릿속은 계획과 걱정으로 가득 차 있지만, 마음은 그 어느 때보다 절박하다. 너는 생각한다. 단순히 빨리 가는 것만이 아니라, 마음속 공포와 다급함을 붙잡으며, 그 속도를 버텨야 한다.

너는 스스로 속삭인다. "괜찮아, 곧 도착할 거야. 내가 곧 곁에 있어." 그러나 말로 다잡는 마음과 실제로 느껴지는 불안 사이에는 큰 간격이 있다. 그 틈 속에서 너는 불안과 초조, 두려움을 온전히 느끼며, 한편으로는 마음속 작은 희망을 붙든다. 어머니가 여전히 살아계실 거라는 믿음, 그 믿음 하나만으로 너는 차를 몰고 길을 달린다.

밤이 가까워지고, 길 위 가로등이 연속적으로 지나가며 그림자를 던진다. 너는 심장이 터질 듯한 긴장 속에서도, 순간순간 숨을 고르며 마음을 다잡는다. 달리는 차 안에서 너는 시간을 잊은 듯하지만, 동시에 매 순간이 한 뼘씩 다가오는 어머니의 곁으로 향하고 있음을 느낀다.

고향의 냄새가, 익숙한 골목이, 병원의 윤곽이 눈앞에 들어올 때, 너는 안도의 숨을 내쉰다. 동시에 죄책감과 불안, 다급함이 아직 완전히 사라지지 않은 채 마음속에서 흔들린다. 지금, 이 순간, 중요한 것은 속도나 준비가 아니라, 곁에 있는 것, 함께 있는 것임을.

차에서 내리는 순간, 너는 발걸음을 재촉하며 어머니의 병실로 향한다. 다급한 마음과 불안이 여전히 너를 흔들지만, 너는 동시에 단단해진다. 지금 너에게 필요한 것은 마음을 붙잡고, 손을 내밀고, 존재로서 곁에 있는 것뿐이라는 사실을, 너는 이미 알고 있기 때문이다.

2月 26日

준비

　너는 어머님의 침대 곁에 앉아 있다. 호흡은 고르지 않고, 눈동자는 잠시 깜빡이기도 하고, 때로는 멍하니 천장을 바라본다. 심장 박동 소리보다 더 크게 느껴지는 기계음이 병실 안을 채우고, 너는 그 소리에 맞춰 자신의 숨을 조절한다. 마음속에서는 두려움과 불안이 끊임없이 부딪힌다.

　준비해야 할 것들이 머릿속을 스친다. 혹시라도 일어날 상황에 대비해 가족에게 연락해야 한다. 그러나 너는 손가락이 얼어붙은 듯 움직이지 않는다. 눈앞의 현실과 해야 할 일, 마음속 두려움이 서로 얽히며 너를 마비시키는 것이다. 너는 눈으로 어머님을 훑는다. 숨을 고르지 못하는 어머님, 차가운 손끝, 미세하게 떨리는 입술. 그 순간, 너는 과거의 기억과 현재의 현실 사이에서 흔들린다. 어린 시절 어머니가 너를 품에 안고 따스하게 달래주던 순간, 네가 울며 도움을 청하던 순간들, 모든 게 한꺼번에 떠오른다. 지금 너는 그때와 완전히 반대의 위치에 서 있다. 지켜보아야 하고, 준비해야 하고, 마음을 다잡아야 하는 위치에. 마음속에서 끝없이 질문이 솟아난다. '내가 충분히 잘하고 있는 걸까. 지금 무엇을 해야 하지?' 그러나 정작 너는 어떤 행동도 완전히 확신할 수 없다. 불안과 두려움, 책임감과 죄책감이 뒤엉켜 너를 흔들고, 작은 준비조차 마음을 무겁게 한다. 그러면서도 너는 작은 숨결에 집중한다. 어머니가 힘겹게 눈을 깜박이는 순간, 그 미세한 움직임이 너를 붙잡는다. 너는 손을 잡고, 마음속으로 말을 건다. "괜찮아요, 어머니. 제가 여기 있어요." 그 말이 현실이 되지는 않지만, 최소한 너 자신에게, 그리고 어머님에게 존재를 확인시키는 순간이다.

시간은 천천히 흐르고, 너는 준비의 목록을 하나씩 확인한다. 연락, 기록, 정리. 손은 바쁘지만, 마음은 무겁다. 한편으로는 냉정하게 차분함을 유지하려 애쓰고, 다른 한편으로는 폭풍처럼 몰아치는 감정을 억누른다. 너는 공포와 설렘, 슬픔과 책임감, 두려움과 사랑 사이를 오가며 균형을 잡는다.

사경 속 어머님을 바라보며 너는 생각한다. 두려움 속에서도 준비할 수 있음이, 절망 속에서도 손을 뻗을 수 있음이, 살아 있음과 사랑을 확인하는 방식인 것을. 너는 마음속 깊은 곳에서, 이 과정이 비록 힘겹지만, 어머니를 지키는 마지막 방법임을 받아들인다.

병실의 공기 속에서 너는 숨을 고르고, 마음을 정리한다. 준비하며 느끼는 혼란과 갈등, 그리고 책임감과 사랑이 뒤섞인 그 모든 순간이 너를 단단하게 만든다는 것을 깨닫는다. 너는 손을 꼭 잡고, 어머님 곁에서 준비하며 서 있다.

2月 27日

임종

너는 침묵 속에서 어머니의 손을 잡는다. 차가운 손, 가늘게 떨리는 숨결, 그 모든 게 너의 마음을 꿰뚫는다. 병실의 공기는 무겁고, 창밖으로 들어오는 햇살조차 숨을 죽이고 있는 듯하다. 너는 무력하게 앉아 있으면서도, 동시에 해야 할 일들을 떠올린다. 약을 챙기고, 수액을 확인하고, 의사와 간호사가 나누는 짧은 대화를 기억하며, 마음속에서 끊임없이 계산한다. 그러나 계산할수록 너는 아무것도 할 수 없음을 깨닫는다.

너의 눈앞에서 어머니는 점점 더 작아지고, 가벼워진다. 숨을 고르며 눈을 감았다 뜨고, 가끔은 흐릿한 눈빛으로 너를 바라본다. 그 시선 속에서 사랑과 연민, 그리고 미안함이 동시에 느껴진다. 너는 그 눈빛을 받아들이면서도, 마음속 깊은 곳에서는 울분과 죄책감이 스며든다. 너는 동시에 살아 있는 어머니의 모습을, 사라져 가는 어머니의 모습을 한꺼번에 마주한다. 숨소리가 약해지고, 피부가 창백해지는 것을 바라보며, 너는 시간이 잔혹하게 흐른다는 사실을 실감한다. 사랑하는 마음은 더 커지지만, 손에 쥔 힘은 점점 약해진다. 마음속 갈등은 끝없이 반복된다. 바라만 보고 있어야 하는 현실과, 무언가 해야만 할 것 같은 강박 사이에서 너는 흔들린다.

너는 마음속으로 수없이 말을 건다. "괜찮아요, 어머니." 그러나 그 말은 공기 속에서 허공으로 흩어진다. 동시에 떠오르는 생각, '더 잘하지 못했다'라는 자책이 마음을 짓누른다. 너는 눈물이 흐르지만, 병실의 고요 속에서는 그것조차 눈치 보이는 것 같다. 숨을 고르고, 마음을 다잡으며, 너는 스스로 말한다. '그저 곁에 있어 주면 된다'라고. 하지만 마음속 어지러운 파동은 쉽게 가라앉지 않는다. 너는 시간의 흐름 속에서 어머니를 바라보며, 삶과 죽음의 경계를 느낀다. 살아 있음의 따스함과, 떠나가는 몸의 냉기, 그 모든 게 한순간에 겹친다. 너는 사랑과 죄책감, 안도와 두려움 사이를 오가며, 한 번도 경험하지 못한 내면의 깊은 갈등 속에 머문다.

마지막 순간, 네가 할 수 있는 것은 무엇보다 단순하다는 것을. 곁을 지키고, 손을 잡고, 눈빛으로 사랑을 전하는 것. 말로 다 하지 못한 마음, 모든 서툴렀던 시간, 그것을 이제 한순간의 존재로 채워야 한다. 너는 숨죽이며 어머니를 바라본다. 차가운 손을 부드럽게 잡고, 마음속으로 지난날을 떠올린다. 그리고 마음에서 작은 안도감을 느낀다. 비록 시간이 부족했지만, 네가 여기 있으며, 사랑하며, 함께 있음을 보여주고 있다는 것만으로도 충분하다.

어머니의 숨소리가 점점 희미해지고, 너는 눈을 감는다. 그 순간, 너의 마음은 한없이 복잡하지만, 동시에 단순해진다. 사랑과 죄책감, 두려움과 평온, 모든 감정이 뒤섞인 가운데, 너는 비로소 어머니의 임종을 지켜보며, 인간으로서 마지막으로 할 수 있는 온기를 느낀다.

2月 28日

이른 봄

　너는 아직 차가운 공기에 가벼운 숨을 내쉰다. 이른 아침, 봄은 막 깨어나려는 듯, 땅과 나무 위로 연한 기운만 흘린다. 겨우내 얼었던 대지 위로 조금씩 풀잎이 고개를 내밀지만, 아직 완전히 무르익지 않은 계절의 숨결은 조심스럽고, 너는 그 미묘한 숨결 속에서 하루를 시작한다.

　길 위를 걸으며 너는 사방을 살핀다. 나뭇가지 끝에 남아 있는 지난겨울의 흔적, 바람에 흔들리는 앙상한 가지 사이로 비치는 햇살, 그리고 아직 피지 않은 꽃봉오리들이 너를 향해 조용히 인사하는 듯하다. 이른 봄날의 아침은 조용하지만, 살아 있음을 증명하는 작은 소리로 가득 차 있다. 너는 깊게 숨을 들이마신다. 차갑지만 맑은 공기 속에서, 지난겨울의 기억과 앞으로 다가올 계절의 희망이 섞여 마음속을 스친다. 아직 풀리지 않은 햇살의 온기와 서툴게 깨어나는 생명의 기운은, 너에게 설렘과 잔잔한 위안을 동시에 준다. 이른 봄의 아침은 그렇게 너를 천천히 깨운다.

　너는 발걸음을 멈춘다. 공터 한쪽에서 흙냄새가 스며오는 것을 느끼고, 길가에 남은 물방울이 햇살을 반사하며 미세한 빛을 흩뿌리는 것을 본다. 너는 그 순간, 자연이 아직 완전히 깨어나지 않았다는 사실을 오히려 반가워한다. 모든 게 서툴고 느리지만, 그 서툴고 느린 숨결 안에서 생명이 자신만의 시간을 기다리고 있다는 것을 느끼기 때문이다.

이른 아침의 봄은 너에게 시간을 천천히 음미하게 한다. 아직 무르익지 않은 계절처럼, 너의 마음도 조심스레 깨어난다. 작고 소소한 것에서 기쁨을 발견하고, 아직 완전히 드러나지 않을 가능성에 설레며, 오늘 하루를 마음속으로 조용히 설계한다.

길을 따라 걷는 너의 그림자가 길게 늘어나고, 바람은 여전히 서늘하지만, 너는 마음속에서 온기를 느낀다. 생명은 느리게, 그러나 분명히 깨어나고 있으며, 너 또한 그 흐름 속에서 자신을 발견한다. 아직 완전히 피어나지 않았기에 더 소중하고, 잠시 멈춰 서서 바라볼 가치가 있는 계절, 그리고 순간.

너는 다시 발걸음을 옮긴다. 미처 무르익지 않은 이른 봄날의 아침, 서늘한 공기 속에서 너는 살아 있음과 새로움, 그리고 느린 설렘을 동시에 품는다. 오늘 하루, 이 조심스럽게 깨어나는 시간 속에서, 너는 자신이 세상과 조용히 맞닿아 있다는 사실을 음미하며, 천천히 살아 있음을 느낀다.

2月 29日

돌아보면 네 곁에는 늘 누군가가 있었다.

너는 달력을 넘기다 멈춘다. 2월 29일. 4년에 한 번만 달력에 모습을 드러내는 날. 다른 날과 다르지 않은 듯 보이지만, 마음은 묘하게 멈칫거린다. 마치 오래 잊었던 편지를 다시 발견한 듯, 잔잔한 떨림이 일어난다.

너는 이 특별한 날마다 자신을 스스로 돌아본다. 4년 동안 무엇을 잃고, 무엇을 얻었는지. 웃음과 눈물이 얼마나 교차했는지. 2월 29일은 너에게 시간의 이정표이자 삶의 거울처럼 다가온다. 평소에는 무심히 흘려보내던 하루들이, 이 하루 앞에서는 차례차례 떠오른다.

어릴 적의 너는 이 날짜가 주는 특별함을 단순히 재미로만 여겼다. "내 생일이 2월 29일이면 4년에 한 번씩만 나이를 먹는 걸까?" 농담처럼 말하며 웃곤 했다. 그러나 세월이 흐르자, 이 하루가 주는 의미는 조금 달라졌다. 4년을 살아내야만 다시 만날 수 있는 날, 그것은 곧 4년 동안의 생존과 성장을 확인하는 증표였다.

너는 지난 4년 동안 수많은 날을 버텼다. 때로는 지독한 외로움 속에서, 때로는 기쁨과 성취 속에서. 그 모든 시간이 모여 다시 이 하루 앞에 너를 세워 주었다. 그래서 2월 29일은 단순한 날짜가 아니라, 살아 있음에 대한 감사의 날이 된다. 만약 그 시간을 견디지 못했다면 오늘의 너도 없을 테니까.

돌아보면 네 곁에는 늘 누군가가 있었다. 힘들 때 따뜻한 손을 내밀어 준 이들, 조용히 곁을 지켜준 이들. 그들의 존재 덕분에 너는 쓰러지지 않고 걸어왔다. 너는 그 사실을 잊고 살았지만, 2월 29일은 묘하게 기억을 흔들어 깨운다. "4년 동안, 많은 도움을 받았지 않았느냐"고. 그리고 너는 고개를 끄덕이며 마음속으로 감사의 인사를 되새긴다.

이 하루가 끝나면 달력은 다시 3월로 넘어가고, 너는 다시 바쁜 일상에 묻혀 살 것이다. 그러나 마음속 어딘가에 남은 이 하루의 울림은 쉽게 사라지지 않는다. 그것은 작은 불빛처럼 너의 내일을 비추며, 또 다른 네 해를 살아낼 힘을 건네준다.

그래서 속삭인다. "고맙다, 오늘. 고맙다, 나를 지켜준 시간. 고맙다, 내 곁에 머물러 준 사람들." 그리고 다짐한다. 다시 4년 뒤, 또 다른 2월 29일에 이르기까지 감사의 마음을 잃지 않겠다.

3月

네가 가질 수 있는 시간은
언제나 '오늘'뿐이다.

3月 1日

행운 받을 준비

행운은 늘 갑작스럽게 오는 듯 보인다. 마치 예기치 못한 손님처럼 문을 두드리고, 준비되지 않은 사람에게는 오히려 불편한 방문이 되기도 한다. 그러나 잘 생각해 보면, 행운은 우연히 떨어지는 별이 아니라, 오랫동안 준비한 사람 앞에 비로소 빛을 드러내는 순간이다. 그것이 네가 할 일이다. 준비하는 것, 그리고 다가올 행운을 담아낼 그릇을 키우는 것이다.

사람들은 종종 "왜 나에게는 기회가 오지 않는가?"를 묻는다. 그러나 기회는 누구에게나 온다. 다만 그것을 알아보지 못하거나, 맞이할 준비가 되어 있지 않아 놓쳐버릴 뿐이다. 씨앗을 뿌리지 않은 밭에 갑자기 단비가 내려도, 그 땅에서는 풀만 자란다. 행운도 그렇다. 미리 갈아두고, 기다리고, 정성껏 돌본 사람만이 비로소 그 혜택을 누릴 수 있다.

준비란 거창한 것이 아니다. 하루를 성실히 살아내는 습관, 자신을 조금씩 단단하게 만드는 인내, 그리고 작은 기회에도 감사하는 마음. 이런 것들이 쌓여 언젠가 큰 행운이 왔을 때 그것을 흘려보내지 않게 한다. 만약 네가 공부를 게을리하지 않았다면, 뜻밖의 제안이 왔을 때 바로 나아갈 수 있다. 만약 네가 관계를 소중히 여겨왔다면, 어느 날 찾아온 인연이 평생의 길동무가 될 수도 있다. 준비 없는 행운은 금세 사라지고, 준비된 행운은 인생을 바꾼다.

행운을 기다리는 자세도 중요하다. 조급하게만 바라보면, 행운은 더 멀어지는 듯하다. 그러나 묵묵히 자기 길을 걸어가는 사람에게 행운은 서서히 다가온다. 어쩌면 그것은 이미 곁에 와 있을지도 모른다. 다만 네가 아직 눈을 뜨지 못했을 뿐이다. 그러니 불평하기보다 오늘 해야 할 일을 다 하고, 내일을 위한 작은 발걸음을 내딛는 것이야말로 행운을 맞이하는 가장 확실한 길이다.

그것이 네가 할 일이다. 세상은 언제 어떻게 기회를 줄지 모른다. 중요한 것은 그 기회가 올 때, 너 자신이 그것을 받아들일 준비가 되어 있느냐는 것이다. 준비가 되어 있다면 행운은 결코 우연이 아니라, 네가 만들어 낸 필연이 된다.

그러니 마음을 다잡아라. 오늘의 수고와 내일의 희망을 함께 품어라. 언젠가 네 앞에 찾아올 행운을 담아낼 수 있도록, 너의 마음과 삶을 넓혀라. 준비된 자만이 행운을 온전히 받아들일 수 있다. 그것이 네가 할 일이며, 네 인생이 열릴 순간을 위해 반드시 걸어야 할 길이다.

3月 2日

내면의 소리

사람은 누구나 저마다의 길을 품고 태어난다. 그러나 너는 종종 세상의 소음에 휩쓸려 그 길을 잊곤 한다. 남들의 시선, 비교와 욕망, 끝없는 불안 속에서 스스로 목소리를 듣지 못한 채 헤맨다. 하지만 진짜 운명은 외부에서 정해주는 것이 아니다. 그것은 너의 마음 가장 깊은 곳에서 조용히 울리고 있는 작은 진동이다. 네가 해야 할 일은 단순하다. 잠시 멈추어 서서 그 소리에 귀를 기울이는 것.

운명은 거창한 이름으로 다가오지 않는다. 때로는 오래 미뤄둔 꿈의 기억으로, 때로는 설명할 수 없는 끌림으로, 혹은 이유 없는 평온함으로 다가온다. 중요한 것은 네가 그것을 알아차릴 준비가 되어 있느냐이다. 마음이 닫혀 있다면, 운명은 아무리 가까이 와도 스쳐 지나간다. 하지만 너의 귀가 열려 있다면, 아주 작은 속삭임조차 방향을 바꾸는 신호가 된다.

운명을 받아들인다는 것은, 억지로 무언가를 쥐려는 것이 아니다. 오히려 내려놓고 순응하는 일이다. 강물이 굽이쳐 흐르면서도 결국 바다로 나아가듯, 네 삶도 이미 어디론가 향하고 있다. 네가 그 흐름을 억누르려 하면 고통이 따르지만, 그 흐름을 믿고 따를 때 삶은 한층 가벼워진다. 마음에 귀 기울이는 일은 곧, 그 흐름이 어디로 향하는지 알아차리는 과정이다.

자신에게 물어보아라. 언제 가장 살아 있음을 느끼는가? 어떤 순간에 마음이 가장 따뜻해지는가? 그 순간이 바로 네 운명의 문턱이다. 돈이나 명예가 아니라, 설명할 수 없는 충만함이 네 가슴을 채울 때, 그곳에 네가 가야 할 길이 숨어 있다.

너의 진짜 운명을 받아들이는 순간, 두려움은 사라지고 평안이 찾아온다. 삶이 완벽하지 않아도, 네가 걷는 길이 분명하다는 사실만으로 흔들림은 잦아든다. 결국 운명이란 멀리 있는 것이 아니라, 네 안에서 오래도록 기다리던 진실이다. 그 진실을 들으려면 무엇보다도 네 마음에 귀 기울여야 한다. 세상의 소음 넘어, 조용히 울리는 네 내면의 목소리를 따라가라.

그것이 바로 너의 길이다.

3月 3日

너를 먼저 정복하라.

사람은 누구나 세상을 바꾸고 싶어 한다. 더 나은 환경, 더 큰 성취, 더 깊은 사랑을 원한다. 그러나 정작 가장 먼저 바꾸어야 할 대상은 세상이 아니라 자기 자신이다. 너를 정복하는 법을 알아두자. 그것이야말로 삶을 바로 세우는 출발점이다.

너를 정복한다는 것은 억압하거나 억누르는 일이 아니다. 오히려 진정한 주인이 되는 일이다. 욕망이 이끄는 대로 흔들리고, 감정이 휘몰아칠 때마다 길을 잃는다면 너는 이미 너 자신에게서 멀어진 것이다. 분노를 삼키지 못해 관계를 잃고, 게으름을 이기지 못해 기회를 놓치는 것, 모두가 자기 자신을 다스리지 못했기 때문에 생기는 일이다. 결국 가장 무서운 적은 바깥이 아니라 네 안에 있다.

너를 정복한다는 것은 작은 습관에서 시작된다. 하루의 시작을 성실하게 여는 일, 해야 할 일을 미루지 않는 일, 마음이 흔들릴 때 잠시 멈추어 숨을 고르는 일. 작은 것 같지만, 이 작은 훈련들이 쌓여 너의 내면을 단단하게 만든다. 그렇게 단단해진 마음은 세상의 풍파에도 쉽게 흔들리지 않는다.

자기를 이긴 사람은 겸손하다. 타인과 비교하지 않고, 자신만의 걸음을 걸어간다. 작은 성취에도 자만하지 않고, 실패에도 쉽게 무너지지 않는다. 왜냐하면 너는 이미 자기 안에서 가장 큰 전쟁을 치르고 이겨본 사람이기 때문이다. 세상은 그런 사람 앞에서 쉽게 무너뜨릴 수 없다. 너를 정복한다는 것은 곧 자유로워진다는 뜻이다. 욕망과 두려움에 휘둘리지 않고, 자신의 길을 스스로 선택할 수 있기 때문이다. 세상에 휘둘리는 삶이 아니라, 자신이 주인이 되는 삶. 그 삶이야말로 진정한 행복에 가까운 삶이다.

그러니 기억해라. 세상을 정복하기 전에 너를 먼저 정복하라. 그것이야말로 흔들리지 않는 힘을 갖는 길이고, 네가 원하는 삶을 향해 나아가는 가장 확실한 방법이다. 결국 너의 가장 큰 스승도, 적도, 벗도 모두 네 안에 있다. 그 진실을 알 때, 너는 비로소 너 자신을 넘어설 수 있다.

3月 4日

멋진 날

어느 멋진 날, 너는 문득 행복에 겨워 있었다. 특별한 사건이 있었던 것도 아니고, 세상이 갑자기 바뀐 것도 아니었다. 그저 햇살이 유난히 따스했고, 바람은 부드럽게 볼을 스쳤으며, 오래 묵혀두었던 마음의 매듭들이 하나둘 풀려나가는 순간이었다. 사람들은 행복을 멀리서 찾아 헤매지만, 너는 그날 깨달았다. 행복은 거창한 이름을 가진 것이 아니라, 삶의 틈새에 조용히 숨어 있다는 사실.

너의 표정은 평소와 크게 다르지 않았지만, 마음은 분명 달라져 있었다. 사소한 풍경에도 눈길이 오래 머물렀고, 작은 소리에도 귀가 열려 있었다. 나뭇잎 사이로 스며드는 햇빛은 마치 오래전 추억처럼 그리웠고, 지나가는 아이들의 웃음소리는 네 안에서 잠자고 있던 순수를 흔들어 깨웠다. 행복이란 마음이 열릴 때 비로소 찾아온다는 것.

너의 감정은 말로 다 담기 어려웠다. 마치 가슴속에 투명한 물이 차올라, 잔잔한 호수가 된 듯 고요하면서도 충만했다. 어제까지 짓누르던 근심이 왜 그토록 무겁게만 느껴졌는지 의아할 만큼, 마음은 가벼웠다. 세상이 변한 것이 아니라, 너의 시선이 바뀐 것이었다. 어쩌면 행복은 늘 곁에 있었는데, 네가 보지 못했을 뿐일지도 모른다.

그날 너는 사람들에게도 따뜻했다. 낯선 이에게 건네는 미소조차 자연스러웠고, 평소에는 지나쳤을 작은 친절이 마음을 움직였다. 행복은 전염된다는 말이 있듯, 네 안에서 피어난 밝음이 곁에 있는 이들의 얼굴에도 번져갔다. 누군가의 인사에 진심으로 답할 수 있었고, 스쳐 가는 인연에도 감사할 수 있었다. 혼자만의 행복은 완전하지 않다. 나눌 때, 비로소 더욱 단단해진다.

돌아보면, 그날의 행복은 어떤 특별한 성취에서 비롯된 것이 아니었다. 오히려 멈추어 서서 삶을 그대로 바라본 순간에 찾아왔다. 바쁘게 달려가던 길을 잠시 멈추었기에, 숨은 보석처럼 빛나는 일상을 발견할 수 있었다. 행복은 미래의 목표가 아니라, 현재의 깨달음 속에 있었다.

그날 이후, 행복은 기다려야 오는 것이 아니라, 이미 네 안에 있다는 것. 단지 마음이 굳게 닫혀 있을 때는 들어올 수 없었을 뿐이다. 마음을 열고 세상의 사소한 선물에 귀 기울일 때, 너는 언제든 그날의 충만함을 다시 만날 수 있다.

어느 멋진 날의 그 경험은 네 삶의 등불이 되었다. 어둡고 힘겨운 날이 오더라도, 너는 기억할 것이다. 따스한 햇살과 투명한 웃음, 가벼운 마음으로 세상을 바라보던 순간을. 그 기억이 너를 지켜줄 것이다. 그리고 다시 한번, 행복에 겨운 너의 모습으로 돌아가게 할 것이다.

3月 5日

늙음이 꼭 나쁜 것만은 아니다.

　세월은 언제나 너의 곁을 스쳐 간다. 누구도 그것을 붙잡을 수 없고, 누구도 그것을 거스를 수 없다. 그러나 많은 사람은 세월이 남기고 가는 흔적을 두려워한다. 머리카락이 하얘지고, 피부에 주름이 스며들고, 예전만큼 발걸음이 가볍지 않음을 슬픔으로 여긴다. 하지만 너는 생각한다. 늙음이 꼭 나쁜 것만은 아니라고. 그것은 세월이 주는 또 하나의 선물일지도 모른다.

　젊음이 활기와 열정의 계절이라면, 늙음은 깊이와 성찰의 계절이다. 빠르게 달리던 시간이 조금씩 느려지면서, 너는 그동안 보지 못했던 것들을 새삼스레 발견한다. 꽃잎의 작은 떨림, 아이의 웃음 속에 깃든 천진함, 어머니의 손등에 남아 있던 따뜻한 온기. 젊음의 속도 속에서는 지나쳐 버린 것들이, 늙음의 눈에는 더 선명하게 다가온다. 그것은 세월이 너에게 주는 지혜일 것이다.

　늙음은 또한 겸손을 가르친다. 젊을 때는 무엇이든 네 힘으로 해낼 수 있다고 믿었다. 그러나 나이가 들수록 한계와 부족함을 인정하게 된다. 그 인정 속에서 우리는 비로소 다른 이들을 더 깊이 이해하고, 작은 도움에도 크게 감사할 수 있게 된다. 늙음은 너를 작게 만드는 것이 아니라, 오히려 더 넓은 마음을 열어주는 길이다.

　무엇보다 늙음은 경험의 보물창고다. 수많은 계절을 건너며 쌓인 경험과 이야기들이 너 안에 빛나는 보석처럼 자리한다. 그것은 젊음으로는 가질 수 없는 값진 자산이다. 비록 몸은 예전 같지 않아도, 마음은 더 풍요로워진다. 때로는 흰머리와 주름이야말로 그 사람의 삶을 가장 아름답게 증명하는 훈장이 된다.

물론 늙음이 마냥 아름답다고 말할 수는 없다. 병과 상실, 이별이 함께 찾아오기도 한다. 그러나 그것 또한 삶의 일부이며, 인간으로서 겪어야 할 자연스러운 흐름이다. 중요한 것은 그 속에서도 의미와 가치를 찾아내는 일이다. 세월이 가져가는 것만큼, 세월은 늘 새로운 것을 우리에게 안겨주기도 한다.

늙음은 끝이 아니라 또 다른 시작이다. 천천히 걷는 만큼 더 많은 풍경을 바라볼 수 있고, 내려놓은 만큼 더 가볍게 웃을 수 있다. 나이가 들어도 여전히 배울 수 있고, 여전히 사랑할 수 있으며, 여전히 감사할 수 있다. 그것이야말로 세월이 너에게 주는 가장 값진 선물일 것이다.

그러니 늙음을 두려워하지 말자. 그것은 젊음을 잃는 것이 아니라, 또 다른 빛깔의 삶을 얻는 것이다. 세월은 너에게 주름을 남기지만, 동시에 마음의 강을 더 깊고 잔잔하게 만들어 준다. 늙음이 꼭 나쁘지 않은 이유가 바로 여기에 있다. 세월이 건네는 이 선물을 겸허히 받아들일 때, 너는 비로소 삶의 진짜 아름다움에 가까워진다.

3月 6日

무심의 지혜

무심의 지혜를 깨우친다는 것은 단순히 마음을 비우는 행위가 아니다. 그것은 삶을 관통하며 서서히 드러나는 통찰의 과정이다. 너는 늘 무엇인가를 붙잡으려 애쓴다. 인정받으려는 마음, 더 가지려는 욕망, 잃을까 두려워 움켜쥔 손길. 그러나 손을 바짝 움켜쥐면 들어오는 것도 나가는 것도 없다. 무심은 바로 그 손을 조용히 펴는 일에서 시작된다.

너는 오랫동안 세상사에 매여 살았다. 성취와 실패, 기쁨과 분노에 흔들리며 하루하루를 소모했다. 그러다 어느 순간, 잡으려는 집착이 오히려 너를 옭아매고 있다는 사실을 깨달았다. 그때부터 조금씩 무심의 연습을 시작했다. 버리려는 의도조차 내려놓고, 다가오는 것을 다가오게 두고, 지나가는 것을 억지로 붙잡지 않으려 했다.

무심은 냉담함이 아니다. 오히려 가장 따뜻한 마음의 바탕이다. 꽃이 피어도 집착하지 않고, 시들어도 원망하지 않는다. 바람이 불면 바람결을 따라가고, 비가 오면 비에 젖는다. 그렇게 있는 그대로를 받아들이는 태도 속에서, 너는 비로소 자유로워졌다. 세상은 여전히 소란스럽지만, 네 마음은 고요한 물결처럼 흘러간다.

물론 무심에 이르는 길은 단숨에 열리지 않는다. 하루아침에 욕망이 사라지지도 않고, 번뇌가 멈추지도 않는다. 다만 마음을 지켜보는 연습을 거듭하다 보면, 어느 순간 마음의 파도가 스스로 가라앉는 순간이 찾아온다. 그때 알게 된다. 무심이란 억지로 만드는 것이 아니라, 스스로 익어가는 과정임을 안다.

이제 너는 작은 일에도 흔들리지 않는다. 누가 너를 칭찬해도 들뜨지 않고, 비난해도 크게 무너지지 않는다. 좋은 일이 오면 감사히 맞고, 어려움이 오면 그 또한 너의 길이라 받아들인다. 그 안에서 마음은 점점 단단해지면서도 부드러워졌다.

무심의 지혜란 결국 삶과 화해하는 지혜다. 더 이상 세상을 바꾸려 하지 않고, 세상 속에서 너를 단련하며 함께 흐른다. 이것이야말로 진정한 자유요, 고요한 행복이 아닐까.

3月 7日

미루지 말고 오늘을 사세요.

너는 늘 내일을 믿는다. 오늘 해야 할 일도, 오늘 전해야 할 마음도, 오늘 누려야 할 기쁨도 '내일'로 미뤄두곤 한다. 그러나 내일이 반드시 오는 것은 아니다. 오늘이 쌓여 내일이 되고, 내일이 모여 미래가 되는 것인데, 정작 오늘이라는 가장 소중한 시간을 허투루 흘려보낸다.

너는 종종 '조금 더 준비되면', '상황이 더 나아지면'이라는 말로 현재를 미뤘다. 하지만 세상은 완벽한 조건을 주지 않는다. 기다림 속에서 기회는 바람처럼 스쳐 가고, 미뤘던 순간은 돌아오지 않는다. 그제야 깨달았다. 오늘을 사는 것만이 진정한 삶의 방식이다.

오늘을 산다는 것은 큰 결심이나 거창한 성취를 뜻하지 않는다. 작은 것 하나라도 온전히 느끼며 살아가는 일이다. 따뜻한 햇살을 피부로 받아들이고, 곁에 있는 사람에게 고맙다는 말을 건네고, 하고 싶은 일이 있다면 망설이지 않고 시작하는 것. 그렇게 하루를 가득 채우는 순간, 삶은 비로소 충만해진다.

삶의 무게는 늘 내일로 미루려는 습관에서 커진다. 해야 할 일을 미루면 그 일은 더 무겁게 돌아오고, 표현하지 못한 감정은 마음속에 돌처럼 굳는다. 그러나 오늘 해야 할 것을 오늘 해내면, 마음은 한결 가볍다. 그것이 곧 자유이고, 행복으로 가는 길이다.

삶은 기다려 주지 않는다. 젊음도, 사랑도, 건강도 머무르지 않는다. 그래서 더더욱 오늘을 살아야 한다. 미루지 않고 지금, 이 순간을 붙잡을 때, 너는 후회 없는 삶을 만들어 간다. 내일은 아직 오지 않았고, 어제는 이미 지나갔다. 네가 가질 수 있는 시간은 언제나 '오늘'뿐이다.

그러니 지금 당장 마음에 담아둔 말을 꺼내고, 작은 기쁨을 누리고, 하고 싶은 일을 시작하라. 오늘을 사는 사람만이 내일을 맞이할 자격이 있다. 미루지 말고, 지금, 이 순간을 살아내는 것. 그것이 가장 단순하면서도 가장 깊은 지혜다.

3月 8日

사랑 중독

　비 오는 오후, 유난히도 잔잔한 빗방울 소리에 마음이 잠겨 있던 순간, 문득 그가 네 곁에 다가와 작은 우산을 내밀었다. "같이 쓸래요?" 그 한마디가 네 안에 파문을 일으켰다. 너는 그 우산 아래에 서면서 알았다. 누군가와 나란히 걷는다는 게 단순한 행위가 아니라, 삶의 무게를 나누는 일인 것을.

　시간은 흐르고 계절은 바뀌었지만, 너의 마음속에는 언제나 그의 체온이 머물러 있다. 말없이 잡아주던 손길, 사소한 대화 끝에 흘러나오던 웃음, 그리고 헤어지는 순간마다 남기던 아쉬움의 그림자. 너는 그 모든 조각이 모여 하나의 세계가 되었음을 느낀다. 그 세계는 오직 너와 그만이 들어갈 수 있는 비밀의 방 같다.

　때로는 불안하기도 했다. 사랑이란 언제든 무너질 수 있는 모래성 같다고, 언젠가 파도에 쓸려 사라질 수 있다고. 하지만 사랑의 깊이는 무너짐에 있지 않고, 무너짐을 두려워하면서도 다시 쌓아 올리려는 마음에 있다는 것을. 그래서 너는 지쳐도 다시 그에게 돌아가고, 상처 속에서도 또다시 그를 부른다.

　그는 네 곁에 있을 때보다 떨어져 있을 때 더 선명하게 다가온다. 창가에 앉아 어둠을 바라볼 때, 불현듯 그의 웃음소리가 너를 찾아온다. 홀로 길을 걸을 때, 그의 걸음걸이가 너의 뒤를 잇는 듯 느껴진다. 사랑은 이렇게 물리적 거리를 초월해 네 일상에 스며든다. 너는 그 사실에 감사하면서도, 때로는 그리움에 목이 멘다.

네가 전하고 싶은 말은 단순하다. "나는 네가 있어서 산다." 하지만 그 단순한 문장이 너무 커서, 입술 끝에서 늘 머뭇거린다. 대신 너는 눈빛으로, 손끝의 온기로, 작은 배려와 기다림으로 그 말을 전해왔다. 그는 아마도 이미 알고 있을 것이다. 말보다 깊은 진심이란 결국 행동 속에 숨어 있으니까.

사랑은 소유가 아니라 지켜봄이며, 붙잡음이 아니라 함께 걸음이다. 그래서 너는 조급해하지 않는다. 언젠가 먼 훗날, 세월이 흘러 머리가 하얘지더라도, 너는 지금처럼 그와 나란히 앉아 같은 풍경을 바라보리라 믿는다.

그리고 오늘, 어떤 시련이 오더라도, 어떤 계절이 지나가더라도, 네 마음의 가장 깊은 자리에 그는 영원히 자리할 것이라고. 그를 향한 너의 사랑은 이미 일시적인 감정이 아니라, 삶 자체가 되어버렸다.

너는 그 사실이 벅차고도 애틋하다. 그래서 이렇게 속삭인다. "당신, 나의 모든 날에 머물러 주세요. 나는 끝내 당신을 사랑할 수밖에 없는 사람입니다."

3月 9日

아름다운 것

　세상에 홀로 아름다운 것은 없다. 꽃 한 송이가 피어날 때조차 그것은 홀로 존재하는 듯 보여도 사실은 바람과 햇살, 흙과 물, 그리고 곁에 핀 또 다른 꽃들 덕분에 더 빛을 받는다. 벚꽃이 흩날리는 거리를 걸을 때, 사람들은 한 송이 꽃잎에 감탄하는 것이 아니라, 그 무수한 꽃잎들이 어우러져 만들어 낸 장관에 마음을 내어준다. 그러니 아름다움이란 본래 혼자가 아니라 함께일 때 완성되는 것인지도 모른다.

　인간의 삶도 그렇다. 누구나 자신만의 빛깔과 향기를 지니고 있지만, 그것이 드러나는 순간은 대체로 타인과의 관계 속에서다. 어린아이가 웃음을 배우는 것도, 청년이 세상에 꿈을 펼치는 것도, 노인이 살아온 길을 추억하는 것도 결국 누군가의 시선과 대화, 기억 속에서 비로소 의미를 얻는다. 혼자서는 그 어떤 의미도 길게 이어지기 어렵다. 따뜻한 말 한마디, 손을 내밀어 주는 순간, 함께 나눈 침묵조차 우리를 아름답게 만든다.

　물론 홀로 서야 하는 순간도 있다. 외로운 방 안에서 책장을 넘기며, 스스로 마음을 들여다보는 시간도 삶에 필요하다. 그러나 그 고독조차 결국은 타인과 다시 만날 수 있도록 다듬어 주는 여정일 뿐이다. 혼자만의 사유에서 길어 올린 깨달음은 결국 다른 이들과 나누어질 때 더 깊어지고 빛난다.

바다는 파도 덕에 살아 있고, 파도는 바람 덕에 일어난다. 숲은 나무 하나로 이루어지지 않는다. 서로서로 비추고 보완할 때, 그 속에서 네가 느끼는 감동은 배가 된다. 음악 또한 그러하다. 바이올린의 선율은 혼자 울릴 수 있지만, 오케스트라 속에서 다른 악기와 어울릴 때, 비로소 너의 가슴을 울리는 장대한 울림으로 다가온다.

삶의 진정한 아름다움도 이와 다르지 않다. 혼자만의 성취는 기쁨일 수 있어도 오래 가지 않는다. 누군가와 함께 나눌 때, 그것은 기쁨을 넘어선 의미가 된다. 네가 눈물 속에서 위로를 얻고, 웃음 속에서 더 크게 웃을 수 있는 이유는, 아름다움이 홀로 완성되지 않기 때문이다.

세상은 혼자의 무대가 아니다. 너는 서로의 존재를 통해 비로소 빛을 받는다. 결국 아름다움이란 '함께 있음'에서 비롯된다. 서로가 어깨를 맞대고 살아가는 그 사실 자체가 세상에서 가장 근원적인 아름다움일 것이다.

3月 10日

자연의 법칙

너 안에 모든 자연의 법칙이 들어 있다. 단지 모르고 있을 뿐이다. 너는 종종 자연을 밖에서 찾으려 한다. 산을 오르며 나무와 바위를 바라보고, 강가에 서서 물살을 느끼며, 별이 수 놓인 밤하늘을 올려다본다. 하지만 잠시 시선을 안으로 돌리면, 그 모든 질서가 이미 네 안에서 호흡하고 있음을 알게 된다.

심장의 고동은 파도처럼 밀려왔다 가고, 들숨과 날숨은 바람의 흐름과 다르지 않다. 너의 세포들은 밤낮으로 분열하고 소멸하며, 이는 마치 사계절이 돌고 도는 순환과 같다. 기쁨과 슬픔이 교차하는 감정의 리듬도 해와 달의 교차만큼이나 정직하다. 자연의 이치는 멀리 있지 않고, 이미 네 몸과 마음의 가장 깊은 곳에 스며들어 있다.

그럼에도 너는 종종 그것을 잊는다. 마치 인간이 자연을 떠나 독립된 존재인 듯, 자기만의 삶을 꾸려 간다고 착각한다. 그러나 네가 먹는 음식은 흙에서 나왔고, 마시는 물은 강과 구름을 거쳐 온 것이다. 너의 숨결조차 나무와의 교환 속에서 가능하다. 네가 홀로 존재하는 순간은 단 한순간도 없다.

자연의 법칙이 네 안에 있다는 것은, 너 역시 그 질서의 일부임을 뜻한다. 경쟁과 소유에 매달릴 때, 너는 이 단순한 진실을 놓친다. 강물이 거슬러 흐르지 않듯, 나무가 자기 잎을 독차지하지 않듯, 자연은 조화 속에서만 살아간다. 네 삶도 그러하다. 억지로 끌어안으려는 순간 균형은 깨지고, 놓아버릴 때 다시 흐름은 회복된다. 너 안에 있는 법칙을 알게 되는 순간, 삶은 단순해진다. 아침에 눈을 뜨면 태양이 떠오른다는 사실처럼, 고통 뒤에는 반드시 위로가 온다는 것을 믿게 된다. 겨울이 아무리 길어도 봄은 반드시 오는 것처럼, 절망의 끝에도 희망이 움튼다. 네 안의 자연이 그것을 이미 알고 있다. 단지 너의 의식이 아직 거기에 귀 기울이지 못할 뿐이다.

그러니 이제는 조금 천천히, 더 조용히 자신을 들여다보아라. 너의 맥박, 너의 숨, 너의 생각과 감정 속에서 자연이 살아 움직이고 있음을 느껴라. 너는 결코 작은 존재가 아니다. 네 안에 담긴 질서와 조화는 숲과 바다, 하늘과 별의 법칙과 다르지 않다.

너는 자연이고, 자연은 곧 너다. 단지 그 사실을 아직 모를 뿐이다.

3月 11日

참된 만족

참된 만족은 멀리 있는 것이 아니라, 지금 여기에서 발견되는 순간에 있다. 너는 흔히 만족을 거대한 성취나 풍요로운 소유와 연결 짓는다. 높은 자리, 많은 돈, 남들이 부러워할 만한 조건이 있어야 비로소 만족할 수 있다고 생각한다. 그러나 살아보면, 그 모든 게 일시적인 흥분에 불과하며, 마음속 깊은 곳의 평안을 채워주지는 않는다.

어제 너는 오래된 책을 정리하다, 어린 시절 썼던 편지를 발견했다. 편지 속에는 소박한 소망들이 담겨 있었다. 친구와 함께 뛰놀고, 가족과 소소한 웃음을 나누고, 비 오는 날에는 창가에 앉아 책을 읽는 것. 그때의 너는 이미 적당히 행복했고, 그 작은 순간들이 마음 깊숙이 쌓여 너를 지탱했다는 사실을 깨달았다.

참된 만족은 외부에서 오는 것이 아니라, 내면의 시선과 마음의 태도에서 비롯된다. 똑같은 현실이라도 어떤 마음으로 바라보느냐에 따라 평온함이 달라진다. 충분히 감사할 줄 알고, 지금 가진 것의 가치를 아는 사람에게는 결핍보다 풍요가 먼저 다가온다. 또한, 참된 만족은 욕심과 분리되어야 한다. 욕심은 끝이 없고, 채우면 채울수록 새로운 공허를 만들 뿐이다. 반면, 욕심을 잠시 내려놓고 현재를 바라볼 때, 사소한 일상에서도 적당히 충만함을 느낄 수 있다. 따뜻한 햇살, 신선한 공기, 서로를 향한 이해와 배려—이 모두가 삶의 진정한 만족을 이루는 요소다.

너는 오늘 아침, 작은 정원에 물을 주며 잠시 숨을 골랐다. 흙냄새와 풀 향기, 그리고 물방울이 잎에 맺히는 모습을 바라보는 동안, 마음이 평온해졌다. 세상의 크고 화려한 성공보다, 이 순간의 고요와 단순한 기쁨이 너를 더 깊이 만족하게 했다.

결국 참된 만족의 조건은 복잡하지 않다. 소유와 비교, 남과의 경쟁에서 벗어나, 지금, 이 순간, 네 안에서 피어나는 감사와 평안을 알아차리는 것. 작고 보잘것없는 순간에도 의미를 부여할 줄 아는 마음, 그것이 바로 삶을 충만하게 만드는 힘이다. 만족은 먼 곳이 아니라, 언제나 네 마음속에 숨어 있다.

3月 12日

피할 수 없는 조건들

  삶에는 피할 수 없는 조건들이 있다. 누구에게나 평등하게 주어지고, 어느 사람도 거부할 수 없는 것들이다. 시간의 흐름, 죽음, 아픔, 그리고 변화. 너는 이를 받아들이지 않거나 회피하려 애쓰지만, 결국 맞서야만 한다. 그 사실을 깨닫는 순간, 삶은 더 이상 단순한 일상의 반복이 아니라, 필연과 선택이 얽힌 여정임을 이해하게 된다.

  너는 가끔 걸음을 멈추고 자신을 돌아본다. 지나온 길에서 겪은 실패와 상실, 그리고 예상치 못한 사건들은 피하고 싶은 것이었지만, 그때마다 너는 선택의 순간에 놓였다. 무시하고 지나갈 수도 있었고, 반대로 받아들이고 배우려 할 수도 있었다. 삶이 요구하는 조건은 언제나 너를 시험했고, 늘 그 시험 앞에서 무릎을 꿇거나, 비틀거리며 한 걸음 내디뎌야 했다.

  아픔은 피할 수 없는 조건 중 하나다. 사랑하는 사람의 죽음, 뜻대로 되지 않는 일, 자신조차 이해할 수 없는 실수와 후회—모두 마음을 찌르고 몸을 지치게 한다. 그러나 그 아픔에서만 스스로 마주할 수 있다. 고통을 회피하는 순간, 성장은 멈추고, 삶은 무기력하게 흘러간다. 아픔은 고통스럽지만, 그것을 견디고 받아들일 때, 비로소 삶의 깊이를 알게 된다.

  시간 역시 피할 수 없는 조건이다. 나이가 들수록 몸은 느려지고,

선택할 기회는 점점 줄어든다. 하지만 시간을 두려워만 하면, 오늘을 살 수 없다. 하루하루가 쌓여 너를 만들고, 언젠가 지나온 시간은 삶의 증거가 된다. 피할 수 없는 조건이기에, 시간을 존중하며, 가능한 한 충실히 살아야 한다.

삶의 조건은 또한 변화다. 어제와 오늘이 같을 수 없듯, 인간관계도, 환경도, 자신도 늘 변한다. 변화 앞에서 불안해하고 저항할 수 있지만, 결국 적응하지 못하면 삶은 멈추게 된다. 변화는 피할 수 없지만, 그것을 어떻게 맞이하느냐에 따라 삶의 질이 달라진다.

결국, 피할 수 없는 삶의 조건을 받아들이는 것이 성숙의 시작이다. 아픔, 시간, 변화—이 모든 걸 부정하지 않고, 때로는 슬퍼하고, 때로는 웃으며 견디는 것. 그 안에서 너는 진정으로 살아 있음을 느낄 수 있다. 삶은 피할 수 없는 조건들 속에서, 단련하고, 또 한 번의 선택으로 새로운 길을 열어주는 여정이다.

3月 13日

너는 기분 좋은 사람이다.

너는 기분 좋은 사람이다. 너와 함께 있으면, 특별한 말이나 행동이 없어도 마음이 살짝 들뜨고, 하루가 조금 더 밝아진다. 그건 네가 웃는 방식 때문이기도 하고, 눈빛에서 묻어나는 따뜻함 때문이기도 하다. 세상이 아무리 바쁘고 복잡해도, 네 곁에서는 모든 게 잠시 느려지는 것 같다.

가끔은 말없이 걷는 너의 뒷모습만 봐도 마음이 편안하다. 발걸음마다 여유가 있고, 주위를 살피는 너의 시선은 작은 것 하나도 놓치지 않는다. 길가의 풀꽃, 지나가는 사람의 표정, 바람에 흔들리는 나뭇잎까지. 그 모든 게 너를 알아보고, 마음속으로 살짝 미소 짓는 듯하다.

너는 사람을 피곤하게 만들지 않는다. 오히려 듣고, 기다려 주고, 이해하려고 애쓴다. 그래서 사람들은 너에게 마음을 열고, 자신도 모르게 편안함을 느낀다. 너와 이야기하면, 마음속 어둡고 지친 구석마저 부드럽게 풀린다. 그것은 결코 화려한 말이나 행동에서 오는 것이 아니라, 네 존재 자체에서 풍기는 안정감 때문이다.

세상에 수많은 사람과 스쳐 지나지만, 그 속에서 기분 좋은 사람을 만나기는 쉽지 않다. 너는 그 드문 사람 중 하나다. 그리고 그 사실만으로도 감사하다. 네가 있어, 오늘 하루가 조금 더 따뜻했고, 조금 더 견딜 만했다.

너는 기분 좋은 사람이다. 너와 함께한 시간은 짧아도 길게 느껴지고, 평범한 하루도 특별해진다. 무엇보다 네 덕분에 조금 더 부드럽게 살아갈 수 있다는 걸 안다. 네가 웃을 때, 세상의 모든 시름이 잠시 잊히듯, 마음에도 작은 빛이 번진다.

세상에는 기분 좋은 사람이 많지 않다. 하지만 운 좋게도, 나는 기분 좋은 사람을 알고 있다. 너를 볼 때마다, 오늘도 살아 있음에, 그리고 이런 만남에 감사하게 된다. 너는 단순히 웃는 사람이 아니라, 마음을 따뜻하게 만드는 사람이다. 그런 너를 생각하면, 가슴이 부드러워진다.

너는 기분 좋은 사람이다. 단지 곁에 있어 주는 것만으로, 세상을 조금 더 살 만하게 만들어 주는 사람. 그리고 그 사실을, 오늘도 마음 속 깊이 간직한다.

3月 14日

비난

　사람들은 칭찬받을 때보다 비난을 받을 때 마음을 더 단단히 다진다고. 칭찬은 달콤하지만, 동시에 부담스럽다. 칭찬의 말 한마디가 마음속 작은 불안을 일으킬 때가 있다. '이 기대를 계속 충족해야 하나'라는 생각이 따라붙기 때문이다. 반대로 비난은 정직하다. 아프지만, 그 속에는 적어도 네가 어디서 부족한지, 무엇을 바꿔야 하는지가 명확하게 드러난다.

　누군가 네 글을 칭찬하면, 너는 순간 기쁘지만, 동시에 불안해진다. 다음 글은 더 잘 써야 한다는 압박감이 마음을 졸인다. 하지만 누군가 네 글을 비난하면, 처음에는 상처받지만, 그 상처를 통해 무엇이 부족했는지 스스로 돌아보게 된다. 비난은 네게 방향을 제시하고, 자신을 스스로 점검하게 만드는 안전장치처럼 느껴진다.

　세상에는 너무 많은 칭찬이 떠돌지만, 그것은 종종 겉치레일 때가 많다. "좋아요"라고 말하는 순간, 그 마음이 얼마나 진실인지 알 수 없다. 하지만 비난은 거짓이 섞일 틈이 거의 없다. 마음속 깊은 불편이나 거슬림이 언어가 되어 나온 것이므로, 감정은 곧 진실이고, 마주하는 순간 네가 피할 수 없는 현실과 맞닿는다.

　너는 그래서 종종 비난을 고마워한다. 네게 상처를 주지만, 동시에 너를 성장하게 만드는 손길이기 때문이다. 칭찬은 날아가 버리지만, 비난은 오래 남는다. 마음속에 박혀 너를 돌아보게 만들고, 더 나은 선택을 고민하게 한다. 삶에서 마주치는 사람들의 말 중 진짜 필요한 말은 비난 속에 숨어 있다.

물론, 비난이 항상 좋다는 것은 아니다. 상처를 주기만 하고 건설적이지 않은 비난도 있다. 하지만 그것조차 네게 어떤 흔적을 남기고, 생각하게 만든다는 점에서, 너는 칭찬보다 안전하다고 느낀다. 칭찬은 마음을 흔들지만, 비난은 너를 지탱하게 한다.

사람들의 칭찬과 인정에 의존하지 않고, 비난 속에서 너를 단련하고, 부족한 부분을 채우며 살아가는 법을. 비난을 통해 네가 서 있는 자리를 점검하고, 삶의 균형을 맞추는 법을. 그래서 너는 이제 비난 앞에서도 움츠러들지 않고, 오히려 감사한 마음을 품는다. 그것이 너를 조금 더 단단하게 만들어 주기 때문이다.

3月 15日

달이 차오르는 밤

　달이 차오른다. 밤하늘에 둥글게 떠오른 달을 바라보면, 하루의 무게가 잠시 가벼워지는 느낌이 든다. 낮 동안 쌓인 걱정과 긴장, 쫓기듯 살아온 마음이 달빛 아래에서 천천히 풀린다. 달은 늘 그 자리에 있지만, 우리가 바라볼 때마다 조금씩 다른 얼굴을 보여준다. 오늘 밤의 달은 유난히 밝고 선명하다.

　창가에 앉아 달빛을 맞으며 너는 생각한다. 달이 차오른다는 것은 단순히 빛의 양이 늘어나는 것을 넘어, 시간의 흐름과 삶의 변화를 은유하는 것 같다. 초승달에서 점점 커지며 만월이 되듯, 너의 마음도 조금씩 자라고, 채워지고, 때로는 빛을 잃었다가 다시 밝아진다. 인간의 삶과 닮았다. 완벽한 날은 없고, 늘 조금씩 모자라거나 넘치지만, 그 흐름 속에서 너는 자신을 발견한다.

　너는 달빛 속에서 오늘의 너를 돌아본다. 사소한 일상에서 놓쳤던 기쁨, 지나치게 급하게만 살아온 순간들, 그리고 사랑하고 감사했던 사람들. 달빛은 부드럽지만 정직하다. 감춰진 것까지 드러내며, 너를 스스로 마주하게 만든다. 어둠 속에서도 달은 밝게 빛난다. 그 빛을 느낄 때, 네 마음의 어둠도 함께 바라볼 용기를 얻는다.

　달이 차오를수록 마음에도 작은 공간이 생긴다. 그 공간에 담기는 것은 후회와 아쉬움뿐만 아니라, 새로운 희망과 다짐이다. 오늘의 너는 불완전하고 미숙하지만, 내일의 너는 조금 더 넓은 마음으로 살아갈 수 있기를 바란다. 달빛 아래 서면, 삶의 무게가 단순한 숫자나 결과가 아니라, 순간의 경험과 감정으로 채워진다는 것을 느낀다.

달이 차오른다. 그것은 시간의 흔적이자, 마음의 여운이다. 한 달 동안 차오르고 비워지는 달처럼, 너의 마음도 늘 흐름 속에 있다. 완전히 차오른 달이 결국 또다시 기울 듯, 너도 늘 성장과 회복을 반복하며 살아간다. 달빛을 받으며 너는 조용히 숨을 고른다. 오늘의 어둠을 지나, 조금 더 환한 내일을 맞이할 준비를 한다.

달이 차오르는 밤, 삶은 완벽하지 않아도 아주 아름답고, 순간의 빛을 느끼는 것만으로도 마음은 차오를 수 있다. 달처럼, 너도 조금씩 너 자신을 밝혀나가야 한다.

3月 16日

첫사랑을 보고

오랜만에 그를 마주한 순간, 가슴은 잠시 뛰었다. 머릿속에 오래도록 쌓아둔 기억, 어린 마음속에 각인된 그의 모습이 너를 설레게 했기 때문이다. 첫사랑이란, 언제나 특별하고 아름다운 빛으로만 남아 있는 법이라고 생각했다. 그 시절의 설렘, 부끄럽고 서툴렀던 마음들, 조심스레 주고받던 눈빛과 웃음. 너는 그 모든 걸 떠올리며 오늘을 기다렸다.

하지만 실제로 그를 마주하자, 네 기대와는 다른 현실이 눈앞에 펼쳐졌다. 머리카락은 생각보다 희미했고, 미소는 어색하게 굳어 있었다. 너는 순간 마음속 깊은 곳에서 무언가가 무너지는 소리를 들었다. 기억 속에서 반짝이던 그는 사라지고, 대신 평범하고 어딘가 어색한 사람이 서 있었다.

너는 마음속으로 혼잣말했다. '왜 이렇게 변했을까…' 하지만 동시에 깨달았다. 사람은 변한다. 세월은 모든 게 조금씩 닳게 만들고, 첫사랑의 기억마저 변색시키는 법이다. 그때의 너는 서로에게 완벽하게 매혹되어 있었지만, 지금의 너는 이미 다른 세상을 살아온 사람일 뿐이었다.

실망이라는 감정은 생각보다 날카롭다. 너는 마음속에서 기대와 현실이 충돌하는 순간, 자신도 모르게 긴장했다. 그동안 너는 첫사랑을 이상화하고, 마치 시간을 되돌릴 수 있을 것처럼 상상했다. 그러나 현실은 냉정했고, 기대는 부서졌다. 순간 너는 어린 시절의 너와 지금의 너를 비교하며, 쓸쓸한 미소를 지었다.

그런데도, 너는 그를 향해 짧게 미소를 지었다. 실망 속에서도 존중이 필요하다는 것을 알기 때문이다. 그리고 마음속에서는 묘한 안도감도 느꼈다. 첫사랑은 그대로 두어야 한다는 사실, 아름다운 기억으로만 간직해야 한다는 사실을 받아들이게 되었다.

그를 뒤로하고 돌아서면서, 너는 마음속으로 속삭였다. '첫사랑은 추억 속에서 가장 빛나야 한다.' 현실 속 재회가 기대와 다르더라도, 그때의 설렘과 마음은 여전히 네 안에서 살아 숨 쉬고 있다. 실망도, 상처도, 결국은 추억 일부일 뿐이다. 너는 오늘, 첫사랑과 재회의 순간 속에서 성숙한 마음을 배웠다. 그리고 그 기억을 조금 더 깊이 간직하며, 앞으로 나아갈 길을 생각했다.

3月 17日

첫사랑

그날 너를 처음 보았을 때, 묘한 설렘을 느꼈다. 평범한 일상에서, 누군가가 그렇게 선명하게 다가올 수 있다는 사실이 신기했다. 너의 웃음, 작은 손짓, 말하는 방식까지, 모든 게 자연스럽고 또 어쩐지 특별하게 느껴졌다. 사람은 누구나 시간이 지나면 기억 속에서 흐려지지만, 너는 달랐다. 마음 한쪽에 오래도록 각인되었다.

가끔 문득 너의 모습이 떠오른다. 그때 네가 무심히 한 행동, 잠시 길을 걷다 웃던 얼굴, 빛을 받으며 흔들리던 눈빛. 단순한 장면이지만, 그것을 잊을 수 없었다. 그 순간의 너는 평범함 속에서도 빛났다. 그 빛이 오래도록 마음을 흔들었다.

오늘 문득 다시 너를 보고 싶은 마음이 올라왔다. 멋진 너의 모습을 다시 한번 마주하고 싶다. 어쩌면 그때와 달라졌겠지만, 그 미세한 차이조차 궁금하다. 그 웃음 뒤에 어떤 시간이 쌓였는지, 그 눈빛에 어떤 이야기가 있는지, 알고 싶다. 그때의 너와 지금의 네가 겹치는 순간, 마음은 다시 설렌다.

사람은 지나간 시간 속에서 조금씩 달라지지만, 마음속에 남은 인상은 사라지지 않는다는 것과 멋진 순간은 기록처럼 남아, 필요할 때마다 불현듯 되살아난다. 그때의 너를 다시 마주한다면, 또 다른 설렘과 조심스러운 기대를 품게 될 것이다.

그리움과 기대 사이에서 잠시 숨을 고른다. 마음속으로 너를 떠올리며, 그때처럼 천천히 다가가고, 조심스레 시선을 마주치고 싶은 욕망을 느낀다. 세상에 많은 사람과 마주치지만, 가끔 단 하나의 모습만이 마음을 흔든다는 것을 알게 된다. 그리고 그 한 사람의 존재가 하루를, 마음을 특별하게 만든다는 사실을 다시 느낀다.

언젠가 너를 다시 마주하게 된다면, 그때는 그 멋진 모습을 놓치지 않겠다고. 짧은 순간일지라도, 그 빛나는 장면을 온전히 담고, 오래도록 기억하겠다고. 마음속에서는 이미 그 장면이 준비되어 있다. 그 순간을 기다리며, 다시 한번 너를 보고 싶은 마음을 조용히 간직한다.

3月 18日

동창회

　오랜만에 동창회에 갔다. 교실의 풍경도, 복도 끝에서 들리던 웃음소리도, 모두 기억 속에서 빛바랜 채로 남아 있었다. 이름이 호명될 때마다 옛 친구들의 얼굴이 떠올랐다. 그때 서로에게 보냈던 시선과 웃음, 때로는 사소한 다툼까지 모두 한꺼번에 되살아났다.

　문을 열고 들어서는 순간, 너는 갑자기 어린 시절로 돌아간 느낌이었다. 누구 하나 변하지 않은 듯 보이면서도, 동시에 모든 게 달라져 있었다. 머리카락의 흰 줄, 주름살, 조금 굳어진 표정들까지, 세월의 흔적이 각자의 얼굴에 묻어 있었다. 그런데 이상하게도, 그 변화 속에서도 쉽게 서로를 알아보았다. 이름보다 오래된 기억이 너를 이어주고 있었다.

　친구들과 웃으며 담소를 나누는 동안, 문득 너는 옛날 네가 했던 말과 행동을 떠올렸다. 부끄럽기도 하고, 웃기기도 했다. 그때는 당연하게 생각했던 것들이, 지금 돌아보니 참 소중한 순간이었음을 깨닫는다. 서로의 장난에 웃고, 작은 일로 서운해하고, 또 금세 잊어버리곤 했다.

　술잔을 기울이며 옛날이야기를 주고받는 동안, 마음이 묘하게 따뜻해졌다. 때로는 웃음 속에 숨겨진 그리움이 스며들었고, 때로는 기억 속의 상처가 조용히 되살아났다. 하지만 그 모든 순간이 지금의 너를 만든 원형임을 안다. 동창회라는 짧은 밤은, 과거와 현재가 겹치는 시간이었다.

너는 창밖으로 비치는 가로등 불빛을 바라보며 생각했다. 세월이 흘러도, 사람과 사람 사이의 기억은 쉽게 사라지지 않는다. 그때의 우정과 설렘, 서로의 존재가 주던 작은 위로는 지금도 마음속에서 잔잔히 빛나고 있다. 각자의 삶으로 돌아가지만, 이 순간만큼은 다시 어린 시절로 돌아간 듯하다.

집으로 돌아오는 길, 너는 다시금 마음속으로 고개를 끄덕였다. 옛날이 그리울 때면, 언제든 기억 속에서 다시 만나 웃을 수 있다는 사실이 참 다행스럽다고. 그리고 그 다행스러움이, 지금의 네 하루를 조금 더 따뜻하게 만든다.

3月 19日

아이

아이가 너의 품에 안기는 순간, 세상이 잠시 멈춘 듯한 느낌을 받는다. 작고 따뜻한 몸이 네 가슴에 닿는 순간, 손끝으로 느껴지는 작은 팔과 다리, 숨결 하나하나가 네 마음을 부드럽게 스친다. 그 순간, 너는 아이가 얼마나 연약하고 소중한 존재인지 새삼 깨닫는다. 야리야리 부서질 듯한 감정이 온몸에 퍼지고, 동시에 끝없는 보호 본능이 일어난다.

코끝에 스며드는 아이의 냄새는 달콤하고 순수하다. 머리카락에서 풍기는 은은한 체취, 피부에서 나는 따뜻한 향이 섞이며, 세상 어디에서도 느낄 수 없는 향기가 된다. 너는 그 향기를 맡을 때 마음속 깊은 곳까지 편안해지고, 숨기지 못할 행복감이 밀려온다. 작은 몸짓 하나, 눈을 살짝 감고 안도하는 얼굴만으로도 너의 온 마음이 충만해진다.

아이의 눈빛은 말없이 너를 바라보지만, 그 속에는 신뢰와 안심이 가득하다. 그 순수함을 마주할 때, 너는 하루 종일 쌓였던 피로와 걱정, 불안이 녹아 사라지는 듯한 평화를 느낀다. 품 안에서 아이가 작은 숨을 내쉴 때마다, 너는 마음속으로 조용히 속삭인다. '괜찮아, 내가 함께할게.' 말없이 전해지는 이 다짐은 네 마음을 더욱 단단하게 만들면서 동시에 부드럽게 녹인다.

아이의 존재는 너에게 삶의 의미와 따뜻함을 동시에 알려준다. 야리야리한 감정 속에서, 너는 기쁨과 책임, 연민과 사랑이 뒤섞인 복합적인 행복을 경험한다. 시간이 흐르고 아이가 잠들어 가는 모습을 바라볼 때, 너는 이 순간을 마음 깊이 간직한다. 부서질 듯 연약하지만, 그래서 더 아름답고 소중한 존재. 그 존재가 네 품에 있는 한, 너는 세상 모든 걸 감싸 안을 수 있을 것만 같은 마음이 든다.

아이를 품에 안는다는 것은 마음 깊은 곳까지 전해지는 생생한 행복과 감정의 교류다. 부드럽고 연약한 존재를 지켜보며 느끼는 안도감과 기쁨, 끝없는 사랑. 이 감정은 말로 표현할 수 없지만, 네 몸과 마음을 가득 채우며, 삶의 가장 섬세한 순간으로 남는다.

3月 20日

아내와

치킨집 불빛 아래, 아내와 마주 앉았다. 노란 형광등이 살짝 흔들리는 작은 공간, 가게 안에는 닭 튀기는 냄새와 구수한 맥주 향이 섞여 퍼진다. 바쁜 하루를 끝내고 이렇게 단둘이 앉아 있는 시간, 이 평범한 장면이 얼마나 소중한지 새삼 느낀다.

아내가 웃는다. 햇살보다 부드러운 그녀의 미소가 네 마음을 덮는다. 서로의 눈을 마주 보며 건네는 짧은 대화 속에서, 서로 많은 말을 하지 않아도 충분히 서로를 이해한다. 바쁘게 돌아가는 일상에서 이렇게 단순한 순간조차 둘만의 작은 세계가 된다.

먹음직스러운 닭다리를 잡아 아내에게 건네고, 너는 시원한 생맥주를 따라 잔을 부딪친다. 찰랑거리는 소리와 함께 올라오는 맥주 거품, 입안에서 터지는 시원함이 하루의 피로를 한순간에 씻어낸다. 그 순간, 치킨 냄새와 맥주 향, 아내의 웃음이 한데 어우러져 세상에서 가장 평화로운 풍경을 만든다.

서로의 하루를 이야기한다. 소소한 일, 작은 실수, 웃긴 에피소드까지. 그 대화 속에서 너는 아내의 마음과 생각을 더 깊이 느끼고, 그녀 역시 네 마음을 읽는 듯하다. 특별한 장소나 화려한 이벤트 없이도, 이 작은 치킨집에서의 시간은 서로에게 매우 행복하다.

행복이란 거창한 것이 아니라, 이렇게 서로 곁에 있는 순간 속에서 자라난다. 서로를 바라보며 함께 웃고, 작은 음식과 맥주 한 잔을 나누는 일상에서 느껴지는 안도와 즐거움. 그것이 바로 삶의 진짜 행복이다.

아내의 손이 네 손과 살짝 스친다. 그 짧은 접촉에 마음이 따뜻하게 물든다. 말없이 건네는 온기, 함께 나누는 웃음과 시선만으로도, 서로는 충분히 서로를 위로하고 사랑하고 있음을 느낀다. 치킨집이라는 소박한 공간 속에서, 너는 다시금 사랑의 힘과 일상의 소중함을 깨닫는다.

바쁘고 지친 하루 속에서도, 서로를 바라보고 함께 웃을 수 있다는 것, 그 단순한 사실이 이렇게 깊은 행복을 준다는 것을. 너는 이 평범한 순간을 마음껏 음미하며, 소리 내지 않아도 충분히 느껴지는 따스함 속에서 웃음을 짓는다.

3月 21日

너의 생일

오늘은 너의 생일이다. 매년 찾아오는 이날이지만, 올해는 유난히 마음이 더 깊게 다가온다. 세상의 모든 날 중 단 하루, 오롯이 너를 위해 존재하는 날이라는 사실이, 그저 특별하게 느껴진다. 너를 떠올리며 조용히 미소 짓는다. 너의 웃음, 너의 눈빛, 말투 하나하나가 마음속에 살아 있다.

생일은 단순히 나이를 먹는 날이 아니다. 지나온 시간 속에서 너와 함께했던 기억을 되새기고, 지금의 너를 마음으로 느끼는 날이다. 어린 시절 네가 첫걸음을 떼던 순간, 소소한 성취에 환하게 웃던 날들, 때론 울고 투정 부리던 모습까지. 그 모든 순간이 쌓여 지금의 너를 만들었음을, 안다.

너의 생일을 축하하며, 너에게 말하지 못했던 고마움과 사랑을 마음속으로 전한다. 너라는 존재가 삶에 있어 얼마나 큰 의미인지, 얼마나 따뜻한 빛을 주었는지. 생일이라는 이름으로 그 마음을 조금이나마 표현할 수 있다는 것이 감사하다.

오늘 하루, 세상은 너를 위해 조금 더 환하게 빛난다. 작은 케이크 위 초 하나하나가 네 삶의 희망과 꿈을 상징하고, 주변의 사람들은 너를 바라보며 미소 짓는다. 그 따스함 속에서 느낀다.

생일을 맞은 너는 오늘 특별히 빛난다. 너는 특별함을 스스로 알 필요가 없다. 네가 있는 것만으로도 충분히 세상은 밝아지고, 주변 사람들은 너로 인해 웃을 수 있다. 그러니 오늘은 그저 마음껏 웃고, 너 자신을 사랑해도 좋다.

너의 생일을 축하하며, 앞으로도 네가 삶 속에서 흔들리지 않고, 자신을 지키며, 또다시 웃을 수 있도록 곁에서 마음을 다해 응원하겠다고. 생일이라는 날이 지나도, 언제나 너의 편이다. 조용히 너를 생각하며, 다시 한번 미소 지어본다.

3月 22日

결혼기념일

너는 달력 속 숫자를 바라보며 지난 세월을 떠올린다. 처음 함께 웃었던 날들, 설렘 가득했던 신혼의 기억이 생생하게 떠오르지만, 그 속에 숨겨진 서운함과 힘겨움도 함께 떠오른다. 결혼이라는 결속 안에서, 너와는 서로 다른 습관과 생각, 상처를 안고 하루하루를 쌓아왔음을 새삼 느낀다.

가장 힘들었던 순간들이 먼저 떠오른다. 아무리 노력해도 통하지 않았던 날, 말하지 못하고 속앓이만 하던 시간. 직장에서 지쳐 돌아와도 마음은 쉬지 못하고, 작은 오해가 큰 싸움으로 번질 때마다 너는 숨이 막히듯 답답함을 느꼈을 것이다. 너의 눈빛 속에서 서운함을 읽고, 말투에서 날카로움을 발견하며, 서로를 이해하지 못한 채 벽을 쌓아가기도 했다.

너는 종종 후회했을 것이다. 왜 더 다정하게 말하지 못했는지, 왜 상대의 마음을 먼저 헤아리지 못했는지. 화가 나 있거나 침묵할 때, 마음속 두려움과 답답한 속에서 서성였을 것이다. 말하지 못한 감정들이 마음속에서 커져, 아무리 웃어도 가슴 한쪽이 무겁게 남았던 날들이 있었다.

그러나 오늘, 결혼기념일을 맞아 그 모든 날을 다시 떠올리며 너는 깨닫는다. 서운함과 힘든 시간 속에서도 서로를 포기하지 않았다는 것, 다투고 울고 오해했지만 결국 손을 잡고 다시 함께 걸어왔다. 지난날의 상처와 서운함을 인정하게 된다. 너와 마주 앉아 조용히 포도주잔을 기울이며, 너는 말하고 싶다. 그동안 힘들었던 순간들을 기억하며, 미안했다고. 또 그럼에도 끝까지 곁에 있어 주어 고맙다고. 결혼이라는 긴 여정 속에서 완벽하지 않았지만, 서로를 지키며 살아왔다는 사실이 오늘만큼은 감사하게 느껴진다.

그리고 너는 조용히 속으로 말한다. 앞으로도 함께 걸어가자, 서운함이 있어도, 힘듦이 있어도, 서로의 곁을 지켜주자고.

3月 23日

서운한 마음

오늘도 너는 문득 마음 한쪽이 무겁다. 남편은 변함없이 일터에서 돌아오고, 너는 밥상을 차리고 기다린다. 겉으로는 아무 일 없다는 듯 인사를 나누지만, 네 안에는 작은 서운함이 쌓여 있다. 말로는 쉽게 표현되지 않지만, 사소한 행동 하나하나가 너의 마음을 스친다.

그가 무심코 너의 말을 흘려들었을 때, 혹은 네가 힘들다고 말했지만 제대로 알아주지 않았을 때, 너는 서운함을 느낀다. 그는 너를 사랑한다고 말하지만, 때로는 그 말보다 행동이 더 크게 느껴진다. 하루 종일 가사와 일을 분주하게 해도, 그 사실을 눈치채지 못하는 듯한 그의 무심함이 너를 지치게 한다.

사랑이란 감정이 말보다 행동으로 드러난다는 것을 알지만, 그가 네 마음을 헤아리지 못할 때면 외롭다. 가끔 단순히 "힘들었다"라고 말할 수 있는 작은 위로조차 받지 못하면, 너는 마음속에서 천천히 무너진다. 그는 바쁘고 피곤하다는 것을 알지만, 그 이유가 너의 서운함을 덮을 수는 없다.

또 한편으로, 너는 네가 지나치게 예민한 건 아닐지 고민하기도 한다. 작은 일에 마음이 흔들리는 자신을 탓하며, 남편이 일부러 그러는 것은 아닐 거라고 다독인다. 그러나 네 마음속 서운함은 쉽게 사라지지 않는다. 말하지 못한 감정은 조용히 쌓여, 어느 날 갑자기 눈물로 터져 나오기도 한다.

서운함이 쌓일수록 너는 그에게 조금 더 다가가기를 주저한다. 또 상처받을까, 네 마음을 알아주지 않을까 두려워서다. 그럼에도 사랑이라는 끈이 서로를 붙잡고 있으니, 너는 오늘도 그의 곁에서 웃고, 작은 다툼 뒤에는 마음속으로 용서를 반복한다.

남편도 완벽하지 않고, 너도 그렇다는 것을. 그러나 그럼에도 너는 네 마음을 조금 더 솔직하게 드러내고 싶다. 서운함을 말하지 못하면 쌓이고, 말한다고 해서 항상 해결되는 것도 아니지만, 적어도 서로의 마음을 조금 더 이해할 수 있는 시작이 될 수 있다고 믿는다.

오늘 너는 다시 한번 마음속으로 다짐한다. 서운함 속에서도 사랑을 놓지 않고, 조금 더 솔직하고 부드럽게 다가가자고. 언젠가는 남편이 네 마음을 조금 더 느껴주기를, 너 역시 그의 마음을 이해하고 배려할 수 있기를 바란다. 사랑과 서운함 사이, 그 미묘한 경계를 오늘도 조심스럽게 걸어간다.

3月 24日

산행

　오랜만에 너는 혼자 산에 올랐다. 초록이 짙게 깔린 산길을 따라 발걸음을 옮기며, 평소에는 쉽게 마주하지 못했던 생각들을 하나씩 꺼내본다. 숨이 차오를 때마다 심장은 조금 더 빨리 뛰지만, 동시에 마음은 이상하게 차분해진다. 바람에 흔들리는 나뭇잎 소리, 먼 산자락에서 들려오는 새들의 울음, 발밑에서 부스럭거리는 낙엽 소리까지, 모든 게 너의 생각을 비춰주는 거울처럼 느껴진다.

　혼자 걷다 보면, 삶의 크고 작은 문제들이 머릿속을 스친다. 지나온 날들, 네가 한 선택과 하지 못한 선택들, 사람들과의 관계 속에서 느꼈던 아픔과 기쁨. 평소 바쁘다는 이유로 덮어두었던 감정들이, 산길의 고요 속에서 하나씩 모습을 드러낸다. 그 속에서 너는 스스로 솔직해진다. 가끔 숨을 고르며 멈춰 서서 주변을 바라본다. 멀리 펼쳐진 산과 하늘, 그리고 그 속의 작은 너 자신을 바라보며, 삶의 무게와 동시에 그 아름다움을 느낀다. 문제와 고민이 완전히 사라지는 건 아니지만, 그 모든 게 조금은 작게 느껴진다. 자연 속에서 너는 마음을 객관적으로 바라볼 용기를 얻는다.

　오르막길이 끝나고 정상에 섰을 때, 시야가 탁 트이며 세상이 손에 잡힐 듯하다. 바람이 얼굴을 스치며 지나가고, 너는 잠시 모든 생각을 내려놓는다. 그 순간, 너는 내 삶 속에서 얼마나 작은 존재인지, 그러나 동시에 너 자신이 가진 삶의 무게와 가능성이 얼마나 소중한지 느낀다. 혼자라는 고요 속에서, 네 마음과 솔직하게 대화한다.

하산길에서는 생각이 조금 가벼워진다. 산을 오르며 마주했던 고민과 상념들이 정리되는 것은 아니지만, 너는 그것들을 품고 살아갈 힘을 얻는다. 자연이 준 평온 속에서, 너는 다시 일상으로 돌아갈 준비를 한다. 혼자 등산하며 느낀 고요와 성찰, 그 속에서 얻은 마음의 여유는 작지만, 확실한 위로가 된다.

혼자 걷는 산길은 단순한 운동이 아니다. 그것은 너의 마음을 들여다보고, 삶의 의미와 너 자신의 존재를 천천히 이해하는 시간이다. 바쁘고 혼란스러운 일상에서 쉽게 마주할 수 없는 너 자신과의 대화, 그것이 바로 혼자 산을 오르는 이유이자, 매번 새롭게 느껴지는 작은 행복이다.

3月 25日

보고 싶어요.

　술잔을 기울이는 동안, 너의 마음 깊은 곳이 흔들린다. 처음에는 가벼운 취기와 웃음이었지만, 어느 순간부터 눈물이 고이기 시작한다. 눈물은 이유 없이 흐르기 시작하고, 너는 그것을 억누를 수 없다. 술에 섞여 올라오는 따뜻한 속에서, 너는 오랜만에 어머니를 떠올린다. 어머니의 얼굴이 스쳐 지나간다. 환하게 웃던 모습, 손끝에서 전해지던 따스함, 늘 너를 안아주던 그 품. 세상 모든 걱정을 다 들어줄 것만 같았던 그 품이, 이제는 손을 뻗어도 닿지 않는 곳에 있다는 사실이 더욱 가슴을 찌른다. 그리움과 후회가 함께 몰려오며, 눈물은 술기운에 섞여 더 깊고 무겁게 흐른다.

　너는 그동안 얼마나 어머니를 자주 떠올리지 못했는지 깨닫는다. 바쁘다는 이유로, 세상에 매달린다는 이유로, 너는 마음 깊은 곳에 쌓인 그리움을 미뤄두었다. 오늘 술에 취해 홀로 앉아 있는 순간, 그 모든 감정이 한꺼번에 터져 나온다. 어머니가 남긴 작은 흔적들, 평생 가르쳐 주신 사랑과 온기, 그것들이 모두 너의 마음속에서 빛나고 사라진다.

　술기운에 마음이 흔들릴수록, 너는 어머니와 나눈 일상의 순간들을 떠올린다. 부엌에서 함께 웃던 시간, 학교 다녀온 너를 반겨주던 따뜻한 미소, 어머니 손으로 감싸던 작은 상처들. 평소에는 당연하게 여기던 순간들이, 이제는 얼마나 소중했는지를 비로소 깨닫는다.

눈물이 멈추지 않는다. 하지만 그 눈물 속에는 단순한 슬픔만 있는 것은 아니다. 사랑과 감사, 그리움이 뒤섞이며, 너는 오히려 마음이 조금 가벼워지는 것을 느낀다. 돌아가신 어머니와의 시간은 다시 돌아오지 않지만, 마음속에서 너는 여전히 그분을 만나고, 그분의 사랑을 느낄 수 있다는 것을 알기 때문이다.

술잔을 비우고 고개를 들어 창밖을 바라본다. 달빛이 잔잔히 비치는 밤, 너는 마음속으로 어머니께 속삭인다. "보고 싶습니다. 사랑합니다." 눈물이 흐르지만, 그 안에는 슬픔만 있는 것이 아니라, 따뜻하고 깊은 사랑이 함께 담겨 있다. 술에 취해 흐른 눈물은 그리움과 사랑의 흔적이다.

3月 26日

생존과 전략

　오늘 하루도 너의 사무실 안은 긴장으로 가득했다. 경쟁자와의 작은 충돌이 있었지만, 너는 겉으로 아무 일 없다는 듯 행동해야 했다. 네 안에서는 자존심이 부서지는 듯한 쓰라림이 있었지만, 표정과 말투에는 철저히 그것을 숨겼다. 너는 화를 내거나 감정을 드러내지 않았다. 오히려 비굴하다고 할 만큼 조심스럽게 돌아서며, 상대를 자극하지 않으려 애썼다.

　너의 마음속에서는 싸움과 갈등의 불꽃이 일었다. 상대의 말투, 작은 눈빛, 사소한 행동 하나까지 네가 무시당한 느낌으로 번져왔다. 그러나 현실은 냉정하다. 회사라는 공간에서 감정을 솔직하게 드러낸다는 것은 너의 위치를 위험하게 만들 뿐이다. 그래서 너는 마음속으로 모든 불만과 상처를 삼키며, 겉으로는 미소를 유지했다.

　회의실에서 마주친 순간, 너는 상대와 눈을 잠시 마주친다. 서로의 마음속을 알 수 없지만, 너는 조용히 손을 내밀고, 작은 인사로 화해의 제스처를 보인다. 상대 역시 겉으로는 아무렇지 않은 듯 반응한다. 너희는 서로를 자극하지 않으면서, 최소한의 평화를 유지한다. 네 속에서는 비굴함이 느껴지지만, 그것은 생존과 전략이다. 감정을 드러내지 않고 상황을 헤쳐 나가는 법을 너는 배운 것이다.

　사무실 복도에서 걸음을 옮기며, 너는 스스로 묻는다. "정말 비굴한 걸까, 아니면 현명한 걸까?" 감정을 솔직하게 드러내면 마음은 편하겠지만, 현실은 너를 가만두지 않는다. 네 안의 자존심은 상처를 입었지만, 그것을 지키는 것보다 더 중요한 건 일과 관계를 유지하는 능력이다. 그래서 너는 오늘도 마음속 눈물을 삼키며, 겉으로는 흔들리지 않는 척한다.

집에 오는 길, 너는 가볍게 숨을 내쉰다. 오늘 겪은 갈등과 비굴한 화해는 씁쓸하지만, 동시에 네 삶의 한 부분임을 인정한다. 감정을 숨기고 전략적으로 움직이는 것이 때로는 필요하다. 그러나 마음속에서는 분명히 느낀다. 너는 오늘도 살아남았고, 네 안의 자존심과 현실 사이에서 균형을 찾아냈다는 것을.

회사라는 전쟁터에서, 비굴하게 돌아서고 내색하지 않는 것이 너의 방식이다. 때로는 쓰라린 마음을 삼켜야 하고, 때로는 마음속 눈물을 삼키며 웃어야 한다. 그러나 그 속에서 너는 너만의 방식으로 살아간다. 겉으로는 평온하지만, 너의 안에서 벌어지는 갈등과 자기 성찰은 오늘도 너를 조금 더 성장시킨다.

3月 27日

양심을 지켰다.

　주말 오후, 너는 할인매장에 들렀다. 길게 늘어선 진열대와 알록 달록한 상품들, 사람들의 바삐 오가는 발걸음 속에서 일상의 쏠쏠한 즐거움을 느낀다. 필요한 것들을 하나씩 카트에 담으며, 계산대까지 향한다. 그러나 계산을 마치고 집으로 돌아가는 길, 너는 이상한 기분을 느낀다. 카트 속에는 네가 결제한 것보다 훨씬 많은 물건이 들어 있었다.

　처음에는 착각이라고 생각한다. 계산기를 다시 두드려 보고, 영수증을 확인해도 결과는 같다. 결제한 금액보다 물건이 많았다. 잠시 너는 기쁨을 느낀다. 공짜로 더 많은 것을 얻은 것처럼 느껴지지만, 그 기쁨은 오래 가지 않는다. 곧 양심과 책임감이 마음을 누르기 시작한다. '이대로 가져가면 안 되지.' 너는 다시 발걸음을 돌려 할인매장으로 향한다. 사람들로 붐비는 매장 안, 너는 서둘러 계산대로 다가가 상황을 설명한다. 직원은 놀란 표정으로 너를 바라보다가 친절하게 처리해 준다. 추가로 결제할 금액을 정확히 계산하며, 너는 마음속에서 한숨을 내쉰다. 처음 느꼈던 기쁨 대신, 책임을 다했다는 안도감과 동시에 약간의 번거로움이 마음에 남는다.

　매장을 나서며, 너는 생각한다. 일상의 소소한 실수나 행운은 잠시 기쁨을 주지만, 그 속에서 올바른 선택을 하는 것이 더 중요한 가치인 것을. 순간의 이익보다, 자신의 양심과 책임을 지키는 것이 마음을 가볍게 하고, 오래 가는 만족을 준다는 것을.

집으로 돌아가는 길, 햇살이 따스하게 내리쬐는 오후였다. 사람들의 발걸음, 자동차의 경적, 지나가는 아이들의 웃음소리가 자연스럽게 귀에 들어온다. 그 속에서 너는 묘하게 평온함을 느낀다. 작은 웃음거리 속에서도 스스로 올바른 선택을 했다는 사실이 마음속 깊이 자리 잡는다.

결국, 할인매장에서의 작은 사건은 단순한 계산 착오를 넘어, 너의 마음을 점검하게 하는 계기가 된다. 순간의 즐거움에 취하지 않고, 책임을 다하며 돌아선 길 위에서, 너는 자신을 조금 더 성숙하게 느낀다. 오늘의 너는, 소소한 웃음거리 속에서도 진심과 양심을 지켜낸 자신을 발견하며, 마음속으로 조용히 미소를 짓는다.

3月 28日

갈등

3일 전, 너는 골목을 걷다가 작은 그림자 하나를 발견했다. 누군가를 찾아 헤매는 듯한 눈빛, 꼬리를 살짝 내린 채 조심스레 너의 발걸음을 따라오는 작은 개였다. 처음에는 잠시 머뭇거렸지만, 녀석은 너의 곁을 떠나지 않았다. 그날 이후, 함께 걷고, 함께 앉고, 잠시나마 서로의 존재를 느끼며 시간을 보냈다.

함께한 날들은 짧았지만, 너의 마음은 빠르게 녀석에게 기울었다. 아침에는 부드러운 숨결과 함께 너를 깨우고, 낮에는 나른하게 햇살 아래 누워 꼬리를 흔든다. 저녁이면 작은 발소리와 코끝의 온기로 하루를 마무리한다. 작은 몸짓 하나에도 너는 웃음을 터뜨리고, 때로는 말없이 서로를 바라보며 위로를 주고받는다.

하지만 오늘, 문득 길거리에 붙은 전단지가 눈에 들어왔다. '잃어버린 개를 찾습니다.' 사진 속에는 바로 너와 함께했던 녀석이 있었다. 마음이 무겁게 내려앉는다. 이틀 동안 너와 함께한 시간 속에서 이미 녀석과 정이 들어버렸지만, 너는 안다. 그 녀석에게는 기다리는 주인이 있고, 돌아가야 할 집이 있다는 것을.

가만히 녀석을 바라본다. 꼬리를 흔들며 너의 발에 몸을 비비던 모습, 작은 눈동자 속의 신뢰와 애정, 그 모든 게 너의 마음을 흔든다. 그대로 집에 데려가고 싶은 마음과, 주인에게 돌아가야 한다는 현실 사이에서 너는 갈등한다. 사랑과 책임 사이에서, 선택은 쉽지 않다.

결국 너는 녀석의 목줄을 잡고 전단지 속 연락처를 확인한다. 전화를 걸면서 마음속 한쪽이 아리다. 짧았지만 강렬했던 시간, 함께 웃고 놀던 기억이 이제는 추억으로 남을 순간이다. 녀석에게 진정 필요한 것은 너와의 시간보다, 원래의 집과 주인의 품이라는 것을.

전화기 너머에서 들려오는 주인의 목소리에 녀석은 꼬리를 더욱 힘차게 흔든다. 너는 눈가가 촉촉해졌지만, 마음속 깊이 만족감도 느낀다. 비록 잠시였지만, 서로의 삶 속에서 온기를 주고받았다는 것을 안다. 녀석은 다시 원래 자리로 돌아가겠지만, 너에게 남은 것은 작은 발자국과 함께한 3일의 기억, 그리고 따스한 정이다.

집으로 돌아오는 길, 골목길은 조금 쓸쓸했지만, 너의 마음은 이상하게 가볍다. 놓아주는 것이 사랑임을, 잠시 함께한 인연 속에서 삶의 한 조각을 나눌 수 있음을 배웠다. 길 잃은 작은 존재가 너의 곁을 스쳐 간 시간, 너는 그 기억을 오래 간직하며, 다시금 삶의 작은 기쁨과 책임을 되새긴다.

3月 29日

악기

놀이터를 걷다 너는 음악 도구 하나를 주웠다. 작고 반짝이는 그 악기는 누군가에게 소중한 것이 분명했다. 너는 잠시 머뭇거린다. 어디에 돌려줘야 할까, 어떻게 해야 올바른 주인에게 돌아갈 수 있을까. 머릿속에는 여러 생각이 오가지만, 결국 너는 선택한다—파출소로 향하기로.

파출소 안은 차분하고 정갈했지만, 너는 조금 어색하고 조심스럽다. 들고 온 도구를 조심스레 내밀며 상황을 설명한다. 직원들은 친절하게 안내하지만, 그 순간에도 마음 한편에는 주인을 직접 만나 전달하고 싶은 마음이 남아 있다. 너의 마음속에서 작은 긴장과 설렘이 섞여 있다.

그때였다. 문이 열리고 한 젊은 여성이 들어온다. 긴 머리를 단정히 묶은 그녀는 미소를 지으며 다가온다. "찾아주셔서 정말 감사해요." 그녀의 목소리는 부드럽고, 눈빛은 햇살처럼 따스하다. 너는 말없이 도구를 건넨다. 그녀는 그것을 받아 들고 얼굴 가득 기쁨을 띠며 너를 바라본다.

그 감사의 눈빛 속에서 너는 작은 보람과 즐거움을 느낀다. 사소한 일이지만, 누군가의 하루를 밝히는 순간임을 깨닫는다. 그리고 그녀가 조심스럽게 묻는다. "혹시 시간 괜찮으세요? 오늘 점심, 같이 먹지 않으실래요?" 너는 잠시 망설이지만, 곧 고개를 끄덕인다. 생각지도 못한 따뜻한 제안에 마음이 설렌다.

작은 식당에 앉아 이야기를 나눈다. 놀이터에서 있었던 일, 음악과 아이들에 관한 이야기, 서로의 일상과 웃음까지. 짧은 시간이지만, 서로를 조금 더 이해하고 가까워지는 순간이다. 그녀의 천사 같은 미소와 진심 어린 감사는 너의 마음속에 오래 남는다.

식사를 마치고 나올 때, 너는 속으로 생각한다. 삶은 때로 우연한 사건과 작은 친절로 이루어진다. 누군가를 도와주고, 감사받고, 짧은 시간을 함께 나누는 것만으로도 이렇게 마음이 따뜻해질 수 있다.

파출소로 향했던 너의 발걸음은 처음에는 다소 무겁고 어색했지만, 이제는 가볍고 밝다. 작은 악기 하나가 만들어 낸 소소한 사건, 그리고 그 안에서 만난 따뜻한 사람. 너는 그날 하루를 마음속에 오래 간직할 것이다. 세상은 여전히 복잡하고 바쁘지만, 이렇게 사람과 사람이 만나 웃고 감사할 수 있는 순간이 있어 살아가는 것이 행복하다는 것을, 너는 다시 한번 느낀다.

3月 30日

사랑에 빠진다는 것은

　사랑에 빠진다는 것은, 너에게 세상이 갑자기 네 편이 되는 순간과 같다. 길을 걷는 발걸음이 가볍고, 바람이 불어도 마음속에는 따스함이 머문다. 달콤한 설렘이 온몸을 감싸며, 작은 순간조차 반짝이는 기쁨으로 변한다. 세상이 너를 향해 미소 짓는 것처럼 느껴지고, 사소한 풍경조차 사랑의 색으로 물든다.

　그 사람을 생각하면 너의 마음이 저절로 부풀어 오른다. 숨결 하나, 웃음 하나, 심지어 말투까지 머릿속에 떠올릴 때마다 세상은 조금 더 아름답게 보인다. 아침 햇살이 내리쬐는 창가, 지나가는 사람들의 웃음, 거리의 소음조차 모두 사랑의 배경음처럼 느껴진다. 너의 마음이 온 세상을 감싸 안는 것만 같다.

　사랑에 빠지면 만족감도 함께 찾아온다. 무엇인가를 이루어야 한다는 압박이나 부족함의 감정이 사라지고, 그저 이 순간, 이 감정을 즐기고 싶은 마음이 가득하다. 상대와 함께 있거나, 상대를 떠올리는 것만으로도 너는 아주 행복하고, 온전하다는 느낌이 든다. 손끝에서 느껴지는 작은 떨림, 마음 깊은 곳에서 끓어오르는 기쁨, 그 모든 게 너 자신을 살아 있게 한다.

　너의 마음이 이렇게 충만한 적이 있었던가. 사랑이 네 안에 스며들면서, 세상은 더 이상 무겁거나 복잡하지 않다. 그저 단순하게, 온 마음을 상대에게 내어줄 수 있는 자유와 안도감이 있다. 하루 종일 이어지는 생각과 상념 속에서 너는 다시금 깨닫는다. 사랑이란, 자신에게 주는 가장 달콤한 선물이며, 동시에 세상과 연결되는 가장 생생한 경험인 것을.

밤이 되면, 창밖의 달빛과 가로등 불빛 속에서 너는 상대의 얼굴을 떠올린다. 그 모습 하나로 온 세상이 너의 편이 된 듯한 기분이 들고, 마음속에서 작은 웃음이 번진다. 세상의 모든 풍경이 너를 축복하는 것처럼, 사랑의 에너지가 너의 몸과 마음을 채운다.

달콤한 사랑 속에서, 너는 지금, 이 순간을 충분히 느끼고 즐긴다. 상대를 사랑하는 마음, 그 마음을 느끼며 살아 있는 너 자신, 그리고 세상이 너를 향해 미소 짓는 듯한 행복감. 모든 게 완벽하게 맞물리는 이 순간, 너는 비로소 세상의 중심에 서 있는 듯한 만족과 충만함을 느낀다.

사랑에 빠진다는 것은 단순한 감정이 아니다. 그것은 온 세상이 너를 향해 열린 문처럼 느껴지고, 너의 마음속 작은 행복이 세상 전체로 번져가는 경험이다. 너는 오늘도 그 달콤함 속에서 숨을 고르고, 사랑이라는 선물에 깊이 감사하며 웃는다.

3月 31日

진급

　오늘 사무실에서 너는 과장 진급 소식을 들었다. 마음속에는 묘한 설렘과 긴장이 동시에 일어난다. 인정받았다는 기쁨이 먼저 찾아오지만, 곧 이어지는 것은 책임이라는 무거운 그림자다. 그동안 해온 일들을 인정받았다는 사실은 감사하지만, 동시에 이제는 너 혼자의 문제가 아닌, 팀 전체의 성과와 방향까지 짊어져야 한다는 부담이 몰려온다.

　진급이라는 말에는 달콤한 울림이 있지만, 그것이 너의 어깨에 놓인 무게를 가볍게 해주지는 않는다. 사무실 한쪽 책상에 앉아 서류를 바라볼 때, 너는 문득 과거의 너를 떠올린다. 처음 이 회사에 들어왔을 때, 모든 게 낯설고 막막했지만, 하나씩 배우고 경험하며 조금씩 성장해 왔다. 그 과정에서 너 자신에게 쌓아 올린 노력과 고민이, 오늘의 인정으로 이어진 것이다.

　하지만 기쁨에서도 책임감은 숨을 쉬고 있다. 이제는 단순히 네가 잘하는 것만으로는 충분하지 않다. 팀원들의 문제, 업무 진행 상황, 실적과 전략까지 모두 고려해야 한다. 한순간의 실수나 방심이 전체에 영향을 줄 수 있다는 사실은 너의 마음을 조심스럽게 만들고, 때로는 숨을 가쁘게 한다.

　너는 창밖을 바라보며 깊게 숨을 들이쉰다. 하늘은 맑고 고요하지만, 마음속은 바람이 치는 듯 흔들린다. 그 흔들림 속에서 너는 스스로 다짐한다. 인정받은 순간의 기쁨에 안주하지 않고, 새로운 역할에 맞는 책임감을 지니며 살아가겠다고. 너의 어깨 위에 놓인 무게를 피하지 않고, 오히려 그것을 성장의 발판으로 삼겠다고.

점심시간, 팀원들과 웃으며 대화할 때 너는 조용히 마음속에서 균형을 잡는다. 즐거움과 부담, 설렘과 긴장, 모든 감정을 한데 품고, 오늘을 살아가는 방법을 고민한다. 과장이라는 직책은 단순히 호칭이 아니라, 너의 삶 속에서 한 단계 더 성숙해지라는 메시지다.

사무실 조명이 바뀌고, 하루가 끝날 무렵 너는 책상에 앉아 생각한다. 인정받은 기쁨은 달콤하지만, 책임의 무게를 느끼는 순간이야말로 진정한 성장의 시작임을. 오늘 너는 설렘과 부담을 함께 안으며, 조금 더 자란 너 자신을 만난다. 과장이라는 자리는 축하의 의미이기도 하지만, 동시에 무거운 책임의 자리이기도 하다. 너는 그 무게를 피하지 않고 품으며, 앞으로 걸어갈 길을 조용히 준비한다. 인정받은 만큼, 더욱 신중하고 성실하게, 너는 너의 역할을 감당할 것이다.

4月

자연은 너의 영혼을 어루만지고,
스며들듯 치유하는 손길이다.

4月 1日

사춘기 아들

거실 불빛 아래, 아버지는 조용히 책을 펼쳐 들었지만, 글자는 눈에 들어오지 않았다. 방 안에서는 아이의 휴대전화 진동 소리가 간헐적으로 새어 나왔다. 웃음소리도, 한숨도, 종종 억누른 듯한 울음소리까지 뒤섞여 들려왔다. 사춘기에 접어든 아이의 마음은, 어른인 그조차 헤아리기 어려운 미로 같았다.

며칠 전까지만 해도 함께 마트에 가자, 하면 달려 나오던 아이였다. 손에 쥔 과자를 자랑하듯 흔들며 밝게 웃던 모습이 선명한데, 요즘은 문을 걸어 잠그고 나오지 않았다. 밥을 차려도 식탁에 앉지 않고, 무심한 듯 차갑게 "안 먹어." 한마디만 내뱉었다. 아버지는 그 말 뒤에 숨어 있는 배고픔과 외로움을 본능처럼 알아차렸지만, 다가가면 오히려 아이가 더 멀어질까 두려웠다.

"너 요즘 무슨 일 있니?" 조심스레 물어보던 날, 아이는 눈을 흘기며 "아빠는 몰라도 돼"라고 잘라 말했다. 그 순간 아버지의 가슴 한쪽이 서늘하게 무너져 내렸다. 그 짧은 문장이 마치 높은 담벼락처럼 두 사람 사이에 세워진 것만 같았다.

아버지는 거실에서 오래된 가족사진을 들여다보았다. 갓난아기를 품에 안고 서툰 미소를 짓던 자신, 그 옆에서 해맑게 웃던 아내, 그리고 아직 세상 근심 모르던 딸아이. 사진 속의 시간이 지금보다 훨씬 단단하고 따뜻해 보였다. '언제 이렇게 멀어진 걸까.' 속으로 중얼거리며, 아이의 방문 앞까지 다가갔다가 다시 발걸음을 돌렸다.

창문 너머로 보이는 가로등 불빛이 희미했다. 아버지는 손에 쥔 담배를 바라보다가 끝내 피우지 못하고 주머니에 넣었다. 아이 앞에서 더 이상 약한 모습을 보이고 싶지 않았다. 대신 속으로 다짐했다. 언젠가 아이가 스스로 마음의 문을 열 날이 올 것이라고.

그날 밤, 아이의 방 문틈 아래서 조용한 흐느낌이 흘러나왔다. 아버지는 문을 두드릴까 망설이다가, 그저 벽에 등을 기댄 채 잠들어버렸다. 말로 다가갈 수 없다면, 적어도 곁에 있다는 것만은 느끼게 하고 싶어서였다. 아이의 눈물이 마를 때까지, 차갑고 긴 사춘기의 밤을 함께 견디고 싶어서였다.

4月 2日

너무 힘들어.

너무 힘들어
딸이 그랬다.
전화로 엄마에게

술에 취해 반복해서 하는 말
힘들다 너무 힘들어
이게 나만의 이탈이야.
사는 게 힘들어.

마중 나간 아비는
가슴 졸이며 찾아봤다.
새벽녘 급한 마음
무슨 일 없을까?
깊고 무거운 걱정
애가 탄다.

어둡고
찾을 수 있을까?

찾았다.

남자친구 깜짝 놀라
예쁜 딸, 보고 싶어 왔다.
아비를 알아보고 안기려 한다.
손을 맞잡고는
남자친구에게 원망의 눈과 안도의 눈을 보였다.
어정쩡 놀라 갈등하듯 비켜준다.

딸만 바라본 아비는
서둘러 돌아서
예쁜 딸 손잡고 바쁜 걸음 재촉한다.
혼자 갈 수 있는데 왜 나왔어.
예쁜 딸 빨리 보고 싶어 왔지!
엄마가 보냈어?
아니 운동 삼아 바람 쐬러 나왔어.

술 냄새에 중독된 딸에게
무슨 말을 해야 하지
깍지 낀 손만큼 어색했다.

정말 해주고 싶은 말이 있는데….

걱정하게 해서 미안해
사는 게 너무 힘들어
오늘 이게 나의 이탈이라고

듣고만 있는 아비
어떤 말보다 생각만 깊고
잡은 손 힘만 더한다.

4月 3日

어른이 된다는 것

　어른이 된다는 것은 네가 언젠가 막연히 바라보던 세상 한가운데에 스스로 서는 일이다. 어린 날의 너는 누군가가 늘 앞에서 이끌어 주길 바랐다. 넘어지면 손을 잡아줄 사람이 있고, 길을 잃으면 대신 방향을 알려줄 사람이 있으리라 믿었다. 그러나 어느 날, 네가 기댈 곳이 점점 사라진다는 것을 깨닫는다. 부모의 어깨 너머에서 보던 세상은 이제 네 발로 걸어야만 닿을 수 있는 길이 된다.

　어른이 된다는 것은 책임을 떠안는 일이다. 네가 한 말, 네가 내린 선택이 결국 네 삶을 규정한다. 그 무게가 버겁더라도 피할 수는 없다. 누군가에게 탓을 돌리며 살아가는 동안에는 너는 여전히 미성숙한 아이로 머무를 뿐이다. 어른은 책임을 인정하고, 그 속에서 더 깊은 자유를 배운다. 책임이란 짐이면서 동시에 너를 너답게 세우는 뿌리이기도 하다.

　또한 어른이 된다는 것은 상처를 안고도 살아가는 법을 배우는 것이다. 사람은 모두 어딘가 부서져 있다. 어린 시절의 결핍, 관계에서의 상흔, 스스로에 대한 의심이 흔적처럼 남아 있다. 그러나 어른은 그 흉터를 숨기지 않는다. 오히려 그것을 끌어안으며, 상처 속에서도 걸음을 멈추지 않는다. 완벽하지 않아도 살아낼 수 있다는 것을, 그 불완전함이 인간다움이라는 것을 너는 서서히 깨닫는다.

어른이 된다는 것은 끝내 혼자가 되는 연습이기도 하다. 사랑하는 이들이 곁에 있더라도, 결국 마지막 결정을 내리는 순간에는 너 홀로 서야 한다. 그 고독은 너를 두렵게 하지만 동시에 너를 단단하게 다져준다. 네 안의 공허를 직면할 수 있을 때, 비로소 너는 어른으로 산다.

네가 어른이 되는 길은 누가 대신 걸어줄 수 없다. 하지만 두려워하지 마라. 어른이 된다는 것은 더 이상 아이가 아니라는 뜻이 아니라, 아이였던 너를 품은 채 앞으로 나아간다는 뜻이다. 너는 여전히 불완전하지만, 그 불완전한 속에서 성장한다. 그것이 바로 어른이 되어간다.

4月 4日

장례식장

장례식장에 서 있는 너는 자꾸만 현실감각을 잃는다. 영정 속 얼굴은 분명 네가 오래도록 함께했던 친구인데, 지금은 차갑게 사진 속에서만 웃고 있다. 검은 옷을 입은 사람들 사이에서 너는 멍하니 서 있다. 눈물이 나오려다가도 멈추고, 다시 차오르려다가도 사라진다.

그런데 갑자기 마음속에서 알 수 없는 목소리가 들린다. "너 때문이야." 순간 가슴이 철렁 내려앉는다. 무슨 말인가 싶지만, 그 목소리는 점점 커진다. 너는 고개를 흔들며 애써 부정하려 하지만, 그 단어는 이미 네 마음속에 뿌리내렸다.

며칠 전의 장면이 떠오른다. 친구는 술잔을 앞에 두고 힘들다며 짧게 털어놓았다. 너는 피곤하다는 핑계로 대수롭지 않게 웃어넘겼다. "다들 그러고 사는 거지 뭐." 그 한마디가 전부였다. 네 귀는 닫혀 있었고, 그의 마음은 더 깊은 어둠 속으로 미끄러지고 있었을지도 모른다.

그래서일까. 네 잘못이 아니라고 수없이 되뇌면서도, 너는 끊임없이 자신을 스스로 탓한다. '그날 내가 조금 더 귀 기울였다면? 진심으로 괜찮냐고 물어봤다면? 붙잡았다면?' 끝없는 질문들이 네 마음을 찌른다.

주변 사람들은 다들 각자의 방식으로 슬픔을 표현한다. 어떤 이는 소리 내어 울고, 또 다른 이는 조용히 눈물을 훔친다. 그러나 너는 울지도 못한 채, 마치 죄인처럼 자리를 지킨다. 책임이라는 단어가 네 가슴을 무겁게 짓누른다.

사람들이 하나둘 떠나고, 빈소에 적막이 내려앉는다. 홀로 남은 너는 영정을 바라본다. "미안하다." 네 입에서 흘러나온 말은 공허하게 퍼져 나간다. 그가 들을 수 없다는 걸 알면서도, 네가 할 수 있는 건 오직 그것뿐이다.

4月 5日

편지

편지는 장례식이 끝난 지 일주일쯤 지나 도착했다. 네 이름이 또박또박 적힌 봉투는 오래된 종이 냄새를 풍기고 있었다. 발신인은 죽은 친구였다. 순간 너는 숨을 멈췄다. 손끝이 떨려 봉투를 제대로 잡지 못했다. 세상에 없는 사람이 보낸 글자를 눈앞에서 확인하는 일은, 살아 있는 이에게는 버거운 고통이었다.

조심스레 봉투를 열자, 익숙한 글씨가 종이 위에 담겨 있었다. 삐뚤빼뚤하지만 따뜻했던 필체. 네가 술자리에서, 또 공부방에서 수없이 보아왔던 바로 그 글씨였다. 너는 한 줄 한 줄 더듬듯 읽기 시작했다.

"혹시 내가 이 세상에 없을 때 이 편지를 받게 된다면, 너무 놀라지 마. 나는 네가 내 옆에서 애써 웃으며 힘내라던 말들이 거짓이 아니란 걸 알고 있어. 네 잘못이 아니야. 아무것도 네 잘못이 아니야. 내가 스스로 견디지 못한 거지. 그러니 죄책감에 매이지 말아줘."

너는 그 문장에서 시선을 오래 멈추었다. 지난 며칠간, 네 가슴을 짓누르던 돌덩이가 그대로 무너져 내리는 것 같았다. 장례식 내내, 그리고 그 후의 날들 내내, 너는 끊임없이 자신을 스스로 책망했다. 조금만 더 들어주었더라면, 조금만 더 붙잡아주었더라면. 그런 가정이 네 안에서 독처럼 퍼져 있었다. 그런데 지금, 그 모든 의문을 친구가 스스로 지워내고 있었다.

눈물이 솟구쳤다. 종이를 젖게 할 정도로, 참을 수 없이. 네가 울고 있다는 사실을 이제 막 떠난 친구는 알 수 없을 것이다. 하지만 어쩌면 그는 이미 짐작했을지 모른다. 네가 얼마나 자신을 스스로 탓할지, 얼마나 무너질지. 그래서 이 편지를 남겨두었을 것이다.

편지의 끝에는 짧은 문장이 있었다. "너는 나 없이도 살아갈 수 있어. 나는 네가 웃기를 바란다." 너는 마지막 문장을 여러 번 읽었다. 그리고 소리 내어 중얼거렸다. "미안하다. 그리고 고맙다."

창밖은 저녁 햇살이 붉게 스며들고 있었다. 편지를 가슴에 안은 채 너는 흐느꼈다. 그 눈물 속에는 여전히 남아 있는 슬픔과, 이제야 조금은 가벼워진 마음이 함께 섞여 있었다. 친구는 떠났지만, 그의 마지막 말은 네 안에서 오래 살아남을 것이었다.

4월 6일

영혼과 교감한다.

너는 오래전부터 남들이 보지 못하는 것을 보았다. 길가의 낡은 나무에 기대어 서 있는 그림자, 창문 너머에서 미소 짓는 빛, 혹은 사람들의 어깨 너머를 스쳐 지나가는 잔잔한 기운. 너는 그것을 영혼이라 불렀다. 처음에는 두려웠지만, 세월이 흐르며 너는 그들과 대화를 나누듯 지내게 되었다. 영혼들이 전하는 미묘한 감정과 메시지를 느끼며, 너는 점점 세상의 소음 속에서도 그들의 목소리를 구분할 수 있게 되었다.

어느 날, 너는 버스 정류장에서 한 노인의 영혼을 만났다. 낡은 모자를 쓴 그 영혼은 어딘가 간절함을 담고 있었고, 너는 조용히 눈을 감고 귀 기울였다. "내 아내에게… 미안하다고 전해주오." 순간 너의 가슴은 따뜻하면서도 먹먹하게 울렸다. 마음속 깊은 곳에서 그리움과 후회가 스며들고, 너는 자연스럽게 그의 마음에 손을 얹은 듯한 기분을 느꼈다.

그날 저녁, 너는 우연히 그 노인의 부인을 만났다. 그녀는 공원 벤치에 앉아 흐느끼고 있었다. 마음속이 조여오지만, 너는 알 수 없는 용기를 내어 다가가 말했다. "할아버지가… 미안하다고 하셨어요." 부인은 놀란 듯 눈을 크게 뜨더니 오랫동안 울며 속삭였다. "그이가… 늘 그 말을 하고 싶어 했어요." 너는 그 자리에서 말없이 고개를 끄덕였다. 말 한마디가, 시간과 공간을 넘어 두 마음을 연결하는 순간이었다.

그때 너는 깨달았다. 영혼과 교감한다는 것은 기이한 능력이 아니라, 남겨진 이들의 마음을 이어주는 다리라는 것을. 사라진 존재와 남은 존재 사이에서, 너는 잠시 매개가 된다. 누군가의 한마디, 손길, 눈빛처럼, 너는 보이지 않는 마음을 전하는 역할을 한다는 것을.

그날 밤, 하늘은 유난히 맑았고, 달빛이 공원과 거리의 가로등을 부드럽게 스치며 너를 감쌌다. 너는 홀로 미소 지었다. 낯설고 외로운 길이었지만, 그 길 위에서 너는 분명 누군가에게 필요한 존재였다. 그리고 그 사실만으로도 너의 마음은 따뜻하게 빛났다. 너의 걸음은 여전히 조심스럽지만, 그걸로 충분했다. 누군가의 미소와 마음속 평화를 이어주는 것만으로, 너는 이미 의미 있는 길을 걷고 있었다.

4月 7日

"You follow me!"

　울산바위를 오르는 길은 늘 숨이 찬다. 돌계단은 끝도 없이 이어지고, 땀은 이마에서 줄줄 흘러내린다. 그날도 너는 헉헉대며 오르던 중이었다. 그런데 갑자기 옆에서 낯선 목소리가 들렸다. 발음이 어딘가 어색한 한국어였다. "Excuse me, 울산바위… where…?"

　외국인 관광객 한 명이 지도를 손에 들고 너를 바라보고 있었다. 숨은 차고 다리는 후들거리는데, 대답까지 해야 하니 순간 당황했다. 너는 영어라면 늘 목이 막히는 사람이라, 입을 열자마자 머릿속은 하얘졌다. 그래서 결국 말 대신 몸으로 보여주기로 했다. 너는 네 가슴을 가리키고, 손바닥으로 "나, 나!"를 두드렸다. 그러고는 손짓으로 따라오라는 신호를 했다. 그러면서 어깨를 으쓱하며 "You follow me!"라고 어설픈 발음을 던졌다. 외국인은 잠시 어리둥절하더니 금세 웃음을 터뜨렸다. 너도 웃음이 터졌다. 땀에 젖은 얼굴끼리 마주 보며, 서로 말은 통하지 않아도 무언가 통한다는 기분에 어깨를 으쓱거렸다.

　그 뒤로 오르는 내내, 너는 앞장서고 그는 뒤를 따랐다. 네가 잠시 숨을 고르며 물을 마시면, 그도 멈춰 서서 물을 마셨다. 마치 오래된 동료 같았다. 돌계단이 고비마다 나타날 때마다, 너는 뒤를 돌아 손가락으로 위를 가리키며 "Almost! Almost!"라고 외쳤다. 외국인은 씩 웃으며 엄지를 치켜세웠다.

마침내 울산바위 앞에 도착했을 때, 그는 두 팔을 활짝 벌리고 "Wow!"를 외쳤다. 그 순간 너도 괜히 뿌듯해져서, 가이드라도 된 듯 가슴이 당당해졌다. 말이 막히면 어쩌랴. 웃음과 몸짓만으로도 길을 안내할 수 있다면, 그것으로 충분하지 않겠는가. 그날 울산바위는 그 웅장한 모습보다도, 땀 냄새와 웃음이 뒤섞인 작은 소통의 기억으로 네 마음에 오래 남았다.

4月 8日

"Pajeon! Makgeolli!"

　산에서 내려오자 다리 근육이 떨리고 배가 슬슬 고파왔다. 파전과 막걸리가 생각나, 마을 식당으로 발걸음을 옮겼다. 땀과 먼지가 섞인 몸에 막걸리 한 잔이 상상만으로도 달콤했다.

　자리에 앉자마자 파전이 나오고, 막걸릿잔을 부딪치며 "캬—" 하고 숨을 내쉰 순간, 옆 테이블에서 낯익은 얼굴이 보였다. 바로 아까 울산바위에서 따라오던 외국인이었다. 그는 손을 흔들며 다가왔다. "Hey! You! Mountain… climbing?"

　너는 순간 얼어붙었다. 한국어도 아닌, 영어도 아닌, 뭐라 해야 할지 모르겠다. 그냥 웃으며 고개를 끄덕였더니, 그는 손가락으로 파전 한 조각을 가리키며 눈을 반짝였다. "Pajeon! Makgeolli!" 말하자면, "아, 너도 먹는구나!" 정도였는데, 그의 눈빛과 제스처는 마치 무슨 깊은 동지애라도 있는 듯했다. 너는 웃음을 꾹 참으며 잔을 들고 "Yeah, yeah." 하고 외쳤다.

　그런데 문제는 그다음이었다. 외국인은 마치 오래된 친구처럼 네 의자에 슬쩍 기대더니, 너와 동시에 젓가락을 들어 파전을 집어 들었다. "맛있다!" 하면서 막걸리까지 따라 마신다. 너는 당황했다. 어쩔 줄 몰라, 잔을 부딪치며 "Cheers!"를 외쳤지만, 마음속으론 '이거 내 자리인데…!'라는 소리가 울렸다.

그는 연신 웃으며 손짓, 발짓으로 무슨 말인지 설명하려고 하고, 너는 최대한 미소로 받아치며 젓가락으로 파전을 집어넣는다. 어느 순간, 너는 알았다. 말이 통하지 않아도, 웃음과 몸짓만으로 충분히 상황을 공유할 수 있다.

주변 사람들이 보면 이상한 광경이었겠지만, 그 순간만큼은 코믹함과 따뜻함이 뒤섞인 작은 추억이 되었다.

4月 9日

목표를 이룬 뒤의 허전함

너는 어느 날 하나의 목표를 세웠다. 자존심이 허락하지 않았지만, 그것이 없으면 살아가는 의미조차 희미해질 것 같았다. 꿈은 단순한 소망이 아니라 생존의 무게였고, 네 어깨를 짓눌렀다. 결국 너는 매일 새벽부터 일어나 달렸고, 때로는 숨이 막히고 쓰러질 것 같아도 멈추지 않았다. 그 순간만은 다른 선택지가 없었다.

목표를 향해 나아가는 동안, 너의 하루는 불편함으로 가득했다. 네 삶은 목표라는 이름의 짐을 등에 진 채 흘러갔다. 잠들기 전에도, 눈을 뜨는 순간에도 머릿속은 그것으로 가득 찼다. 목표는 단순한 미래의 사건이 아니라 네 존재의 그림자였고, 너는 그 그림자와 함께 걷고 있었다.

시간이 흘러 드디어 그 목표를 이루는 날이 왔다. 네 손에 쥐어진 성취는 단순한 결과가 아니었다. 그것은 지난 시간 동안의 불안과 희생, 끝없는 갈증을 담고 있었고, 동시에 벗어나고 싶었던 족쇄이기도 했다. 사람들의 박수와 축하 속에서 너의 마음은 잠시 가벼워졌다. 오랫동안 눌려 있던 짐이 벗겨지는 듯했고, 네 가슴속 공기가 맑아지는 듯했다.

그러나 이상하게도, 안도감 뒤에는 허탈함이 찾아왔다. 목표가 끝나자마자, 너는 마치 긴 여행에서 돌아온 뒤의 공허함을 느꼈다.

오랫동안 붙잡고 있던 매듭이 풀리자, 남은 것은 텅 빈 마음뿐이었다. 네가 바란 것은 성취였지만, 성취와 함께 따라온 것은 허전함이었다.

목표를 이루는 일은 단순히 결과를 얻는 게 아니었다. 그것은 네가 얼마나 집착했고, 또 얼마나 의존 속에 살아왔는지를 드러내는 과정이었다. 이루는 순간의 허탈함은, 네가 애써 쌓아 올린 긴장과 집착이 한꺼번에 무너졌기 때문이었다.

4月 10日

골목대장

너는 어릴 적 골목대장이었다. 작은 공터와 골목 몇 블록, 그 안에서 네 말 한마디는 곧 규칙이 되었고, 네 손짓 하나는 질서였다. 친구들을 불러 몰아세우고, 심지어 약한 아이를 골목 끝까지 쫓아다니게 하는 일쯤은 아무렇지 않게 했다. 발로 가방을 차고, 손바닥으로 등을 밀고, 웃으며 소리를 지르게 했다. 그때 너는 힘이 있다는 것이 얼마나 달콤한지 몰랐다. 상대의 눈물이 너를 즐겁게 하는 사실조차 깨닫지 못했다.

그러던 어느 날, 네 눈앞에 그 아이가 섰다. 평소에는 말없이 그림자처럼 뒤에 있던 아이였다. 그런데 오늘은 달랐다. 울고 난 얼굴에 작은 상처가 남아 있었고, 그 눈빛은 단단하게 굳어 있었다. "사과해 주세요." 짧고 단순한 요청이었지만, 그 한마디가 네 뺨을 때린 듯했다.

기억해, 네가 한 행동을. 공터 한가운데서, 네가 팔을 들어 아이를 밀쳤을 때, 아이는 균형을 잃고 벽에 부딪쳤다. 그때 낑낑거리며 울던 얼굴이 지금도 생생할 것이다. 네가 친구들을 불러 웃음을 터뜨리며 그 아이를 조롱하던 장면, 손바닥으로 등을 세게 치며 "빨리 해!" 하고 소리치던 순간. 그 모든 것은 장난이 아니라 상처였다. 아이는 그날 이후로 골목을 피했고, 네 웃음은 그 상처 위에 쌓인 폭력이었다.

너는 웃으면서도 뭔가 어색한 느낌을 받았다. 하지만 그때의 너는 그것을 느낄 수 없었다. 힘이 세다는 것은 곧 자유라고 믿었고, 약한 아이가 눈물을 흘리는 모습은 그냥 배경일 뿐이었다.

그 아이가 오늘, 네 앞에서 사과를 요구했다. 짧은 문장 한 줄. 그런데 너는 그 순간 모든 것을 깨달았다. 장난과 힘을 과시했던 너의 행동이, 얼마나 깊은 상처를 남겼는지를. 그리고 그 상처를 진심으로 마주해야 한다는 사실을.

너는 작게 고개를 숙이고 말했다. "미안해." 단 한마디. 하지만 그 한마디 속에는 수년간 몰랐던 무게와, 이제야 느끼는 죄책감이 담겨 있었다. 골목대장이던 너는 사라지고, 이제는 한 사람으로 서 있었다.

4月 11日

작별하지 않는다.

너는 늘 작별을 두려워했다. 떠나는 사람, 사라지는 시간, 흘러가는 계절 앞에서 너는 마음속 깊이 움츠러들었다. 이별의 순간이 다가올 때마다 마치 뿌리째 흔들리는 나무처럼 너의 내면은 불안하게 떨렸다. 그러나 어느 날, 문득 깨닫게 된다. 진정한 이별은 눈앞에서 손을 흔들며 이루어지는 것이 아니라, 마음속에서 완성되는 것임을. 사랑한 사람, 스쳐 간 계절, 지나간 순간들은 결코 너를 완전히 떠나지 않는다.

너는 오래된 기억을 조심스레 펼친다. 그 안에는 웃고 있는 너와 친구, 가족, 그리고 사랑하는 이들의 얼굴이 담겨 있다. 오래전 흑백사진처럼 빛바랜 장면이지만, 마음속에서 그들의 웃음은 여전히 또렷하다. 눈을 감으면 그 웃음소리가 다시 울려 퍼지고, 따뜻했던 온기가 피부 위에 번져오는 듯하다. 비록 지금 곁에 없더라도, 너는 그들과 여전히 함께 있다. 네 마음속에서, 네 상상 속에서, 그들은 살아 숨 쉬고 있다.

거리를 걸으며 스치는 바람도, 나무 사이로 드리운 그림자도, 길가에 핀 작은 꽃 한 송이도 너에게 말을 건다. 모든 것이 작별을 속삭이는 듯하지만, 동시에 은밀히 말한다. "우리는 여전히 너와 함께 있다." 계절이 바뀌어도, 시간이 흘러도, 그 흔적은 사라지지 않고 너의 내면에 켜켜이 쌓인다. 너는 그제야 깨닫는다. 작별은 끝이 아니며,

떠남은 사라짐이 아니라 단지 새로운 방식의 존재임을.

그들이 멀어질수록 너의 기억은 오히려 더 선명해지고, 마음속 대화는 더욱 깊어진다. 언젠가 함께 걸었던 길, 나누었던 말, 함께 웃었던 순간들이 지금도 너를 이끌고 있다. 그들은 다른 형태로 네 안에 머물며, 네 삶의 일부가 되어 계속 살아간다.

그 누구도, 어떤 순간도 완전히 떠나지 않는다는 사실을. 그들은 너의 내면과 마음속에서 여전히 살아 있으며, 너는 그 안에서 웃고, 울고, 또 살아간다. 작별이란 단지 허공에 던져진 말일 뿐, 그 말은 결코 끝을 의미하지 않는다. 오히려 그것은 너와 그들 사이에 이어진 끊임없는 대화의 또 다른 시작이다.

그러니 너는 작별하지 않는다. 기억 속에서 그들과 함께 숨 쉬는 한, 네 마음속에서 그들이 여전히 살아 있는 한, 너는 결코 혼자가 아니다. 삶은 떠남과 만남의 반복 같지만, 실은 그 모든 순간이 한데 얽혀 네 안에서 계속 이어진다.

4月 12日

노부부를 보며

산책길에 나서면 늘 사소한 것들이 눈에 들어온다. 그날도 평소처럼 공원을 거닐다가, 한 쌍의 노부부가 내 앞에 나타났다. 할머니는 걸음이 매우 느렸다. 발끝을 겨우 떼어놓고, 한 발 한 발 조심스레 땅을 디뎠다. 손에는 작은 지팡이를 쥐고 있었고, 허리는 약간 굽어 있었다. 그녀의 눈빛은 또렷하지만, 속도만큼은 세상을 따라가지 못하는 듯했다.

그런데 할아버지가 있었다. 조금 더 건강해 보이는 남편이었다. 그는 할머니의 옆에서, 할머니의 걸음에 맞춰 천천히 걸었다. 원래라면 더 빨리 걸을 수 있을 텐데, 그는 속도를 늦추고 발걸음을 조정했다. 허리를 살짝 숙이고, 손은 할머니와 일정한 간격을 유지하며, 마치 그림자처럼 옆을 지켰다.

너는 그 장면을 보고 가슴이 짠해졌다. 세월이 남긴 몸의 한계에도, 두 사람은 함께 길을 걷고 있었다. 속도를 맞추는 것, 그것만으로도 서로를 배려하고 지켜주는 행위가 될 수 있다는 사실이, 마음 깊숙이 스며들었다.

걸음이 느린 할머니와 그 속도를 따라가는 할아버지. 아무 말 없이 나란히 걷는 두 사람의 모습에는 무언가 설명할 수 없는 온기가 있었다. 세상은 늘 빠르게 흘러가지만, 그 순간만큼은 시간마저 할머니의 걸음에 맞춰 느리게 흐르는 듯했다.

 그들의 뒤로 햇살이 부드럽게 내려앉았다. 공원에 놓인 벤치, 지나가는 아이들의 웃음, 나무 사이로 스며드는 바람, 모든 것이 그 장면을 감싸 안았다. 너는 잠시 멈춰 서서 두 사람을 바라봤다. 마음속에 짠한 감정이 스며들었고, 동시에 잔잔한 안도감도 느껴졌다. 삶의 속도는 중요하지 않다. 함께 걸을 사람과 속도를 맞출 수 있는 마음이 있다면, 그 어떤 길도 아주 따뜻하고 의미 있다는 것을.

4月 13日

인생의 완주

너는 천천히 발을 내디뎌야 한다. 걸음이 예전만큼 가볍지 않고, 숨결이 조금씩 가빠오지만, 오늘은 속도를 늦춘다. 옆에서 너의 손을 잡은 사람은 조금 더 힘이 있어 보이지만, 그는 천천히, 너와 같은 박자로 발을 맞춘다. 그의 숨과 너의 숨이 길 위에서 서로 스며든다.

왜 빨리 지나가지 않는가. 너는 알고 있다. 속도를 내면 금세 길 끝에 닿겠지만, 바람이 스치는 감촉, 햇살이 풀잎 사이로 부서지는 모양, 발끝에 닿는 흙의 냄새 같은 것들을 놓치고 만다. 느리게 걷는 이 순간, 너는 숨을 고르고, 그의 눈을 바라보며, 손끝의 온기를 느낀다.

그는 왜 천천히 걷는가. 너보다 조금 더 건강한 발걸음에도 불구하고, 그는 너의 속도를 따라온다. 다리가 무겁고 발이 더뎌도, 그는 달리지 않는다. 너의 숨이 그에게 속도를 강요하지 못하도록, 그는 마음을 낮춘다. 그 마음은 길 위의 조용한 배려로, 보이지 않지만 분명하게 느껴진다.

길은 여전히 길지만 서두르지 않는다. 나무 그림자가 길게 늘어지고, 바람이 너희 옆을 스치며 지나가도, 발걸음 하나하나에 서로의 존재를 새긴다. 오늘 하루, 속도를 늦춘 산책 속에서, 너는 왜 빨리 지나가지 않는지를 이해한다. 그것은 속도가 아니라, 서로를 지키고 함께 호흡하는 마음 때문이다.

햇살이 풀잎 위에서 부서지고, 바람이 머리카락을 흔드는 동안, 너는 깨닫는다. 세상은 빠르게 흐르지만, 함께 걷는 길만큼은 발걸음 하나하나가 서로의 마음에 닿을 때, 인생을 완주할 수 있다.

4月 14日

꺾이지 않는 마음

중학교 2학년 겨울, 너는 농구부에 들어갔다. 신장이 크지도 않고, 달리기가 빠른 것도 아니었다. 솔직히 농구와는 어울리지 않는 체격이었다. 친구들은 고개를 갸웃거렸고, 어떤 애들은 "넌 벤치 전용이겠네"라며 비웃었다. 하지만 너는 그냥 웃었다. 그때부터 네 별명은 '벤치보이'였다.

처음 훈련은 지옥 같았다. 체력이 바닥나 숨이 턱에 차올라 바닥에 드러눕기도 했다. 슛은 링에 닿지도 않았고, 드리블은 자꾸 발에 걸렸다. 코치는 혀를 찼지만, 너는 집으로 돌아가 다시 공을 튀겼다. 방 안 천장이 낮아 드리블 소리가 시끄럽다고 가족들이 성을 내도, 네 귀에는 오직 공이 바닥에 튀는 소리만이 맴돌았다.

그리고 드디어 찾아온 첫 대회. 네 이름은 출전자 명단에 없었다. 벤치에 앉아 물통을 나르고, 수건을 나눠주며 경기를 바라봐야 했다. 마음이 무너지는 듯했지만, 너는 자신에게 말했다. "중요한 건 꺾이지 않는 마음."

다음 해 여름, 연습경기에서 기회가 왔다. 주전이 발목을 다쳐 너에게 출전 명령이 떨어졌다. 관중석에선 "괜찮겠어?" 하는 웃음이 터졌다. 손에 땀이 차고, 심장은 미친 듯이 뛰었다. 처음 공을 받았을 때, 네 다리는 얼어붙은 듯 무거웠다. 그러나 네 손끝은 네가 방 안에서 수천 번 튀기던 공의 감각을 기억하고 있었다.

슛은 처음엔 골대를 빗나갔다. 하지만 네 눈빛은 흔들리지 않았다. 다시 공을 잡고, 다시 던졌다. 두 번째도 실패였다. 세 번째, 골대 안으로 빨려 들어갔다. 관중석이 술렁였고, 벤치에 앉은 팀원들이 일어나 소리쳤다. 그 순간 너는 알았다. 실패가 중요한 게 아니라고. 꺾이지 않는 마음이 결국 길을 연다고.

경기는 결국 패배였다. 하지만 너의 이름은 그날부터 달라졌다. 더 이상 '벤치보이'가 아니라, '꺾이지 않는 녀석'으로 불렸다. 코치도, 친구들도, 너 자신도 그렇게 불렀다.

몇 년이 흐른 뒤, 너는 농구 선수가 되지 않았다. 하지만 네 마음속에는 언제나 그날의 코트가 남아 있다. 인생이 무겁게 다가올 때마다, 너는 공을 쥐던 손바닥의 감각을 떠올린다. 수없이 빗나갔지만, 끝내 골대에 정확하게 꽂아 넣던 그 한 번의 순간을. 그리고 다시 걸음을 내디딘다. "중요한 것은 꺾이지 않는 마음." 그 말은 이제 네 삶 전체의 주문이 되어 있다.

4月 15日

골목

술 냄새가 진동하는 골목. 너는 그곳에 서서 발끝만 살짝 움직이며 상황을 지켜보고 있다. 깡패는 얼굴이 붉게 달아올라, 주먹을 휘두르며 고등학생에게 달려들었다. 학생은 몸을 뒤로 빼지만, 이미 얻어맞고 쓰러졌다.

심장이 뛰고 손은 떨리지만, 너는 발걸음을 옮기지 못한다. 뭐라도 해야 한다는 생각과, 순간의 두려움이 서로 충돌한다. '말이라도 해야 하나?' '전화기를 꺼내 경찰에 신고해야 하나?' 마음속 질문들은 끝없이 반복된다. 그러나 입은 바짝 말라, 아무 말도 나오지 않는다.

너는 학생을 보며 눈을 깜박인다. 그 얼굴에 번진 공포와 아픔이 가슴을 조인다. 그런데 깡패의 시선이 잠깐 너를 스치자, 몸이 굳는다. 그가 달려오면, 너도 다칠 수 있다는 생각이 머리를 채운다.

골목 한쪽에서는 다른 행인들이 서성인다. 아무도 움직이지 않는다. 다들 너처럼 고민만 한 것 같다. 행동과 무력함 사이, 윤곽 없는 불안이 너를 둘러싼다. 순간, 시간이 늘어지는 듯 느껴진다. 심장 박동만 크게 울리고, 손은 주머니 속에서 떨린다.

너는 자신을 스스로 다그친다. '도와야 한다, 말이라도 해야 한다.' 그러나 발걸음은 무겁다. 마음속에 끝없는 계산과 두려움이 얽혀,

아무것도 시작되지 않는다. 순간의 판단이 잘못되면 더 큰 피해가 올지도 모른다는 생각, 그런데 가만히 있어도 학생이 다친다는 현실이 동시에 몰려온다.

결국 너는 그대로 서 있다. 골목에는 학생의 신음과 깡패의 욕설이 뒤섞인다. 너는 눈으로만 상황을 좇으며, 무엇을 해야 하는지 끝없이 고민한다. 행동은 없고, 고민만 쌓인다. 발걸음 하나 내딛지 못한 채, 골목의 긴장과 술 냄새 속에 갇힌 채, 너는 생각한다.

'어떻게 해야 옳은 걸까…?' 그 질문이 골목 끝까지 울리지만, 대답은 오지 않는다. 너는 그저 서 있을 뿐이다.

4月 16日

신고

심장이 터질 듯 뛰지만, 너는 숨을 고르고 손을 떨며 주머니 속 전화기를 꺼냈다. 손가락이 떨리지만, 마음을 다잡았다. '이제라도 해야 한다.' 번호를 눌러 경찰 신고를 시작하자, 깡패의 고함과 욕설이 한층 더 크게 들려왔다.

학생들 사이에서 작은 움직임이 일었다. 그들의 눈빛이 너를 향했고, 순간 이해했다. 기회다. 너의 신고가 깡패에게 혼란을 주고, 그들에게 탈출의 여지를 만들었다는 것을. 학생들은 서로를 잡으며, 뒤로 물러나기 시작했다.

"도망쳐!" 너도 소리쳤다. 목소리가 떨렸지만, 긴박함 속에서 힘을 얻었다. 학생들은 망설임 없이 달렸다. 구부린 허리, 흔들리는 가방, 넘어질 듯이 한 발걸음, 그러나 멈추지 않았다. 깡패는 술 냄새 가득한 숨을 몰아쉬며 학생들을 쫓았지만, 너의 전화 소리와 주변 사람들의 시선이 방해되어 속도를 늦췄다.

너는 그 틈을 놓치지 않았다. 학생들이 한 골목을 돌며 시야에서 사라질 때까지, 눈을 떼지 않고 지켜보았다. 그 사이 깡패는 분노에 차서 손을 휘두르며 뒤엉킨 골목을 헤매고 있었지만, 이미 학생들은 안전한 거리를 확보했다.

숨이 가쁘고 손은 떨리지만, 너는 안도의 한숨을 내쉰다. 몸은 긴장으로 굳었지만, 마음속에는 작은 성취감이 스며들었다. 순간의 망설임을 깨고, 행동으로 옮겼다는 것. 그리고 학생들이 무사히 멀리 도망쳤다.

골목에는 술 냄새와 욕설, 그리고 너의 빠른 호흡만 남았다. 그러나 그 긴박한 속에서도, 조금 늦었지만, 옳은 일을 했다.

4月 17日

자연은 영혼을 치료한다.

너는 도시의 소음과 빽빽한 일정 속에서 점점 지쳐가고 있다. 사람들의 말과 요구가 머리 위로 쏟아지고, 휴대전화 알림은 쉬지 않고 울린다. 마음속 깊은 곳에서 무언가가 조금씩 마르고 있다는 걸 느낀다. 그럴 때 문득, 너는 자연을 찾아 떠나야 한다는 생각이 든다.

숲길에 들어서면 처음엔 발걸음이 어색하다. 흙과 낙엽 위를 밟는 감촉이 낯설고, 바람이 귓가를 스치는 소리가 너무 선명하게 들려 잠시 당황한다. 그러나 조금 지나면 숨이 깊어지고, 긴장이 서서히 풀린다. 나무 사이로 스며드는 햇빛은 너의 마음속 어둠까지 비추고, 새들의 지저귐은 억눌린 감정을 풀어주는 멜로디가 된다. 너는 그것을 듣고, 마치 오래된 친구와 다시 만난 듯 안도한다.

강가에 앉아 물결을 바라볼 때, 너는 알게 된다. 모든 것이 흘러가고, 너의 고민도 결국 한 줄기 물처럼 스며들다 사라진다는 것을. 자연은 너에게 묻지 않는다. 무엇을 해야 하는지, 왜 아픈지, 무엇을 두려워하는지 따지지 않는다. 그저 존재하며, 조용히 너를 감싼다. 너는 마음을 열고, 자연의 숨결에 기대어 앉아 있는 것만으로도 위안을 얻는다.

그때, 너는 깨닫는다. 자연은 치유자가 아니라, 너 자신을 스스로 바라보게 만드는 거울인 것을. 나무의 뿌리처럼 깊이 서고, 강물처럼 흐르며, 바람처럼 자유로울 때, 비로소 너는 자신과 화해할 수 있다. 발끝에 닿는 흙의 차가움, 손가락 사이로 스며드는 시냇물, 머리칼을 스치는 바람—모든 감각이 너를 천천히 풀어준다. 고요 속에서 너는 마음의 균형을 되찾고, 숨 쉬는 것만으로도 살아 있음을 느낀다.

세상의 소음 속에서 길을 잃더라도, 자연과 함께라면 마음을 되찾을 수 있다는 것을. 숲, 강, 바람, 햇살—그 모든 것이 너에게 속삭인다. 살아 있음을 느끼라고, 지금, 이 순간 숨 쉬는 것만으로도 충분하다고. 자연은 단순히 너를 둘러싼 풍경이 아니라, 너의 영혼을 어루만지고, 스며들듯 치유하는 손길이다.

너는 잠시 눈을 감는다. 들리는 것은 물소리, 새소리, 바람 소리뿐이다. 마음속 잡음이 사라지고, 깊은 평온이 찾아온다. 너는 안다. 자연 속에서 너는 스스로가 주인이며, 너의 영혼은 이제 조금씩 회복되고 있음을.

4月 18日

어디로 가게 될까?

그는
어디로 간 것일까?
나는
어디로 갈 것인가?

어머니와 열 달
탯줄 잘려 육백일흔두 달
남은 몇 달 후
어디로 갈 것인가?

새롭고
격이 다른
그야말로 차원이 다른 곳에
저 사람은
어디로 간 것일까?
나는
어디로 가게 될까?

그곳은
준비된 행복이 될지
두려움이 될는지

참말로
격이 다른
빛과 어둠일지
도대체 어디로 간단 말이더냐.

알 수 없는 일

4月 19日

만사가 무기력해질 때

어떤 날은 몸이 무겁다 못해 영혼까지 눌린 듯 움직이기 힘들다. 해야 할 일들은 산처럼 쌓여 있는데, 손끝은 조금도 따라주지 않는다. 사람들의 말소리도, 스스로 다짐도, 그 순간에는 모두 공허하게 들린다. 만사가 무기력해질 때, 너는 마치 세상에서 한 걸음 비켜나 있는 듯하다.

무기력은 네가 게으르거나 부족해서 찾아온 것이 아니다. 그것은 오히려 오랫동안 버텨온 흔적이다. 너무 오래 힘을 써서 에너지가 바닥난 탓이고, 너무 오래 긴장을 쥐고 있어서 이제는 손을 내려놓으라는 몸과 마음의 신호다. 그러니 자책하지 마라. 무기력함조차도 너의 삶에 필요한 쉼표일 수 있다.

네가 할 수 있는 일은 작다. 그러나 그 작은 것이 오히려 길이 된다. 창문을 열어 차가운 바람을 한번 들이마셔 보라. 몸을 이불 속에서 억지로라도 일으켜 따뜻한 물에 얼굴을 씻어 보라. 오늘 해야 할 큰일은 미루더라도, 작은 일 하나만 해내도 괜찮다. 설거지 하나, 짧은 산책 한 걸음, 따뜻한 차 한 잔. 그것으로 충분하다. 너는 이미 살아 있음으로써 많은 것을 하고 있다.

무기력은 영원히 머무르지 않는다. 마치 계절이 바뀌듯, 마음의 기운도 흘러간다. 너는 지금 잿빛 속에 있지만, 그 속에서도 분명히 작은 불씨가 남아 있다. 무기력 속에서 아무것도 하지 못하는 듯 보여도, 사실은 조용히 회복을 준비하고 있다.

너는 언젠가 이 순간을 돌아보며 알게 될 것이다. 그러니 지금은 억지로 너를 몰아붙이지 마라. 잠시 멈추고, 숨 쉬고, 기다려도 된다. 만사가 무기력해질 때, 너는 그저 살아 있음을 확인하라. 그 사실 하나로 충분하다. 그리고 언젠가, 아주 작은 빛 하나가 네 안에서 다시 켜질 것이다.

4月 20日

왁자지껄 떠드는 소리가 듣기 싫어질 때

사람들의 웃음소리, 장난스러운 농담, 쉼 없이 이어지는 말소리. 평소 같으면 그저 흘려듣거나, 때로는 함께 웃어넘겼을지도 모른다. 그러나 어떤 날은 이상하게도 그 소리가 귀에 쟁쟁하게 울리고, 마음 깊은 곳을 괴롭힌다. 왁자지껄 떠드는 소리가 세상의 밝음이 아니라, 오히려 너의 고요를 빼앗아 가는 듯 느껴질 때가 있다.

그럴 때 너는 자신을 스스로 이상하게 여긴다. "왜 이렇게 예민해졌을까? 왜 혼자만 벽을 세우는 걸까?" 하지만 그것은 잘못이 아니다. 소리가 싫어진 것은 네가 지쳐 있다는 증거일 뿐이다. 마음에 여유가 있을 땐 같은 소리도 즐겁게 다가오지만, 에너지가 바닥난 순간에는 작은 소리마저 바늘처럼 꽂히는 법이다. 그러니 자책하지 말라. 너는 단지 잠시 쉼이 필요한 것이다.

방법은 의외로 간단하다. 잠시 그 소리의 바깥으로 몸을 빼내는 것이다. 조용한 공원 벤치에 앉아 바람이 스치는 소리를 들어보라. 창문을 열어 두고, 사람들이 떠드는 대신 바깥의 새소리나 바람결에 귀를 기울여 보라. 아니면 방 안의 불빛을 줄이고, 차분히 숨을 고르며 네 안의 침묵과 마주해도 좋다. 그 고요 속에서 너는 비로소 자신을 회복할 수 있다.

너는 알게 될 것이다. 떠드는 소리가 싫었던 것이 아니라, 사실은 네 안의 소리에 귀 기울이고 싶었던 것임을. 세상의 소음 속에서 자기 마음의 속삭임은 너무 쉽게 묻히곤 한다. 그러나 고요를 찾는 순간, 너는 다시금 균형을 되찾는다.

왁자지껄한 소리가 싫어질 때, 그것은 네가 세상과 거리를 두고 싶어 한다는 신호다. 그러니 잠시 물러서라. 침묵 속에 머물러라. 그리고 다시 힘이 차오르면, 너는 스스로 놀라울 만큼 자연스럽게 그 소리 속으로 돌아갈 수 있을 것이다.

4月 21日

아내를 업고

너는 오늘 아내를 업었다. 거실에서 출발해 주방으로, 다시 딸아이의 방 앞을 지나고, 아들 방 앞을 지나, 다시 거실로 돌아왔다. 몇 걸음 되지 않는 짧은 길이었지만, 그 길 위에는 긴 세월의 무게가 얹혀 있었다. 아내의 몸은 예전처럼 가볍지 않았고, 너의 허리와 어깨도 예전처럼 단단하지 않았다. 그러나 그 순간만큼은, 마치 오래된 약속을 다시 지키듯, 한 걸음 한 걸음이 묵직한 울림으로 이어졌다.

아내의 체온이 등에 닿자, 문득 오래전 아내가 이야기했던 기억이 되살아났다. 아내의 큰언니가 아내를 업어주던 시절이다. 어릴 적, 언니의 등에 업혀 집 안을 빙빙 돌던 기억이 있다. 언니는 때로는 노랫소리를 흥얼거렸고, 때로는 일부러 발걸음을 흔들며 놀이처럼 업어주곤 했다. 언니의 등 위에서 천장이 어떻게 생겼는지, 방과 방 사이의 문틀이 얼마나 높이 솟아 있는지, 세세하게 기억했다. 그 기억은 이상하리만치 따뜻하고, 또 쓸쓸하다. 아내를 가장 많이 안아주고 업어주던 언니는 세월 속에 멀어졌고, 중년이 훨씬 지나갔다.

너는 아내를 업었다. 아내는 언니가 업어주던 기억이 겹치며 묘한 울림이 있다. 언니의 등에 기대던 어린 날의 아내는 중년이 되었다.

아내를 업고 거실을 돌아 나설 때, 딸아이의 방 앞에 이른다. 문틈으로 새어 나오는 조용한 빛, 그 안에 담긴 웃음소리와 책장 넘기는 소리가 너의 귓가에 닿는다. 너는 순간적으로 생각한다. 언젠가 딸에게도 이런 기억이 남을까. 아버지가 어머니를 업고 걸어가던 모습을 문틈 사이로 본 기억이, 딸의 삶 어디쯤에서 은근히 빛나 주길 바란다.

아들 방 앞을 지날 때도 마찬가지다. 아직은 철없는 듯 보이는 그 아이도 언젠가 누군가를 업을 것이다. 너의 걸음은 단지 아내를 업고 도는 것이 아니라, 아이들의 미래 앞을 지나가는 의식 같았다.

다시 거실로 돌아왔을 때, 너는 숨이 차오르고 어깨가 뻐근했다. 그러나 마음은 기이하게도 평온했다. 몸은 무거웠지만, 그 무게가 너를 눌러 짓누르지 않았다. 오히려 너를 너답게 세워 주는 힘처럼 느껴졌다. 아내는 등에 업힌 채 작은 목소리로 말했다. "고마워." 그 말 한마디가 너의 피로를 씻어내듯 사라지게 했다.

4月 22日

너는 멋진 삶을 사는 사람

　너는 가끔 스스로가 초라하다고 생각한다. 남들은 눈부신 성취를 이뤄내는 것 같은데, 네 삶은 그저 평범하고 보잘것없어 보일 때가 있다. 그러나 잊지 말아라. 멋진 사람은 반드시 화려한 업적을 이룬 사람이 아니다. 멋진 삶은 남들이 세워놓은 기준을 채우는 데서 오는 것이 아니라, 네가 네 삶을 정직하게 살아내는 순간마다 빛을 발한다.

　누군가에게 따뜻한 말을 건네고, 쓰러진 사람을 일으켜 세운 적이 있지 않은가. 작은 약속을 끝까지 지켜내거나, 아무도 보지 않는 자리에서 묵묵히 자기 일을 감당했던 순간도 있었을 것이다. 바로 그때, 너는 이미 멋진 삶을 살고 있었다. 멋짐은 무대 위의 스포트라이트 속에서만 드러나는 것이 아니다. 오히려 일상의 구석구석, 아무도 주목하지 않는 곳에서 더 진하게 피어난다.

　멋진 사람은 자신을 속이지 않는 사람이다. 실수했을 때 변명하지 않고, 두려움 속에서도 다시 도전하며, 넘어져도 다시 일어나 걷는 용기를 가진 사람이다. 완벽할 필요는 없다. 네가 부족함을 인정하면서도 그 부족함을 껴안고 걸어간다면, 그것이야말로 진짜 멋짐이다. 사람들은 흔히 멋진 삶을 거창한 성취에서 찾지만, 사실은 가장 인간적인 태도 속에서 발견한다.

너는 이미 많은 것을 해냈다. 살아왔고, 견뎌왔고, 여전히 앞으로 나아가고 있다. 그것이 얼마나 대단한 일인지 스스로는 잘 모를 뿐이다. 세상은 종종 너의 가치를 축소하지만, 네가 네 삶을 진심으로 살아내는 순간, 그 무엇보다 아름답고 멋지다.

멋진 사람은 멋진 삶을 사는 사람이다. 그리고 지금 이 글을 읽으며 자신을 스스로 돌아보는 너야말로 이미 그 길을 걷고 있는 사람이다. 멋진 삶은 미래에 갑자기 주어지는 것이 아니다. 오늘 네가 내딛는 작은 발걸음, 네가 건네는 따뜻한 말 한마디, 네가 흘린 땀방울 속에서 이미 이루어지고 있다.

너는 멋진 사람이다. 네가 살아가는 하루가 곧 멋진 삶의 증거다.

4月 23日

두 가지 중 너의 선택은

　삶은 언제나 갈림길 앞에 너를 세운다. 크고 작은 선택의 순간마다 너는 잠시 멈춰 서서 고민한다. 이 길로 가야 할지, 저 길을 택해야 할지. 때로는 사소해 보이는 결정이 훗날 커다란 차이를 만들기도 하고, 어떤 선택은 그 순간엔 무겁게 느껴지지만 지나고 보면 별것 아닐 때도 있다. 하지만 공통점은 하나다. 두 가지 중 너의 선택은 곧 네 삶의 방향을 정한다는 사실이다.

　너는 종종 완벽한 답을 찾으려 애쓴다. "어느 쪽이 더 옳을까, 어느 쪽이 더 나을까." 그러나 삶의 선택에는 정답이 없다. 선택은 문제 풀이가 아니라, 네가 책임지고 걸어가야 할 길이다. 잘못된 선택이 두려워 망설이는 동안에도 시간은 흐르고, 결국 선택하지 않는 것조차 하나의 선택이 된다.

　중요한 건 두 가지 중 어느 쪽을 택했느냐가 아니다. 택한 길을 어떻게 걸어가느냐이다. 네가 어떤 결정을 내렸든, 그 길 위에서 포기하지 않고 끝내 완주한다면, 그 선택은 결국 옳은 길이 된다. 반대로 아무리 좋은 길을 택했다 해도 스스로 의심하고 후회하며 걷는다면, 그 길은 절대 빛나지 않는다.

　네 삶에서 후회 없는 순간들은 언제였는가. 아마도 용기를 내어 한발 내디뎠을 때, 두려운 속에서도 한쪽을 선택했을 때일 것이다.

그때의 너는 완벽하지 않았지만, 분명 살아 있다는 감각으로 충만했을 것이다. 선택은 늘 두려움을 동반하지만, 그 두려운 속에서만 진짜 삶이 움튼다.

그러니 두 가지 중 너의 선택은 언제나 너를 드러낸다. 네가 무엇을 두려워하는지, 무엇을 소중히 여기는지, 어떤 삶을 살고 싶은지를 보여준다. 남들이 뭐라 하든, 네가 온전히 책임지고 감당할 수 있다면, 그것이 바로 너에게 맞는 길이다.

오늘 너는 또다시 갈림길 앞에 서 있다. 두 가지 중 무엇을 택할지 망설이고 있을지 모른다. 그러나 걱정하지 마라. 어떤 길을 가든, 너의 발걸음이 그 길을 의미 있게 만들 것이다. 결국 중요한 것은 선택이 아니라, 선택을 통해 너 자신을 살아내는 태도다.

두 가지 중 너의 선택은, 바로 너의 삶 그 자체다.

4月 24日

너는 너무 빨리 달리려고 할 필요 없다.

    너는 늘 서두른다. 뒤처지지 않으려 애쓰고, 남들보다 한발 앞서 가야 한다는 강박 속에 자신을 스스로 몰아세운다. 그러나 인생은 결승선이 있는 경주가 아니다. 누가 먼저 도착하는가로 평가되는 게임이 아니다. 삶은 오히려 끝이 없는 여정이며, 그 과정에서 어떻게 숨 쉬고, 어떻게 바라보고, 어떻게 느끼는가가 더 중요하다.

    너는 너무 빨리 달리려다 주변의 풍경을 잃고 있다. 봄이 와도 꽃을 보지 못하고, 여름이 되어도 햇빛을 온전히 느끼지 못하며, 가을의 단풍과 겨울의 고요마저도 흘려보내고 있다. 너의 발걸음은 분명 앞을 향해 가고 있지만, 너의 영혼은 아직 제자리에 머물러 있다. 몸과 마음이 따로 달리기 시작하면, 결국 네가 찾던 삶의 의미는 공허해진다.

    철학자들은 오래전부터 말해왔다. 삶의 본질은 속도가 아니라 깊이에 있다고. 한 번의 경험이라도 충분히 음미할 수 있다면, 그것은 열 번의 성급한 도전보다 더 큰 깨달음을 준다. 빨리 달리는 사람은 더 많은 길을 밟지만, 천천히 걷는 사람은 길 위에서 더 많은 세계를 본다.

    너는 알아야 한다. 멈춘다고 해서 낙오하는 것이 아니다. 잠시 숨을 고르고 걸음을 늦추는 동안에도 삶은 계속 흘러가고, 그 속에서 너는 비로소 너 자신을 발견한다. 빨리 달리려는 마음은 미래를 잡으려는 욕망이지만, 진정한 삶은 지금 여기의 한 걸음을 충실히 딛는 데 있다.

그러니 남들보다 느리다고 해서, 뒤처진다고 해서, 네 삶이 가치 없어진 것은 아니다. 오히려 네가 속도를 늦추는 그 순간, 비로소 삶은 너를 기다려 주고, 풍경은 너를 맞아주며, 시간이 너의 편이 된다.

너는 너무 빨리 달리려고 할 필요 없다. 인생의 길은 완주를 위한 트랙이 아니라, 매 순간을 살아내기 위한 무대다. 천천히 걸어도 좋다. 중요한 것은 어디에 도착하느냐가 아니라, 그 길 위에서 어떤 눈으로 세상을 보고, 어떤 마음으로 자신을 지켜내느냐이다.

4月 25日

바닷속

바닷속에 몸을 맡기면, 너는 비로소 다른 세상에 들어온 듯 착각에 빠진다. 스킨스쿠버 장비를 메고 물속으로 내려갈 때, 가장 먼저 너를 감싸는 것은 물결이 피부에 전하는 고요한 압력이다. 지상의 소음이 모두 차단되고, 오직 네 호흡 소리와 거품이 터져 나가는 소리만이 귓가에 맴돈다. 그 순간 너는 마치 깊은 꿈속에서 헤매는 사람처럼, 현실과 비현실의 경계에 선다.

바다의 아름다움은 단순히 눈으로 보는 풍경이 아니다. 빛이 수면을 뚫고 내려와 부서지며 흩뿌리는 은빛 무늬, 유유히 흔들리는 해조류의 춤, 형형색색의 산호들이 만들어 내는 미묘한 조화, 그 사이를 오가는 작은 물고기들의 떼가 어우러져 바다만의 합창을 이룬다. 너는 그 속에서 그저 한 명의 손님일 뿐이다. 네 몸이 무겁게 가라앉을 때도, 그들은 물결의 리듬에 따라 흔들리며 너를 둘러싼다.

숨을 들이쉴 때마다, 너는 바다가 네 폐 속 깊이 스며드는 듯한 감각을 느낀다. 호흡은 인간의 가장 기본적인 생리이지만, 바다에서는 그 단순한 행위조차 경이로운 의식처럼 다가온다. 네가 내쉰 공기 방울은 천천히 위로 떠올라 수면으로 사라지고, 그 자리에 정적이 다시 숨어든다.

스킨스쿠버를 하며 네 마음 깊이 새겨지는 것은 '겸허함'이다. 네가 서 있는 땅은 그저 바다의 가장자리였음을, 네가 살아가는 세상은 이 거대한 물의 세계 위에 떠 있는 작은 조각에 불과함을 깨닫게 된다. 그 깨달음 속에서 인간의 욕심과 다툼이 얼마나 덧없는지, 또 자연이 품은 침묵이 얼마나 위대한지를 너는 절실히 느낀다.

바다는 아름다움이자 동시에 깊이를 알 수 없는 신비다. 스쿠버 다이빙을 마치고 수면 위로 올라올 때, 세상은 늘 같은 모습인데 너의 마음은 다른 빛을 품고 있다. 물속에서 본 푸른 신비는 너를 겸손하게 만들고, 오늘 하루를 새롭게 바라보게 한다. 바다는 너에게, 삶이란 결국 더 깊은 곳을 향해 잠시 내려갔다가 다시 떠오르는 여정인 것을 가르쳐 준다.

4月 26日

삶은

삶이 네 뜻대로 흘러가지 않을 때가 있다. 아니, 어쩌면 대부분 시간은 그렇게 흘러가는지도 모른다. 너는 나름의 계획을 세운다. 어느 나이에 무엇을 이루고, 어떤 모습으로 살아가고 싶다는 그림을 마음속에 그려본다. 그러나 세상은 너의 설계도를 참고하지 않는다. 바람은 예고 없이 불어오고, 삶은 네가 가고 싶은 길이 아닌 엉뚱한 방향으로 흘러간다. 그럴 때마다 너는 당혹스러움 속에 서서, 이 길이 정말 네 길이 맞는지 스스로 묻게 된다.

삶이 방향을 거스른다는 것은, 어쩌면 삶의 본질일지도 모른다. 계획대로만 살아간다면, 그것은 이미 살아 있는 것이 아니라 미리 정해진 시나리오를 따라가는 연극에 불과하다. 오히려 네가 원하지 않았던 우연과 돌발이, 너 안에서 또 다른 힘을 깨우곤 한다. 너는 실패와 좌절 속에서만 배울 수 있는 어떤 굳은살을 기억한다. 뜻대로 되지 않는 순간마다 너는 작은 자존심을 내려놓고, 세상 앞에서 겸허해지는 법을 배워왔다.

젊은 시절의 너는 모든 것이 의지와 노력으로 가능하리라 믿었다. 그러나 시간이 흐르며 알게 되었을 것이다. 의지와 노력은 방향을 정하는 나침반일 뿐, 바람의 세기를 제어할 수는 없다는 사실을. 배를 모는 일은 네 몫이지만, 바다가 내어주는 파도를 거스를 수는 없다. 그럴 때 너는 비로소 '순응'이라는 단어를 떠올린다. 포기가 아닌

수용, 체념이 아닌 흐름에 몸을 맡기는 자세. 삶은 네 뜻대로만 흐르지 않지만, 그 흐름 속에서 또 다른 길을 발견할 수 있다.

돌이켜보면 네 계획에서 벗어난 길 위에서 오히려 소중한 인연을 만났고, 예상치 못한 경험이 너의 삶을 풍성하게 채워주었다. 그때는 왜 이런 일이 네게 일어나는지 원망했을지라도, 시간이 지나 다시 보니 그것이 지금의 너를 만든 길이었다. 삶이 다른 방향으로 흘러갈 때, 너는 결국 새로운 풍경을 만나게 되었다.

그래서 이제는 조금 알 것 같다. 삶이 네 뜻대로 되지 않을 때, 그것은 너를 시험하거나 괴롭히기 위해서가 아니라, 네가 미처 보지 못한 길을 보여주려는 삶의 방식인 것을. 강물이 굽이쳐 흐르듯, 너의 삶도 언제나 직선이 아니라 곡선으로 나아간다. 중요한 것은 네가 원하는 곳에 닿는 순간만이 아니라, 흘러가는 그 여정 자체가 너를 단련하고 성장시킨다는 사실이다.

삶은 네가 움켜쥘 수 없는 물과 같다. 손바닥에 억지로 움켜쥐려 하면 흘러내리지만, 고요히 두 손을 모으면 맑은 물이 고인다. 네가 가진 방향은 그저 작은 바람일 뿐, 삶은 더 큰 강물로 흘러간다. 결국 중요한 것은 네가 가는 길을 사랑할 수 있는 마음, 그리고 흐름 속에서 너를 잃지 않는 단단함이다.

4月 27日

삶의 과정

너는 종종 지금의 삶을 '결과'라고 착각한다. 마치 여기까지 온 것이 이미 끝인 듯, 더 이상 변할 수 없는 듯 느낄 때가 있다. 하지만 살아보니 알겠더라. 지금 네가 서 있는 이 자리는 결과가 아니라 그저 과정의 한 장면일 뿐인 것을.

결과처럼 보이는 지금은 사실 아직 미완성의 문장이다. 네가 흘린 눈물, 견뎌낸 좌절, 기쁨과 환희의 순간들, 그 모든 것이 합쳐져 '한때의 너'를 만들었을 뿐이다. 그렇다고 해서 그것이 결말은 아니다. 인생은 늘 이어지고, 길은 다시 갈라지며, 너는 여전히 걸음을 옮겨야 한다.

너는 여러 번 그렇게 오해해 왔다. 첫 직장을 얻었을 때, 사랑에 실패했을 때, 결혼했을 때조차도 '이제는 하나의 결과에 도달했다'라고 믿었다. 그러나 시간이 흘러 다시 보니, 그것은 또 다른 과정의 시작이었다. 결과라 여겼던 것들이 사실은 더 큰 무대를 열어주는 작은 문에 불과했음을 알게 된 것이다.

그러니 지금 너의 불안과 초조도, 완성되지 못한 마음의 모양새도 괜찮다. 그것은 결과가 아니라 과정에 속하기 때문이다. 과정에서는 흔들려도 된다. 넘어져도 된다. 심지어 길을 잘못 든 것 같아도, 결국 그것이 너를 다음 길로 이끌어 줄 것이다.

네가 살아내는 하루하루는 언젠가 모두 연결되어 커다란 그림을 이룰 것이다. 지금은 그려지는 선이 삐뚤빼뚤해 보일지 몰라도, 먼 훗날 뒤돌아보면 그 선들이 모여 의미 있는 무늬를 이루고 있을 것이다. 아직 그 무늬가 다 드러나지 않았을 뿐, 네 삶은 여전히 그려지는 중이다.

그러니 서두르지 말라. 너는 지금도 충분히 과정을 살고 있다. 결과는 아직 멀리 있다. 아니, 어쩌면 마지막 순간에야 비로소 하나의 결과가 될지도 모른다. 그때까지는 모든 것이 과정이며, 그 과정 자체가 너를 빛나게 한다.

4月 28日

아들의 눈물

　아들이 난데없이 너에게 안겨 왔다. 두 팔로 네 허리를 감싸며 온 몸을 맡겨버리는 그 순간, 너는 미처 아무 말도 할 수 없었다. 아들의 어깨가 들썩이고, 숨이 막히듯 끊어져 나오는 울음소리가 네 가슴을 파고들었다. 무엇이 아이를 그렇게 흔들어 놓았는지는 몰라도, 너는 다만 품 안으로 파고든 작은 몸을 더 세게 끌어안았다.

　아이의 눈물은 따뜻했다. 그것은 단순히 슬픔의 징표가 아니라, 아직은 세상에 홀로 서지 못하는 존재가 온전히 기댈 수 있는 단 하나의 벽을 찾았다는 증거였다. 그 벽이 지금 너라는 사실이 순간적으로 너를 숙연하게 만든다. 아이가 쏟아내는 울음은 어쩌면 너 자신이 어린 시절 삼켰던 울음이기도 했다. 감히 소리 내 울지 못하고 속으로 삭였던 눈물, 아무에게도 기대지 못했던 외로움. 아들이 품에 안겨 오열하는 순간, 너는 오히려 오래전 네가 울고 싶었던 아이를 껴안는 듯한 기분이 들었다.

　울음은 오래 가지 않았다. 아이는 잠시 네 품 안에서 요동치듯 울다가, 서서히 잦아들었다. 눈물로 젖은 얼굴이 너의 가슴에 묻히고, 작은 숨결이 네 심장 박동과 겹친다. 그 온기 속에서 아이는 안정을 찾는다. 부모의 품이란 결국 세상에 맞서 싸우다 지쳐 돌아온 자식이 잠시 쉬어갈 수 있는 항구 같은 것인가. 잠잠해진 아들을 내려다 보며, 너는 조용히 생각한다. 살아가는 동안 아이가 앞으로도 수없이 부딪히고 상처 입을 것이다. 그러나 오늘처럼 다시 돌아와 안길 곳이 있다는 사실이 그 아이에게는 힘이 될 것이다. 그리고 그 사실이 너에게도 위안이 된다.

 아들이 울음으로 전해준 것은 단순한 슬픔이 아니라, 의지하고자 하는 마음의 고백이었다. 너의 품에 안겨 울던 순간, 아이는 세상을 견뎌낼 또 한 번의 힘을 얻었을 것이다. 그리고 너는 그 순간을 오래도록 잊지 못할 것이다. 그것이 바로 부모와 자식이 서로를 키워내는 방식이기 때문이다.

4月 29日

보내는 슬픔

필연적 인연이
아련해진 인연 되어
그런저런 시절 보내고
슬픔이 스며들면
고운 정 떼지 못하고
서둘러 가려 한다.

준비하지 못한
보내는 슬픔이
한숨 되어 돌아오고
보내는 슬픔이
눈물 되어 쏟아진다.

말 못한 감정의 깊이가
전해지기도 전에
숨이 멎고
하지만 버티고
감췄던 설움이
지체 없이 쏟아진다.

사는 것은 무겁고

죽음은 가볍다고 할까?
화장한 주검은 한 되 반
죽음은 가볍고

보내는 슬픔은 무겁다.

4月 30日

합선

너는 가끔 뇌신경이 합선된 것처럼 느낄 때가 있다. 머릿속에서 불꽃이 튀듯, 전류가 어긋나며 엉켜 버린 순간. 그때의 너는 어떤 일에도 집중할 수 없고, 차분한 호흡조차 가빠진다. 사소한 기억이 뒤섞여 과거와 현재가 엉망으로 흘러가고, 견디지 못한 마음이 몸까지 불안하게 만든다.

너는 그때 스스로 의심한다. 왜 이토록 사소한 일에도 쉽게 무너지는 걸까, 왜 차분히 흘러가야 할 생각들이 불시에 폭발하듯 튀어나오는 걸까. 그러나 한편으로는 안다. 그것이 네 안에 오래 쌓여 있던 피로와 불안의 언어인 것을. 합선은 고장이 아니라, 쉬어야 한다는 신호일지도 모른다.

너는 그럴 때마다 멈춰 서야 한다. 억지로 불을 끄려 하지 말고, 그 불꽃이 다 타오를 때까지 지켜보는 것이다. 고요히 숨을 고르고, 심장이 빠른 박자를 조금씩 늦추기를 기다린다. 뇌신경이 합선된 듯 혼란스러운 순간에도, 네 몸은 여전히 살아 있음을 잊지 말아야 한다. 살아 있다는 사실 하나가, 네가 다시 선을 잇고 회로를 정리해 갈 힘이 된다.

합선 같은 혼란 속에서 너는 결국 배운다. 완벽하게 흐르는 회로만이 인생의 전부는 아니다. 때로는 엉킨 불꽃이 자신을 스스로 돌아보게 하고, 멈춤 속에서 다시 길을 찾게 한다는 것. 그러니 두려워하지 말라. 지금의 너는 고장 난 존재가 아니라, 다시 이어질 회로를 준비하는 중이다.

삶은 언제든 합선처럼 불시에 흔들릴 수 있다. 그러나 네 안의 불빛은 꺼지지 않는다. 잠시 어두워도, 결국 다시 이어진 전류는 너를 앞으로 나아가게 할 것이다.

5月

복권 당첨자가 되든, 그렇지 않든,
인생은 계속 흐른다.

5月 1日

촛대바위에서

바닷바람이 매섭게 불어오던 날, 너는 우연히 촛대바위 앞에 서 있었다. 바다 위로 기묘한 빛이 내려앉던 순간, 검은 교복 자락이 바람에 휘날렸다. 바위 끝에, 한 여학생이 두 발을 간신히 디디고 있었다. 몸이 기울 때마다 바다의 거친 파도가 아래서 소리쳤다. 너는 숨이 막히는 듯 달려갔다.

그 아이의 눈은 이미 삶을 떠난 사람처럼 텅 비어 있었다. "가지 마." 너도 모르게 목소리가 터져 나왔다. 그 아이가 고개를 돌렸을 때, 순간적으로 스쳐 간 눈빛엔 어린 나이에 감당하기 어려운 무게가 담겨 있었다.

너는 손을 내밀었다. 하지만 그 순간 느꼈다. 손을 뻗는다고 해서 반드시 잡히는 게 아니란 걸. 네가 내민 것은 단순한 손이 아니라, 그 아이가 다시 살아가야 할 이유였기 때문이다. "너, 아직 여기 있어도 돼. 버텨도 돼." 떨리는 목소리로 간절히 말했다.

한참 동안 바닷소리만 메아리쳤다. 그녀의 발끝이 흔들릴 때마다 네 심장도 가슴을 찢듯 요동쳤다. 그리고 아주 천천히, 그녀의 손이 네 쪽으로 왔다. 차갑고 가느다란 손가락이 네 손에 닿는 순간, 너는 숨을 삼켰다. 그 작은 손을 붙잡았을 때, 비로소 생명이 네 손바닥 안에서 뛰고 있음을 느꼈다.

너는 바위 위에서 무너져 앉았다. 아이는 흐느꼈고, 너는 아무 말도 하지 못했다. 다만 등을 토닥이며 바다를 등지고 있었다. 그때 너는 사람의 삶은 이렇게 가까스로 이어지는 것일지도 모른다는 것과 누군가 손을 내밀어 주지 않으면, 너무 쉽게 떨어져 버릴 수 있다는 것을 알았다.

돌아가는 길, 네 손바닥에 아직도 그 아이의 체온이 남아 있었다. 두려움과 안도의 감정이 뒤섞여, 가슴이 벅차올랐다. 너는 자신에게 속삭였다. "오늘 나는 한 생명을 지켰다. 그리고 나 자신도 조금은 살아남았다."

그날 촛대바위의 파도 소리는 아직도 귓가에 남아 있다. 그것은 죽음의 경고이자, 동시에 삶을 붙잡아 주는 희망의 울림이었다. 너는 이제 안다. 절망 끝에서 건져 올린 작은 손 하나가, 삶의 전체를 바꿀 수도 있다는 사실을.

5月 2日

살아 있어도 괜찮아.

바위 끝에 서 있는 너는 온몸이 얼어붙은 느낌이다. 바람이 얼굴을 때리고, 파도가 아래에서 부서져 흰 거품을 일으켜도, 그것마저 네 마음속 울림에 묻혀 별 소용이 없다. 마음속에서는 끝없는 절망과 체념이 뒤엉켜 숨조차 막힌다. 친구들과의 사소한 오해, 부모의 무심한 말들, 네가 지켜야 한다고 느낀 책임과 기대… 모든 것이 한꺼번에 너를 파고들어 숨쉬기조차 어렵게 만든다.

'나는 왜 이렇게 약할까. 왜 아무도 내 마음을 몰라줄까.' 너는 속으로 되뇌며 눈을 감는다. 눈을 뜨면 세상이 다시 너를 밀어내는 듯하고, 들이쉬는 공기는 더 차갑게 느껴진다. 살고 싶은 마음과 죽고 싶은 마음이 네 안에서 충돌한다. 살고 싶은 욕망은 희미한 촛불처럼 흔들리고, 죽음의 생각은 이상하게도 차갑고 단단하게 네 의지를 꿰뚫는다.

바위 모서리를 잡은 손끝에도 두려움이 배어 있다. 하지만 그 두려움에 생존에 대한 작은 끈 하나가 남아 있다. 그것은 단순한 생명의 끈이 아니다—누군가 네 존재를 알아주길 바라는 간절한 바람이다. "누군가 내 손을 잡아주면 좋겠어. 단 한 번만이라도." 네 마음은 그렇게 속삭이지만, 동시에 누군가 다가오는 것이 두렵기도 하다. 도움을 받는 순간, 네 모든 약함과 실패가 드러날 것만 같기 때문이다.

그때 등 뒤에서 날카로운 목소리가 들린다. "가지 마!" 심장이 미친 듯이 뛴다. 그 짧은 한마디에 네 안의 바닥이 흔들린다. 누군가 네 곁에 있고, 널 놓치지 않으려 한다는 사실이 오래전 잊고 있던 감정을 깨운다. 두려움과 안도, 절망과 희망이 한꺼번에 뒤섞인다.

너는 몸을 떨며 망설인다. 손을 내밀어 잡을까, 아니면 바다로 몸을 던질까. 그 안에서 작은 목소리가 울린다. '살아 있어도 괜찮아. 아직 끝나지 않았어.' 차가운 손이 그의 손에 닿는 순간, 네 마음속 벽이 조금씩 부서진다. 눈물이 흐르고, 긴장과 공포가 뒤섞인 채로도 처음으로 숨을 고를 수 있다.

바위 위에 주저앉아 흐느낄 때, 너는 깨닫는다. 절망 속에서도 희망은 존재한다는 것을. 그리고 오늘, 살아남는다는 것은 단순한 생존을 넘어, 다시 세상을 마주할 용기를 선택하는 일임을.

5月 3日

엄마의 말

딸이 방문을 닫는 소리가 또렷하게 들렸다. 너는 부엌에 서서 잠시 그 소리를 곱씹듯 들었다. 문틈 하나 없는 벽처럼 닫힌 방 안에, 어떤 생각과 마음이 굴러다니는지 너는 짐작조차 하기 어려웠다. 그런데도 딸이 겪는 혼란과 답답함은, 마치 오래전 자신의 그림자를 다시 보는 듯 낯설지 않았다.

너는 한참을 망설이다가 작은 목소리로 방문 앞에 섰다. "잠깐 얘기할래?" 대답은 없었지만, 딸은 문을 열지도 닫지도 않은 채 그대로 있었다. 너는 그냥 말을 시작했다.

"네가 요즘 나한테 짜증을 내고, 세상이 다 싫다 하고, 혼자 있고 싶다 하는 거… 다 이해해. 나도 네 나이 때 그랬어. 근데 알아? 그 시절의 나는 그저 혼자 버텨야 한다고 생각했어. 아무도 내 편이 없는 것 같았거든. 그래서 더 외롭고 더 힘들었어."

딸은 대꾸하지 않았지만, 안쪽에서 가만히 숨 고르는 소리가 들렸다. 너는 조심스레 말을 이었다.

"너한테는 그러고 싶지 않아. 적어도 내가 네 편이라는 걸 알았으면 해. 네가 아무리 날 밀어내도, 난 여기서 기다릴 거야. 네가 세상에서 가장 못난 모습일 때조차, 나는 네 엄마니까 네 곁에 있을 거야."

잠시 정적이 흘렀다. 부엌에서 끓고 있던 국 냄새가 거실에서 방으로 번졌다. 너는 그 냄새 속에 묻어 있는 생활의 무게를 느끼며, 딸이 조금이라도 그 무게를 덜어내길 바랐다.

"그리고 하나만 기억해 줬으면 해. 넌 지금도 충분히 괜찮은 아이야. 시험 성적, 친구 관계, 키나 외모 같은 게 널 결정하지 않아. 네가 흔들리고 방황하는 그 과정조차 네 일부야. 언젠가 네가 스스로 네 길을 찾을 거야. 나는 그때까지 그냥 지켜보고 싶어."

너의 목소리는 담담했지만 흔들림이 있었다. 너는 알고 있었다. 부모라는 이름으로 아이를 지킬 수 있는 건 한계가 있다는 걸. 결국 딸은 자기 발로 길을 찾아가야 한다는 걸. 하지만 한 가지는 확신했다. 길을 잃을 때마다 되돌아올 수 있는 집, 언제든 열려 있는 품이 있다는 사실이 딸에게 힘이 되리라는 것.

방 안은 여전히 조용했다. 하지만 너는 서두르지 않았다. 문 너머의 아이가 답하지 않아도 괜찮았다. 중요한 건 말이 아니라, 지금 흘려보낸 이 마음이 언젠가는 닿으리라는 믿음이었다.

너는 마지막으로 짧게 덧붙였다. "네가 나한테 하고 싶은 말, 지금은 못해도 괜찮아. 나중에라도 해줘. 나는 언제든 들을 준비가 되어 있으니까."

그리고 너는 문 앞을 떠났다. 발걸음은 무겁지 않았다. 비록 대답은 듣지 못했지만, 마음은 분명 전해졌다고 믿었기 때문이다. 방 안에서 딸은 조용히 이어폰을 빼내고 있었다. 눈가가 조금 뜨거워진 채로.

5月 4日

딸

　방문을 닫고 나면 세상과 단절된 것 같았다. 핸드폰 화면만이 내 편인 듯, 불빛을 깜빡였다. 친구와의 말 한마디가 왜 그렇게 날카롭게 꽂히는지, 시험 성적은 왜 늘 바닥으로 밀어 넣는지, 이유도 모른 채 답답한 숨만 늘어났다. 거울 속에 비친 얼굴은 네가 봐도 못마땅했고, 그래서 더 세상과 거리를 두고 싶었다.

　그러던 어느 날, 문 앞에서 엄마의 목소리가 들렸다. "잠깐 얘기할래?" 너는 대답하지 않았다. 솔직히 대답할 힘도 없었고, 괜히 뭐라고 말하면 또 눈물이 터질까 겁이 났다.

　그런데 엄마는 그냥 말을 이어갔다. "네가 요즘 짜증을 내고 혼자 있고 싶다 하는 거, 다 이해해. 나도 네 나이 때 그랬어. 근데… 그때 난 너무 외로웠어."

　엄마의 목소리는 담담했지만, 묘하게 가슴 한쪽을 울렸다. 너는 휴대폰 화면을 끄고, 소리 없이 귀를 기울였다.

　"너는 달랐으면 해. 나는 네 편이야. 네가 아무리 날 밀어내도 난 기다릴 거야. 네가 제일 못난 모습일 때도, 나는 네 엄마니까 네 옆에 있을 거야."

너는 무심한 척, 이불을 뒤집어썼다. 그런데 눈가가 자꾸만 뜨거워졌다. '아무도 내 편이 없는 것 같아 혼자라고 생각했는데, 적어도 엄마는 나를 향해 서 있구나!' 그 생각이 낯설게 다가왔다.

'근데 왜 자꾸 짜증을 내지… 왜 엄마한테도 못되게 굴까.' 마음속에서는 자책이 스멀거렸지만, 입 밖으로 꺼낼 용기는 없었다.

엄마는 잠시 멈췄다가 다시 말했다. "넌 지금도 괜찮은 아이야. 성적, 외모, 그런 거 말고 네가 네 길을 찾아가는 그 과정이 중요해. 나는 그걸 지켜보고 싶어." 그 말은 오래 머물렀다. 네가 늘 괜찮지 않다고 느껴서 발버둥 치던 마음 한가운데, 미약하지만 따뜻한 빛 같은 게 숨어들었다.

너는 끝내 대답하지 않았다. 하지만 엄마가 문 앞을 떠나는 발소리가 멀어질 때, 그 빈자리가 이상하게 든든했다. '언제든 돌아올 수 있는 자리가 있구나.' 하는 확신 같은 것.

이불 속에서 조용히 이어폰을 빼내며, 생각했다. 지금은 말할 수 없지만 언젠가 꼭, 엄마에게 너의 마음을 전하고 싶다고. 그게 아마 네가 할 수 있는 작은 사랑의 방식일 거라고.

5月 5日

아버지

너는 저녁 밥상 앞에서 말없이 국을 떠먹고 있었다. 숟가락이 그릇에 닿을 때마다 작은 소리만 흘렀다. 집안에 대화가 줄어든 지 오래였다. 아들은 대학에 들어가더니 바쁘다는 핑계로 집에 늦게 들어왔고, 들어와도 방에만 머물렀다. 예전처럼 시답잖은 농담을 던져도, "네." 하고 짧게 받아치는 게 전부였다.

너는 마음이 허전했다. 아들이 더 이상 자신이 있어야 하지 않는다는 생각이 들었기 때문이다. 그동안 묵묵히 일만 해온 이유가 결국 이 가족 때문이었는데, 정작 가장 소중한 사람에게서 멀어지고 있다는 현실은 차갑게 다가왔다. 하지만 표현할 줄 모르는 성격 탓에 그 마음을 전할 길이 없었다.

그날 저녁도 너는 낡은 의자에 앉아 책을 읽는 척하며 시간을 보내고 있었다. 아들은 거실을 지나 방으로 들어가려다 잠시 멈췄다. 문득, 너의 모습이 눈에 들어왔다. 언제 저렇게 등이 굽었을까. 손마디는 굵고 거칠었고, 머리칼 사이로 흰빛이 성큼 번져 있었다. 순간 가슴이 절여왔다. 늘 당연히 곁에 있을 거라 믿었던 네가 점점 늙어가고 있다는 사실이 선명하게 보였다.

아들은 잠시 망설이다가 천천히 다가갔다. 네가 책을 내리며 의아한 눈길을 보냈다. 아들은 아무 말 없이 너의 손을 잡았다. 딱딱하고 거친 손바닥, 굳은 손등이 낯설게 느껴졌다. 그리고 낮게, 그러나 분명한 목소리로 말했다. "아버지… 고맙습니다."

너는 말없이 아들을 바라봤다. 눈빛은 여전히 무뚝뚝했지만, 그 속에서 설명할 수 없는 울림이 번졌다. 손을 잡힌 채로, 그간 흘려보낸 시간이 한꺼번에 밀려왔다. 어린 아들을 등에 업고 달리던 기억, 학원 앞에서 비를 맞으며 기다리던 날, 새벽마다 일터로 향하던 길… 모든 게 스쳐 갔다.

너는 결국 한마디도 하지 못했다. 다만 손을 잡아 오는 아들의 온기를 놓지 않았다. 말 대신 손길로 답했다. 그 손길 속에, 수많은 미안함과 사랑, 그리고 늦게라도 서로를 알아본 위로가 고요히 담겼다.

아들은 여전히 표현이 서툴렀지만, 그 순간만큼은 전하고 싶었다. 네가 해온 모든 희생과 땀, 그리고 그 무뚝뚝한 사랑에 대해. 가슴 한 쪽이 묘하게 가벼워졌다. 아주 조금, 세상에서 가장 든든한 사람과 가까워진 것 같았기 때문이다.

5月 6日

아들

　아버지는 늘 말씀이 적었다. 어릴 때부터 기억한다. 다른 집 아버지들은 아이에게 농담도 던지고, 장난도 친다는데 너의 아버지는 늘 무표정한 얼굴로 "밥 먹어라." "공부해라." 정도만 말했다. 그게 전부였다. 어린 너는 그 모습이 답답하고, 때로는 무서웠다. 가까이 다가가면 혼날 것 같았고, 무슨 생각을 하는지 도무지 알 수 없었다.

　그러다 보니 너도 점점 말이 줄었다. 중학생이 되고, 고등학생이 되면서는 그냥 말하지 않는 게 익숙해졌다. 아버지는 일찍 나가 늦게 들어왔고, 너는 학원과 학교에 치여 바쁘게 살았다. 하루 종일 마주친 시간보다, 서로 모른 척 지나친 순간이 더 많았다. 그런데도 신기하게, 아버지의 존재는 늘 네 뒤에 그림자처럼 따라다녔다.

　자취를 시작하고, 가끔 집에 들를 때마다 아버지를 보면 마음이 이상해졌다. 왜 이렇게 작아 보일까. 내가 어릴 때는 세상에서 가장 크고 단단한 사람 같았는데, 지금은 등이 굽고 머리카락 사이로 흰빛이 번졌다. 손마디도 굵게 튀어나와 있었다. 그 손으로 가족을 먹여 살렸다는 걸 이제야 선명히 느꼈다.

　너는 그동안 아버지에게 고맙다는 말을 한 번도 해본 적이 없다. 마음속에서는 수없이 했지만, 입술은 꼭 닫혀 있었다. 어색해서, 괜히 목이 메어서, 혹은 아버지가 듣고도 아무 말 하지 않을까 두려워서. 하지만 어느 날, 아버지의 모습을 보고는 더는 미룰 수 없다는 생각이 들었다.

너는 조용히 다가가 아버지의 손을 잡았다. 순간 놀라운 기분이 들었다. 거칠고 단단한, 하지만 따뜻한 온기가 전해졌다. 그 온기를 느끼는 순간, 그동안 말하지 못한 말이 저절로 흘러나왔다. "아버지… 고맙습니다."

아버지는 잠시 나를 바라보더니 아무 대답도 하지 않았다. 하지만 그 침묵 속에 수많은 말이 담겨 있는 걸 너는 알았다. 아버지는 원래 그런 분이었다. 말보다 행동으로, 표정보다 손길로 사랑을 전하는 사람.

너는 여전히 서툴고, 앞으로도 표현이 능숙하지 않을 것이다. 그래도 이제는 안다. 아버지와 너 사이에 흘러온 긴 침묵이 단절이 아니라, 말 없는 사랑의 다른 형태였다는 걸. 그리고 언젠가 다시, 조금 더 자연스럽게, 아버지의 손을 잡고 말할 것이다. "아버지, 고맙습니다. 그리고 사랑합니다."

5月 7日

가장 행복한 날

　　너는 평소와 다름없이 퇴근 후 낡은 구두를 벗고 현관에 들어섰다. 하루 종일 공장 기계 소리에 시달린 귀는 여전히 웅웅거렸고, 온몸은 땀과 먼지에 찌들어 무거웠다. 너는 단지 밥 한 그릇과 잠 한숨만을 바라며 집에 들어왔다. 그런데 그날, 거실 한가운데에서 작은 발소리가 달려왔다. "아빠!" 아직 발음이 어눌한 아들이 두 손을 내밀었다. 작은 손에는 색종이로 접은 빨간 카네이션이 들려 있었다. 종이는 조금 구겨져 있었고, 풀 자국이 여기저기 번져 있었지만, 꽃잎은 또렷하게 모양을 갖추고 있었다.

　　"이거, 내가 만든 거야. 아빠 주려고." 너는 순간 멈춰 섰다. 하루의 피곤이 순식간에 사라지는 듯했다. 너는 조심스럽게 아들의 손에서 그 카네이션을 받아 들었다. 종이 한 장 무게밖에 되지 않았지만, 그 순간만큼은 세상 무엇보다도 무거운 의미가 담겨 있었다.

　　"그래, 네가 만든 거야? 정말 예쁘네!" 너의 목소리가 떨렸다. 눈가가 뜨겁게 젖어 드는 걸 감추려 고개를 돌렸지만, 작은 손이 너의 바지를 잡아당겼다. "아빠, 오늘 선생님이 가정의 달이라고 해서 만들었어. 엄마한테도 하나 주고, 아빠한테도 꼭 주래."

　　너는 그 말을 듣는 순간, 오래전 자신의 어린 시절이 스쳤다. 너는 한 번도 아버지에게 꽃을 건네 본 적이 없었다. 늘 엄격하고 먼 존재였던 아버지, 그리고 말 한마디 제대로 나눠보지 못한 채 세상을 떠난 그 빈자리가 문득 가슴을 후벼 팠다. 그러나 이제 눈앞의 아이가, 세상에서 가장 순수한 마음으로 꽃을 내밀고 있었다.

"고맙다, 아들." 너는 결국 아이를 번쩍 안아 올렸다. 아이의 체온이 품에 가득 전해졌다. 거친 기계 소리 대신 아이의 맑은 웃음이 귀를 채웠다. 세상의 무게를 버텨내는 힘이 바로 여기에 있다. 식탁 위에 놓인 색종이 꽃은 밤새도록 너의 시선을 붙잡았다. 너는 자신에게도 이렇게 행복한 날이 찾아올 줄은 몰랐다. 가장 고단한 날이 끝난 저녁, 가장 작은 손길이 건네준 카네이션 하나가 너의 인생에서 가장 빛나는 선물이 되었다.

5月 8日

어머니

고향 마을 입구에 차를 세우는 순간, 마음이 덜컥 내려앉았다. 어릴 적에는 그렇게 멀고 넓게 느껴지던 길이 이제는 낯설 만큼 좁고 작아져 있었다. 그러나 그 길 끝에서, 여전히 기다리는 사람이 있었다. 마을 입구에 서 있는 어머님의 모습이 눈에 들어왔다. 작은 몸이 햇볕에 구부러진 나무처럼 더욱 왜소해져 있었다.

아내가 조수석에서 조용히 말했다. "어머님이 우리를 마중 나오셨나 봐요." 너는 대답하지 못했다. 그저 핸들을 잡은 손이 떨릴 뿐이었다. 어릴 때는 늘 동구 밖까지 달려 나와 너를 부르던 그 목소리가, 이제는 힘겨운 걸음을 하나하나 옮기는 모습으로 변해 있었다.

차에서 내리자, 어머니의 얼굴이 가까워졌다. 주름마다 세월이 고여 있었고, 햇볕에 그을린 피부는 손등의 굳은살처럼 거칠었다. 예전에는 너를 단번에 끌어안던 그 팔이 이제는 조심스럽게, 그러나 여전히 따뜻하게 네 어깨를 감쌌다.

"왔다, 내 아들." 짧은 한마디에 가슴이 무너져 내렸다. 부모가 되어 돌아온 너였지만, 어머니 앞에서는 여전히 어린 애로 서 있었다. 아내와 아이들이 뒤따라 내려오자, 어머니의 눈가에 미소가 번졌다. 그러나 그 미소마저 힘겹게 느껴져 눈물이 솟구쳤다.

너는 애써 웃으며 말했다. "어머니, 왜 여기까지 나오셨어요. 힘드셨을 텐데." 어머니는 고개를 저으며 대답했다. "멀리서 오는 걸 그냥 보고만 있을 수가 있나. 걸음이 느려져서 여기까지 나오느라 늦었지."

그 말을 듣는 순간 목이 메었다. 세상에서 가장 단단하던 존재가 이렇게 작아지고 느려졌다는 사실이 견딜 수 없었다. 너는 고개를 돌려 잠시 하늘을 바라봤다. 가을빛이 묻어나는 하늘은 맑았지만, 눈앞은 흐려졌다. 어머니의 손이 네 손을 꼭 감싼다. 너는 마음속으로 다짐한다. '당신이 내게 쏟아준 모든 사랑과 시간을, 늦었지만 이제부터라도 조금씩 갚아 나가야 한다.'

고향 집으로 걸어가는 길, 아이들이 웃으며 뛰어가고 아내가 미소 짓는 모습이 보였다. 그 뒤를 천천히 걸어가는 너와 어머니의 발걸음은 느렸지만, 그 길 전체를 따뜻하게 채우고 있었다.

그리고 눈물이 뺨을 타고 흘러내렸다.

5月 9日

낭만 야구

그날도 '낭만 야구' 모임은 3부 리그 경기를 하고 있었다. 땀과 흙 냄새가 뒤섞인 공기는 뜨겁게 달아올라 있었고, 누군가는 안타를 치고, 누군가는 삼진을 당하며 소리쳤다. 그런데 5회 말, 승부가 미묘하게 갈린 순간, 문제가 터졌다.

상대편 주자가 2루를 향해 전력 질주하다 슬라이딩을 크게 했다. 우리 팀 2루수가 태그를 했다고 주장했지만, 주자는 "안 닿았다"라고 소리쳤다. 심판이 애매하게 세이프를 선언하자, 양쪽 벤치에서 불만이 터져 나왔다. "분명 아웃이었잖아!" "뭐가 아웃이야, 안 닿았는데!"

언성이 점점 높아지더니, 벤치에서 뛰쳐나오는 사람까지 생겼다. 동호회 경기라지만 모두 진심이었고, 자존심이 걸린 싸움이기도 했다. 공 하나, 아웃 하나에 얽힌 감정이 삽시간에 불붙었다.

너는 글러브를 벗어 던지고 앞으로 나섰다. 모두의 시선이 네게 쏠렸다. 순간 심장이 쿵쾅거렸지만, 숨을 고르며 크게 외쳤다. "잠깐 멈춰! 우리 낭만 야구가 싸움하려고 모인 건 아니잖아!" 순간, 소란이 멈칫했다. 너는 이어 말했다. "심판도 완벽할 수 없고, 우리 눈도 다 다르잖아. 중요한 건 우리가 즐기려고 모였다는 거지. 아웃이냐, 세이프냐로 싸우면, 오늘 경기는 남는 게 하나도 없어."

주자의 얼굴이 붉게 상기되어 있었고, 우리 팀 2루수도 억울하다는 표정이었다. 너는 둘을 번갈아 보며 천천히 말했다. "그러니까 이렇게 하자. 지금 플레이는 그냥 무효로 하고, 다시 주자가 타석에 서는 걸로 하자. 심판도 부담 없고, 우리도 깔끔하게 이어가자. 대신 다음부터는 판정 존중하기로 약속하는 거다. 그래야 낭만 야구가 낭만이지 않겠어?"

운동장은 잠시 정적에 잠겼다. 하지만 이내 상대 팀 감독부터 고개를 끄덕였다. "그래, 다시 치자. 오늘은 즐기러 온 거지, 싸우러 온 게 아니니까." 우리 팀에서도 "좋다. 오늘은 그냥 즐기자!" 하고 맞장구가 나왔다.

곧 다시 경기가 이어졌다. 긴장이 풀리자 모두 웃음을 되찾았다. 타석에 선 주자는 억지로라도 웃음을 지으며 배트를 들었다. 너는 뒤에서 손뼉을 치며 외쳤다. "좋다, 다시 시작이야! 멋지게 쳐봐!" 결국 그날 경기는 끝까지 치열하게 이어졌고, 승패는 중요하지 않았다. 모두가 웃으며 악수하고, 땀에 젖은 얼굴로 기념사진을 찍었다.

5月 10日

작가라는 직업

　너는 가끔 생각한다. 작가라는 직업은 참으로 해로운 일일지 모른다고. 겉으로 보기엔 조용히 책상 앞에 앉아 펜을 움직이고, 문장을 쌓아가는 평온한 작업처럼 보인다. 그러나 정작 네 안에서는 끊임없는 소모와 갈등이 일어난다. 쓰는 행위는 단순히 단어를 이어 붙이는 일이 아니라, 너의 살을 잘라내고 피를 묻혀 문장을 세우는 일에 가깝다. 한 줄의 글을 얻기 위해 얼마나 많은 잠을 잊어버리고, 얼마나 많은 기억과 상처를 끄집어내야 하는지, 너는 잘 알고 있다.

　무슨 일이든 대가를 치러야 한다. 세상에 공짜는 없다. 너는 글을 쓰는 대가로, 네 몸과 마음 일부를 내어주어야 했다. 때로는 깊은 밤, 아무도 없는 방에서 혼자 자신을 의심하며 괴로워했고, 때로는 오랫동안 묵혀둔 상처를 억지로 파헤쳐 글로 써 내려가야 했다. 그 과정에서 너는 스스로 갉아먹었다. 다른 이들이 단지 스쳐 지나간 기억을, 너는 몇 날 며칠 붙잡고 헤집으며 단어로 가공해야 했기 때문이다.

　사람들은 글이 주는 위로와 감동만을 보지만, 그 뒤에서 너는 또 다른 고통을 삼킨다. 작가는 타인의 눈에 비친 삶을 대신 살아야 하고, 그들의 아픔을 껴안아야 한다. 소설 속 인물이 울면 너도 같이 울고, 인물이 무너질 때 너도 심연에 가라앉는다. 그렇게 타인의 상처를 흡수하며 글로 옮기는 과정에서, 네 몸과 마음은 조금씩 닳아간다. 그래서 너는 종종 이 길이 과연 축복인지, 아니면 자해의 반복인지 스스로 묻는다.

그런데도, 너는 이 일을 멈추지 못한다. 왜냐하면 그 해로움 속에서 너는 동시에 살아 있음을 느끼기 때문이다. 글을 쓰지 않는다면 네 마음은 더 큰 공허에 갇히고, 쓰는 동안만은 비로소 숨통이 트인다. 대가를 치르면서도 멈추지 못하는 이유가 바로 여기에 있다. 작가라는 직업은 네게 상처를 주지만, 동시에 그 상처를 통해 다시 태어나게 하는 힘을 준다.

삶이란 본래 선택의 연속이고, 어떤 선택에도 값은 따라붙는다는 것을. 누군가는 안정된 삶을 택하고, 누군가는 모험을 택한다. 너는 글이라는 길을 택했으니, 그 길의 무게를 감당해야 한다. 대가는 혹독하지만, 그만큼 너는 더 깊이 세상을 바라보고, 더 치열하게 자기 자신을 이해한다. 네가 치른 대가만큼, 글은 진실에 가까워지고, 그 진실은 누군가에게 가닿는다. 그것이야말로 글이 가진 힘이고, 네가 이 일을 계속 해야 하는 이유일 것이다.

결국 작가의 길은 상처와 치유가 맞물린 여정이다. 너는 오늘도 자신을 스스로 갉아먹으며 문장을 쓰지만, 그 문장은 다시 다른 이를 살린다. 그 아이러니 속에서 너는 살아간다. 해로운 직업임을 알면서도, 네가 멈추지 못하는 이유는 단순하다. 글을 쓰는 순간만은 너 자신이 가장 진실해지기 때문이다.

그래서 네가 짊어진 대가가 절대 헛되지 않다. 네가 치른 고통은 문장 속에 스며들어 누군가의 삶을 흔들고, 그로 인해 세상은 조금은 달라진다. 그것이면 충분하다. 해로운 직업이라 해도, 너는 기꺼이 그 대가를 감당할 것이다.

5月 11日

삶의 본질

너는 살아오며 수없이 깨달았다. 대가를 치르지 않고는 아무것도 얻을 수 없다는 사실을. 처음에는 그것이 단순한 경제적 교환처럼 보였다. 돈을 내야 물건을 사고, 시간을 투자해야 어떤 실력을 얻는다는 당연한 이치 말이다. 하지만 조금 더 살아보니, 그것은 삶 전체를 관통하는 법칙이었다. 기쁨조차도, 사랑조차도, 심지어 평화로운 하루조차도 대가 없이는 허락되지 않았다.

너는 종종 묻는다. '왜 하필 나여야 하는가. 왜 나는 늘 더 많은 것을 내어주어야만 하는가.' 하지만 깊이 들여다보면, 너 역시 얻고 싶었기에 내어주었다. 사랑을 얻고자 네 마음을 내어주었고, 신뢰를 얻고자 너의 시간을 바쳤으며, 꿈을 이루고자 수많은 밤을 잠들지 못했다. 그렇게 내어준 모든 순간이 결국 너를 지금의 자리로 데려왔다.

대가라는 것은 늘 손실처럼 보이지만, 사실은 교환이다. 네가 흘린 눈물이 언젠가 단단한 눈빛으로 돌아오고, 네가 견뎌낸 고통이 결국 너의 성숙으로 돌아왔다. 네가 포기한 어떤 것들이, 다른 모양으로 너의 삶을 채웠다. 얻고자 한다면 반드시 내어야 한다는 이 단순한 진리는, 너를 쓰라리게 하지만 동시에 너를 키워낸다.

가끔 너는 불공평하다고 느낄 것이다. 어떤 이는 쉽게 얻는 듯 보이고, 어떤 이는 훨씬 더 큰 대가를 치르며 겨우 버티는 듯 보인다. 그러나 그 누구도 예외는 없다. 겉으로는 다르더라도, 각자 치러야 할 몫은 그 사람의 삶 속에서 반드시 돌아온다. 아무것도 내어주지 않고 얻은 것처럼 보이는 것은 결국 모래성처럼 허물어질 뿐이다.

그러니 너는 이제 조금은 담담해진다. 무엇을 얻고 싶다면, 그만큼의 대가를 치러야 한다는 사실을 인정한다. 그것이 피로일 수도 있고, 상처일 수도 있으며, 사랑하는 사람과의 긴 이별일 수도 있다. 그러나 그 모든 것이 헛되지 않다. 대가를 치른 만큼, 네가 얻는 것은 단순한 결과가 아니라 삶에 대한 깊은 체험이다.

삶의 본질은 결국 주고받는 속에서 완성된다는 것을. 얻음은 곧 잃음이고, 잃음은 또 다른 얻음이다. 네가 바라는 무언가가 있다면, 반드시 그만큼 내어놓아야 한다. 그것이 때로는 잔혹하게 느껴질지라도, 그 속에서만 진짜 의미가 자라난다.

5月 12日

인생에는 사실 손해인 것이 없다.

너는 종종 손해를 본 것 같다고 생각한다. 남들보다 더 많이 애쓰고도 덜 얻은 것 같고, 네가 내어준 마음은 되돌아오지 않은 것 같고, 시간과 노력이 허공에 흩어진 것 같아 허무해진다. 그러나 조금 더 길게 바라보면 알게 된다. 인생에는 사실 손해인 것이 없다는 것을.

네가 흘린 땀방울은 비록 당장 눈에 보이는 성과로 돌아오지 않을 수 있다. 하지만 그 과정에서 단단해진 너의 몸과 마음은 네가 모르는 사이에 자라나 있었다. 네가 내어준 친절이 배신으로 돌아왔다고 해도, 그 순간 너는 남에게 따뜻할 수 있는 사람이라는 증거를 이미 가진 셈이다. 세상이 그것을 알아주지 않아도, 너는 자신에게 떳떳하다. 그것이 바로 삶이 은밀히 주는 이익이다.

인생은 장부처럼 단순히 득과 실을 계산하는 방식으로 굴러가지 않는다. 오늘 손해 같아 보이는 일이 내일 새로운 기회가 되기도 하고, 잃어버렸다고 생각한 것이 다른 형태로 네 앞에 다시 나타나기도 한다. 너는 수없이 경험했을 것이다. 한때는 절망이라 여겼던 일이, 시간이 흘러 되돌아보니 오히려 길을 열어준 순간이었음을.

손해 같아 보이는 경험은 네 안에 흔적을 남긴다. 그것이 바로 지혜다. 실패한 만큼 너는 다시 일어서는 법을 배우고, 상처 입은 만큼 남을 어루만질 수 있게 된다. 그것은 결코 값으로 환산할 수 없는 이

득이다. 그러니 손해를 두려워하지 마라. 손해라 불리는 것조차 결국은 네 삶을 단단히 채우는 과정일 뿐이다.

   너는 이제 조금 알 것이다. 인생에서 진짜 손해는 잃는 것이 아니라, 아무것도 배우지 못하는 것이다. 넘어지고도 일어서지 않는 것, 상처받고도 마음을 닫아버리는 것, 그것만이 네게서 무엇인가를 앗아간다. 그러나 네가 여전히 배우고, 여전히 사랑하고, 여전히 걸어가고 있다면 손해는 없다.

   그러니 오늘도 담담히 받아들여라. 이 길 위에서 네가 겪는 모든 손실과 아픔마저도 결국은 너를 키워내는 자양분이 된다. 인생에는 손해 같은 건 없다. 네가 살아내는 모든 순간은 결국 너를 더 넓고 깊은 사람으로 만들어 갈 것이다.

5月 13日

천재 작가가 즐기며 글을 쓴다.

너는 가끔 묻는다. 글을 쓰는 일이 왜 이토록 버겁고 고통스러운가 하고. 그러나 동시에 깨닫는다. 천재 작가는 다르다는 것을. 그는 글쓰기를 두려움이 아니라 즐거움으로 대한다. 너는 때로 그 모습이 부럽지만, 사실 그 안에는 배울 만한 진실이 숨어 있다. 글쓰기를 즐길 때만이 문장은 살아 움직이기 때문이다.

너는 이미 알고 있다. 억지로 짜내는 문장은 마른 흙처럼 갈라지고, 독자의 마음을 적실 힘을 잃는다. 그러나 즐기는 마음으로 쓴 문장은 강물처럼 흘러, 자신도 모르게 다른 이의 가슴에 스며든다. 천재 작가가 특별한 이유는 단순히 머리가 뛰어나서가 아니다. 그는 자기 고통조차도 유희처럼 다루고, 자기 상처마저도 이야깃거리로 바꿀 줄 안다. 너는 그에게서 배워야 한다. 삶을 글감으로 삼는 태도, 슬픔조차도 언어로 승화시키는 능력, 그 속에서 오는 자유로움을.

너는 글을 쓸 때 자신을 스스로 검열한다. 이 표현은 너무 거칠지 않은가, 이 이야기는 남에게 상처가 되지 않을까. 그러나 천재 작가는 그 순간에도 멈추지 않는다. 그는 표현의 두려움보다 창조의 기쁨을 더 크게 안다. 그래서 그는 끝없이 시도하고, 문장을 가지고 놀며, 실패조차도 글 일부로 남긴다. 너 또한 언젠가 알게 될 것이다. 완벽히 하려는 강박을 내려놓아야 비로소 자유로운 문장이 나온다는 것을.

너는 또한 알아야 한다. 천재 작가가 즐기며 글을 쓴다는 말은 결코 가볍게 쓴다는 뜻이 아니다. 오히려 누구보다 깊이 몰입하고, 누구보다 치열하게 탐구하기 때문에 가능한 경지다. 음악가가 악기를 다루듯, 화가가 붓을 휘두르듯, 그는 언어를 즐기는 것이다. 그 순간 글쓰기는 노동이 아니라 놀이가 된다. 그리고 그 놀이에서 태어난 문장은 독자의 마음을 붙잡는다.

너는 아직 그 길 위에 있다. 때로는 한 문장을 고치느라 새벽을 지새우고, 때로는 빈 페이지 앞에서 자괴감에 빠지기도 한다. 네가 이 과정을 즐길 수 있다면, 비록 천재는 아닐지라도 너 역시 글쓰기를 사랑하는 사람이 될 수 있다. 글을 쓰며 웃을 수 있을 때, 너의 문장은 이미 살아 숨 쉬고 있다.

천재 작가는 즐기면서 쓴다. 하지만 너는 천재가 아니어도 된다. 다만 그처럼 즐기는 법을 배운다면, 글은 네게 해로운 짐이 아니라 살아가는 기쁨이 될 것이다. 글쓰기는 결국 너의 삶을 이해하는 또 하나의 방식이고, 그 속에서 네가 얼마나 자유로워질 수 있는지가 중요하다. 그러니 오늘도 문장 앞에서 움츠러들지 말고, 단어를 가지고 놀아라. 실패해도 괜찮다. 그것마저 즐거운 일부로 삼아라. 네가 쓰는 모든 문장은 결국 너를 닮는다. 즐기며 쓰는 순간, 너는 이미 너만의 빛을 가진 작가다.

5月 14日

복권

누가 복권에 당첨될지 알 수 있을까. 물론 정답은 아무도 모른다. 숫자 뒤에 숨은 운명의 흐름은 신비롭고 불가해하다. 그런데 그 불확실한 속에서 너는 묘한 설렘을 느낀다. 당첨자가 누구일지는 모르지만, 그 모른다는 사실 자체가 삶의 한 장면처럼 흥미롭다.

복권을 손에 쥐고 있을 때 너는 잠시 일상의 무게에서 벗어난다. 숫자를 고르는 행위는 단순한 선택이지만, 마음 한편에서는 '혹시 나일지도 모른다'라는 희망이 스며든다. 그 희망은 크지 않아도, 삶의 지친 순간에 작은 불빛이 되어 준다. 누가 당첨될지 몰라서, 너는 그 순간을 더 깊이 느낀다. 기대와 상상의 파동이 너의 심장을 간질이는 것이다.

누군가는 그것을 도박이라고 부를 수 있다. 복권이 주는 것은 단순한 돈이 아니다. 그것은 가능성과 상상의 문을 여는 장치다. 너는 복권을 사고, 숫자를 고르며, 잠깐이나마 다른 삶을 꿈꾼다. 복권 당첨자가 누군지는 중요하지 않다. 중요한 것은 그 순간 너의 마음이 잠시 자유로워지고, 삶의 틈새에서 희망을 맛보는 경험이다.

복권 당첨자가 되든, 그렇지 않든, 인생은 계속 흐른다. 그 흐름 속에서 중요한 것은 숫자가 아니라, 그 숫자 때문에 생긴 너의 감정과 마음이다. 설렘, 기대, 상상, 작은 긴장감, 그 모든 것이 너의 일상을 조금 더 풍부하게 만든다. 복권 당첨자가 누군지 아는 순간, 그 매혹은 사라지지만, 알 수 없기에 마음은 계속 뛰고, 너는 계속 살아 있는 기분을 느낀다.

그래서 결국 누가 당첨될지 안다고 해서 달라지는 것은 없다. 중요한 것은 그 불확실함 속에서 너 자신이 느낀 희열과 설렘이다. 결과는 알 수 없지만, 그 과정에서 느끼는 마음과 기대가 삶을 살아가는 힘이 된다. 그러니 누가 당첨될지 몰라도 괜찮다. 너는 이미 그 과정에서 충분히 당첨되고 있는 셈이다.

5月 15日

화장실에 두세요.

너는 화장실에서 생각한다. 아니, 정확히 말하면 화장실에서 책을 본다. 하루의 바쁜 흐름 속에서 잠시 멈춰 서는 자리, 아무도 방해하지 않는 그 작은 공간에서 너는 오롯이 자신만의 시간을 갖는다. 그리고 그 시간 속에 책이 있다. '화장실에 두세요'라는 이름이 다소 장난스럽게 느껴지지만, 사실 그 말에는 깊은 의미가 담겨 있다. 너는 그 문장 속에서, 바쁜 일상에서도 최소한 자신을 성장시키고, 생각의 폭을 넓히며, 삶의 여유를 갖자는 약속을 발견한다.

책을 읽는다는 것은 단순한 정보 습득이 아니다. 그것은 너 자신과의 대화이고, 세계와의 소통이다. 하루 종일 전화와 메시지, 회의와 업무 속에서 네 마음은 분주하게 흔들리지만, 화장실에 들어서면 잠시 멈추어 숨을 고를 수 있다. 그 짧은 순간이라도 책을 펼치는 것은, 너 자신에게 주는 작은 선물이다. 1년에 최소 2권이라는 목표는 전혀 많지 않다. 그러나 그 최소한의 약속을 지키는 것이 삶의 균형을 만드는 시작임을 너는 안다.

너는 책을 읽으며 종종 깨닫는다. 짧은 순간이라도 집중하는 힘, 눈과 손끝으로 문장을 좇는 몰입, 그리고 마음속에서 일어나는 상상의 파동. 그것은 단순히 지식이 아닌, 너 자신이 조금 더 넓어지고 깊어지는 경험이다. 화장실이라는 제한된 공간에서조차 책을 읽는다는 행위는, 너에게 삶의 한 가지 중요한 원칙을 가르친다. 어떤 일이든 꾸준함과 반복이 쌓일 때 비로소 변화가 생긴다는 것.

 책을 통해 너는 또 다른 사람과 만난다. 작가의 생각, 인물의 감정, 낯선 시공간 속 이야기는 너의 내면과 조용히 부딪힌다. 화장실에서 짧게 읽고 덮은 책이라도, 그 순간 느낀 작은 울림은 하루 동안 너를 따라다닌다. 그것이 쌓이면, 1년에 두 권, 세 권, 다섯 권으로 이어지며, 결국 너의 생각과 시선은 조금씩 달라진다.

 너는 안다. 책을 읽는 습관은 거창한 목표가 아니라, 삶의 틈새에서 자신을 지키는 방식이다. 바쁘게 살아가는 일상에서도, 작은 습관 하나가 네 삶을 바꾸고, 마음을 풍요롭게 한다. 1년에 최소 두 권이라는 목표는 단순히 숫자가 아니라, 스스로와의 약속이자 성장의 증표다. 그리고 그 약속은 결국 너 자신을 존중하고, 삶을 조금 더 의미 있게 만드는 힘이 된다.

 그래서 오늘도 너는 화장실에 책을 두고, 짧은 숨 고르기 속에서 한 페이지를 읽는다. 작은 공간, 짧은 시간, 그리고 꾸준한 습관 속에서 너는 조금씩 나아간다. 화장실에서 시작된 작은 실천이, 언젠가 너의 삶 전체를 조금 더 풍요롭게 만들 것임을 너는 알고 있다.

5月 16日

비움과 채움

너는 가끔 한쪽을 채우면 다른 한쪽을 비워야 한다는 진리를 깨닫는다. 삶은 늘 균형의 게임이다. 하나를 얻기 위해서는 무엇인가를 내려놓아야 하고, 한쪽으로 마음이 쏠리면 다른 쪽은 자연스레 허전해진다. 이것은 단순한 선택이 아니라, 존재의 법칙처럼 삶에 스며들어 있다.

네가 하루를 살아가며 쌓아 올리는 경험, 감정, 관계, 성취 모두 한쪽을 채우는 행위다. 직장에서의 성공을 위해 밤늦도록 노력하면, 그만큼 가족과의 시간이 줄어든다. 사랑을 깊이 나누면, 너 자신의 자유로운 시간은 조금씩 비워진다. 재물이나 물질을 채우면, 그만큼 욕심과 집착이라는 짐이 뒤따른다. 네가 무엇을 얻고자 한다면, 반드시 무엇인가를 비워내야 한다는 이 단순한 진리가 오늘도 너를 깨우친다.

그러나 비움이 곧 손실은 아니다. 오히려 그것은 새로운 채움의 준비다. 네가 한쪽을 비울 때, 그 빈자리는 결국 다른 형태의 풍요로 채워진다. 허전함을 느끼는 순간에도, 너는 삶의 다른 결을 더 선명하게 볼 수 있다. 고요와 비움 속에서, 너는 자신이 정말 원하는 것을 더 분명히 깨닫게 된다.

너는 비움이 두렵다. 잃는 것처럼 느껴지고, 공허가 마음을 스치기도 한다. 하지만 한쪽을 비워야만 다른 쪽을 온전히 느낄 수 있다는 것을 안다. 사랑과 일, 성공과 자유, 주고받음과 소유 모두 균형 위에서만 의미가 있다. 한쪽만 채우고 다른 한쪽을 닫아버린다면, 너의 삶은 불균형 속에서 쉽게 흔들릴 것이다.

그래서 오늘도 너는 선택한다. 무엇을 채우고, 무엇을 비울지를. 그 선택은 항상 쉽지 않지만, 네가 살아 있음을 확인하게 해주는 작은 의식이다. 채움과 비움, 얻음과 내려놓음 속에서 너는 조금씩 삶의 무게를 이해하고, 자신을 스스로 단단하게 만든다.

인생은 결국 이런 반복의 연속이다. 한쪽을 채우고, 다른 한쪽을 비우고, 다시 채우고, 다시 비우며 균형을 잡아가는 과정. 네가 느끼는 공허와 충만은 서로의 그림자와 빛처럼 맞닿아 있다. 두려워하지 마라. 비움은 결코 손해가 아니다. 그것은 또 다른 채움을 위한 준비이며, 너 자신을 더 깊이 이해하는 길이다.

너는 오늘도 한쪽을 채우고, 다른 한쪽을 조심스레 비운다. 그 속에서 너는 살아 있음을 느끼고, 삶의 균형이 무엇인지 조금씩 배워 간다.

5月 17日

소박하고 진실한 삶이란

'소박하고 진실한 삶이란 무엇일까?' 세상이 말하는 성공과 화려함, 눈부신 성취와 물질적 풍요가 아니라, 작은 것에서 만족하고, 거짓 없이 자신과 타인을 대하는 삶.

아침에 일어나 커튼 사이로 스며드는 햇살을 느끼고, 진하게 내린 커피 한 잔의 향에 잠시 마음을 맡기는 것. 길가에 핀 작은 들꽃을 보고 발걸음을 멈추는 것. 이런 소소한 순간들이 모여 너의 하루를 채운다. 누구도 알아주지 않는 일상에서 너는 자신을 스스로 돌보며, 진정으로 살아 있음을 확인한다.

너는 진실함을 지키려 애쓴다. 말과 행동에서 솔직함을 잃지 않으려 하고, 필요 없는 가면을 쓰지 않으려 한다. 사람들은 종종 편리한 거짓으로 자신을 포장하지만, 너는 그것이 얼마나 허망한 일인지 안다. 진실은 화려하지 않아도 힘이 있다. 너 자신을 속이지 않고, 타인을 존중하며, 하루하루를 정직하게 살아가는 것만으로도 너는 충분히 만족할 수 있다.

소박한 삶은 또한 선택의 연속이다. 무엇을 가져야 하고 무엇을 내려놓아야 하는지를 고민하며, 불필요한 욕심을 덜어낼 때 삶은 한층 가벼워진다. 너는 그것이 단순한 절제가 아니라, 진정한 자유로 향하는 길임을 안다. 많은 것을 갖기 위해 마음을 채우는 대신, 필요한 것만으로도 충분히 행복할 수 있다는 사실을 깨닫는 순간, 너는 이미 삶의 균형을 배우고 있다.

너는 소박하고 진실한 삶 속에서 사람들을 더 깊이 이해한다. 화려한 말이나 겉모습보다, 작은 행동과 진심에서 사람의 가치를 읽을 줄 알게 된다. 누군가에게 잠깐 미소를 주고, 진심 어린 인사를 나누는 일. 그것은 화려한 성취보다 오래도록 마음에 남는다. 너는 그 순간들을 통해 사람과 세상을 바라보는 눈이 조금씩 맑아짐을 느낀다.

때로 세상은 너에게 화려함을 강요한다. 더 빨리, 더 높이, 더 많이 이루라 말한다. 그러나 너는 안다. 소박하고 진실한 삶이란 남들이 정해준 기준이 아니라, 네가 선택하고 지키는 기준 속에서 만들어지는 것임을. 하루를 소중히 여기고, 작은 기쁨을 놓치지 않으며, 자신에게 솔직할 때, 삶은 비로소 너를 숨김없이 받아들인다.

그래서 너는 오늘도 작고 소박한 순간들을 기록하고, 마음속으로 감사한다. 진실하게 살아가는 하루, 그것만으로도 너의 삶은 적당히 풍요롭다. 세상의 화려함과 비교하지 않아도 좋다. 너에게 중요한 것은 남들이 보는 성공이 아니라, 스스로가 느끼는 충만함이다. 소박하고 진실한 삶 속에서, 너는 조금씩 자신과 화해하며, 세상을 더 깊이 사랑할 수 있다.

5月 18日

새로움의 이치

　새로움은 언제나 멀리 있지 않다. 너는 흔히 특별한 사건이나 극적인 변화를 통해서만 새로움을 만날 수 있다고 믿는다. 그러나 진정한 새로움은 외부의 변화가 아니라, 너 자신이 세상을 바라보는 시선 속에서 피어난다.

　매일 지나던 길, 늘 보던 하늘, 자주 마주치던 사람들의 얼굴까지도, 마음을 열고 바라보는 순간 새로운 빛과 색을 띤다. 어제와 오늘이 다르지 않다고 여겼던 세계가, 사실은 한 번도 같았던 적이 없음을.

　봄날의 첫 햇살을 맞으며 길가의 풀잎을 바라보는 것만으로도, 새로움은 조용히 스며든다. 꽃잎의 결, 빛의 각도, 바람이 흩뜨리는 향기까지, 너의 의식이 온전히 깨어 있는 순간, 사소한 풍경 하나하나가 새로운 의미를 띤다. 너는 그저 마음을 닫고 바쁘게 살아가며 그것을 보지 못할 뿐이다. 새로움의 이치란, 바로 이 단순한 사실 속에 숨겨져 있다.

　사람의 마음이 바뀌면 세상도 달라진다. 지난날의 후회와 걱정을 내려놓고, 이 순간을 바라볼 때, 사소한 일상조차 처음 보는 풍경처럼 다가온다. 빗속을 걷는 발걸음, 오래된 책장에서 발견한 문장, 평소 무심히 지나치던 골목길의 그림자 하나까지, 모두 새롭게 빛난다. 마음이 열릴 때, 세상은 그대로인데도 그 속의 모든 것이 새롭게 태어난다.

새로움은 두려움과 맞닿아 있다. 익숙함을 버리고 낯선 것을 마주할 때, 너는 불안과 설렘을 동시에 느낀다. 그러나 바로 그 불안 속에서 삶의 깊이와 풍요를 발견한다. 반복되는 일상 속에서 새로움을 찾는 이는, 거대한 사건을 기다리지 않는다. 작은 깨달음과 사소한 변화 속에서 마음을 열고, 하루하루를 새롭게 살아갈 줄 안다.

결국 새로움의 이치는 단순하다. 세상을 바꾸는 것이 아니라, 자신을 바꾸는 데 있다. 마음이 깨어 있고, 호기심을 품고, 순간을 받아들일 때, 너는 매일 새로 태어난다. 삶은 늘 새롭다. 다만 네가 눈을 감고 있거나, 과거의 그림자 속에 머무는 동안 그 사실을 깨닫지 못할 뿐이다. 오늘, 너의 마음이 조금만 달라져도, 세상은 이미 새로운 얼굴로 너를 맞이한다.

5月 19日

인생은 곱셈

너는 인생을 덧셈처럼 생각한다. "조금만 더 노력하면, 조금만 더 기다리면, 뭐든지 더해지겠지." 하지만 현실은 달라. 인생은 덧셈이 아니라 곱셈이다. 여기서 중요한 법칙이 있다. 아무리 기회가 와도, 네가 제로라면 모든 것은 무의미하다.

상상해 봐라. 네 앞에 커다란 기회가 와 있다. 일확천금의 복권, 한 번뿐인 승진 기회, 세상 어디에도 없는 멋진 제안. 하지만 너는 준비가 되어 있지 않다. 능력도, 경험도, 마음가짐도 제로인 상태다. 그러면 아무리 큰 기회가 다가와도, 결과는 늘 0 × 기회 = 0이다. 기회는 곱해지는 수, 너는 또 다른 곱해지는 수다. 두 요소가 모두 있어야 결과가 나온다.

웃긴 건, 너 자신이 종종 제로라는 사실조차 깨닫지 못한다는 점이다. 예를 들어, 새로운 사업 아이디어가 떠올랐다. 하지만 기초 준비 없이 실행하려 한다면, 결과는 참담하다. 친구들은 "아이디어가 좋다"고 칭찬하지만, 현실은 무심하다. 네가 준비되지 않았다면, 아이디어는 공중에서 흩어질 뿐이다.

학교나 직장에서도 마찬가지다. 시험이나 프로젝트에서 기회가 주어진다고 해보자. 하지만 준비가 되어 있지 않으면, 결과는 기대 이하다. 수학 문제를 풀 때 공식 하나도 모르고 답을 적으면, 아무리

운이 따라도 점수는 0점이다. 인생의 곱셈 법칙이 너를 가르치는 순간이다.

그러나 여기서 반전이 있다. 너는 제로에서 벗어날 수 있다. 준비하고, 배우고, 연습하고, 행동하면 제로가 1이 되고, 1이 2가 되며, 기회가 와도 결과가 폭발적으로 커진다. 적은 노력 하나가 곱셈의 수치를 바꾸고, 기회가 너를 만나면 인생은 갑자기 달라진다. 결국 곱셈은 준비된 사람에게만 웃는다.

인생은 덧셈이 아니라 곱셈이다. 아무리 큰 기회가 와도, 네 준비가 0이면 결과는 0이다. 하지만 조금만 마음을 다잡고, 조금만 노력을 곱하고, 경험을 더하면, 작은 기회도 폭발적인 결과로 돌아온다. 네가 곱해질 수 있는 수, 즉 준비된 존재가 되어야 기회가 의미가 있다.

그러니 오늘도 너는 제로에서 벗어나라. 행동하라, 배우라, 마음을 준비하라. 기회가 오기 전에 자신을 스스로 0에서 1로, 1에서 10으로 바꾸어라. 그제야 인생이라는 곱셈에서 너는 승리자가 된다. 인생은 곱셈이다. 아무리 기회가 와도, 네가 제로라면 아무것도 아니다. 지금, 바로 지금, 너의 수치를 높여라.

5月 20日

"나는 할 수 있다."

너는 종종 자신을 스스로 시험대에 올려놓는다. "내가 과연 할 수 있을까?" 하는 의문이 머릿속에서 맴돌지만, 그 질문 앞에서 한 가지 사실을 기억해야 한다. 할 수 있다는 자신감이야말로 가장 강력한 무기라는 사실이다.

생각해 봐라. 네가 새로운 일을 시작할 때, 마음속 두려움이 먼저 목소리를 낸다. 실패할지도 모른다는 걱정, 남들의 시선에 대한 부담, 아직 준비가 안 된 것 같은 불안감이 자신을 스스로 가로막는다. 하지만 한 걸음만 더 들어서라. "나는 할 수 있다"라는 믿음이 네 안에서 생기면, 그 순간 모든 두려움이 조금씩 사라진다. 자신감은 무형이지만, 행동을 움직이는 힘이다.

자신감이 때로는 우스꽝스럽게 발현될 때가 있다는 점이다. 너는 한 번도 해본 적 없는 요리를 시도하며, 조리법을 거의 무시하고 "나는 할 수 있어!"라며 마음속으로 외친다. 결과는 예상과 달라서 약간 타거나 모양이 이상할 수 있지만, 그 과정에서 얻는 경험과 성취감은 너를 웃게 만든다. 할 수 있다는 자신감이 있으면, 실패조차 즐거운 사건이 된다.

학교나 직장에서도 마찬가지다. 발표나 중요한 프로젝트에서 자신감 없는 태도로 임하면, 내용이 아무리 좋아도 전달력이 떨어진다. 하지만 자신감 하나가 생기면, 단순한 정보조차 설득력 있는 메시지가 된다. 너의 태도, 목소리, 눈빛, 모든 것이 힘을 가지며, 사람들은 너의 에너지를 느낀다.

친구나 가족과의 관계에서도 자신감은 중요하다. 네가 솔직하게 마음을 표현하며 "나는 할 수 있어"라는 믿음을 행동으로 보여주면, 주변 사람들도 너를 더 신뢰하고 응원한다. 자신감은 너 혼자의 힘이 아니라, 관계와 환경에도 영향을 미치는 전염병 같은 힘을 가진다.

할 수 있다는 자신감은 단순한 마음가짐이 아니다. 그것은 행동을 움직이고, 실패를 두려움에서 배움으로 바꾸며, 세상과의 관계를 새롭게 만드는 원동력이다. 오늘의 작은 도전, 내일의 큰 목표, 모든 순간에서 자신감을 선택하면, 너는 점점 더 강해진다.

그러니 오늘도 너는 거울을 보고 속삭여라. "나는 할 수 있어." 그 말이 작게 느껴져도, 한 번 더 반복하라. 행동으로 옮기고, 작은 성취를 쌓으며 자신감을 증폭시켜라. 그 믿음이 쌓이면, 너는 어떤 어려움도 헤쳐 나갈 힘을 가지게 된다. 할 수 있다는 자신감은 너의 인생을 움직이는 가장 강력한 엔진이다.

5月 21日

인생의 색

　너는 가끔 인생을 색으로 본다. 단순히 붉다, 푸르다 하는 눈에 보이는 색깔이 아니라, 마음속 깊이 스며드는 빛깔로서의 삶 말이다. 태어나 처음 세상을 만났을 때 너의 하루는 순백에 가까웠다. 아직 물들지 않은 하얀 캔버스 위에 무엇이든 그릴 수 있을 것만 같은 가능성의 공간이었다. 그러나 시간이 흐르며 그 위에는 다양한 색들이 차곡차곡 덧칠되었다. 어떤 색은 빛나고, 어떤 색은 탁하며, 어떤 색은 곱게 겹쳐 새로운 빛을 만들어 냈다.

　너의 어린 시절은 맑은 파랑과 초록에 가까웠다. 놀이터의 하늘, 학교 운동장의 잔디, 바람에 흔들리는 나뭇잎이 네 안에 담겨 있던 색이었다. 그 시절의 너는 세상을 단순하고 투명하게 바라보았고, 그만큼 빛깔도 선명했다. 그러나 청소년기를 지나며 붉은빛이 너를 채웠다. 친구들과의 경쟁, 사랑에 대한 설렘과 상처, 스스로 증명하고자 하는 의지가 불꽃처럼 타올랐다. 붉음은 때로 뜨겁고, 때로 거칠어 너를 지치게 했지만, 동시에 살아 있다는 증거였다.

　성인이 되어 맞이한 색은 회색이었다. 책임이라는 이름으로 너를 짓누르는 무게, 실패와 좌절로 물든 마음, 그리고 어딘가 채워지지 않는 공허함이 잿빛을 만들어 냈다. 그러나 그 회색 속에도 의미가 있었다. 무채색은 다른 어떤 색과도 잘 어울리며, 너를 단단히 다듬는 바탕이 되었다. 덕분에 다시 찾아오는 색들이 더욱 도드라지게 빛날 수 있었다.

　사랑을 만난 순간 너는 분홍빛을 알게 되었다. 수줍지만 따뜻한, 서툴지만 부드러운 그 색은 네 마음을 오래도록 설레게 했다. 때로는 짙어져 붉은 장밋빛이 되었고, 때로는 옅어져 살굿빛처럼 아련해졌다. 사랑의 색은 결코 한 가지로 고정되지 않고, 관계와 시간에 따라 변주되며 너를 성장시켰다.

　삶의 굽이굽이마다 검은색도 있었다. 가까운 이의 이별, 깊은 상실, 실패 앞에서 무너짐. 검은색은 모든 걸 집어삼킬 듯 무겁게 드리웠지만, 아이러니하게도 그 어둠 덕분에 작은 불빛 하나도 선명하게 빛났다. 네가 눈물 속에서 배운 것은, 검은색이야말로 다른 색들을 더욱 빛나게 하는 배경이라는 사실이었다.

　인생이란 결국 단일한 색으로 칠해지지 않는다는 것을. 너의 하루는 때로 푸르고, 때로 붉으며, 때로 회색 속에 잠기기도 한다. 그러나 그 모든 색이 모여 너만의 팔레트를 이루고, 그 팔레트는 다시 하나의 그림이 된다. 누군가는 네 인생을 탁하다고 말할 수도 있고, 또 다른 누군가는 화려하다고 말할 수도 있다. 하지만 중요한 것은 그 그림을 그리는 화가가 바로 너 자신이라는 점이다.

　너는 삶을 살아가는 동안 여전히 새로운 색을 배우게 될 것이다. 아직 만나지 못한 황금빛의 기쁨도, 깊고 푸른 평온도, 그리고 섬세한 보랏빛 지혜도 네 앞에 남아 있다. 설령 그 색들이 한순간 스쳐 지나간다 해도, 결국 너의 인생은 무수한 색이 겹쳐 하나의 장대한 작품으로 완성될 것이다.

5月 22日

보내는 마음

엄마!
내가 엄마를 사랑했을까?

엄마?
엄마는 나를 사랑했을까?

엄마는
너무 아픈데 아프다는 말을 안 해.

엄마의
마음 아는데 다른 말만 하곤 했지!

보내는 마음은 생각보다 고요해.
내가 엄마를 사랑했을까?
엄마가 나를 사랑했을까?

삶의 무게는 무겁고
죽음은 한 되 반 가볍더라.

엄마를 보낸 마음이 애달팠는데
여전히 아득하게 슬프지?

엄마가 나를 사랑했을까?
나는 엄마를 사랑했을까?

삶의 무게는 무겁고
죽음은 한 되 반 가볍더라.
보내는 마음은 생각보다 고요해.

5月 23日

자연

너에게 자연은 단순한 풍경이 아니다. 숲의 울창함은 네 마음속 풍요로움을 닮았고, 메마른 땅은 네 내면의 황폐함을 비춘다. 너는 자연을 외부의 환경으로만 여기곤 하지만, 사실 그 속에서 너 자신을 돌아볼 기회를 얻는다. 폭풍우가 몰아치는 바다는 네 안의 두려움과 불안을 흔들어 깨우고, 잔잔한 호수는 네 마음속 깊은 평온과 고요를 되새기게 한다. 자연의 변화와 흐름은 너의 삶의 리듬과 닮아, 그 속에서 너는 자신의 감정과 선택을 성찰하게 된다.

또한 자연은 너의 한계를 일깨운다. 산을 오르며 숨이 가빠오는 순간, 너는 네가 얼마나 작은 존재인지를 깨닫는다. 강물이 바위를 부드럽게 깎아내는 모습을 지켜보며, 네 힘만으로는 세상의 흐름을 완전히 바꿀 수 없음을 배우게 된다. 그러나 바로 그 깨달음 속에서 너는 겸손을 배우고, 동시에 도전할 용기를 얻는다. 자연 앞에서 느끼는 작은 두려움과 큰 경외심은 네가 어떤 존재인지를 더욱 선명히 드러내 준다.

자연은 또 네게 책임을 묻는다. 네가 자연을 함부로 파괴할 때, 그 대가는 결국 네 삶에 되돌아온다. 기후 변화와 환경오염은 단순히 밖에서 벌어지는 사건이 아니라, 네 정신과 일상에도 깊이 스며든다. 숲과 강, 바람과 햇살 속에서 너는 타인과 자신을 존중하며 어떻게 살아야 할지를 고민하게 된다. 자연은 너의 스승이자 거울로서,

말없이 네 삶의 균형을 가르쳐 준다.

   결국 자연을 바라보는 것은 곧 자신을 바라보는 일이다. 너는 자연 속에서 경이와 두려움, 평온과 책임을 동시에 경험하며, 그 모든 게 네 내면을 비추는 거울임을 알게 된다. 자연은 단순한 아름다움이 아니라, 네 존재의 진실을 드러내는 빛이다. 눈에 보이는 풍경을 넘어, 네 마음 깊은 곳까지 비추는 성찰의 거울이 바로 자연인 것이다.

5月 24日

말은 너의 자화상이다.

　네가 어떤 말을 선택하느냐에 따라 네가 어떤 사람인지가 드러난다. 화려한 언변으로 상대를 매혹시키려는 순간에도, 거짓된 뉘앙스 하나가 배어 나오면 상대는 눈치채고 만다. 말은 의도와 상관없이 그 사람의 깊은 곳을 드러내는 거울이기 때문이다.

　너는 가끔 무심코 내뱉은 말 때문에 누군가의 마음을 다치게 한 적이 있을 것이다. 그때의 침묵, 그때의 후회는 시간이 흘러도 잔상처럼 남아 있다. 반대로, 너의 한마디가 누군가의 마음을 밝히는 등불이 되었던 경험도 있을 것이다. 길을 잃은 친구에게 건넨 짧은 위로, 슬픔에 잠긴 가족에게 건넨 다정한 인사, 그것들은 오래도록 그 사람의 마음에 남는다. 그렇게 말은 너를 떠나가 상대에게 뿌리내리고, 결국 너라는 존재를 비춘다.

　너는 어떤 말로 기억되고 싶은가. 사람들은 외모나 성취보다도 그 사람의 말투와 말의 결을 오래 기억한다. 목소리의 톤, 숨결처럼 번지는 뉘앙스, 말에 스민 온도는 너라는 사람의 초상화를 그린다. 무뚝뚝한 대답은 단단하고 차가운 윤곽을 남기지만, 따뜻한 질문과 경청의 말은 부드러운 색채로 너의 얼굴을 채운다. 결국, 말은 네가 매일 다시 그리는 자화상이다.

　그러니 말을 다듬는 일은 곧 너 자신을 가꾸는 일이다. 말의 습관은 생각의 습관에서 비롯된다. 네가 늘 부정적인 생각에 젖어 있다면, 그 말은 금세 비관적인 빛깔을 띠게 된다. 그러나 네가 감사와 배려를 품고 있다면, 너의 말은 자연스럽게 밝은 선율을 담게 된다. 말은 억지로 꾸며낼 수 없다. 결국, 마음속에서 길러낸 생각이 모양을 갖추어 밖으로 나온 것일 뿐이다.

너의 하루는 수많은 말로 이루어진다. 아침에 건네는 짧은 인사, 일터에서 나누는 대화, 저녁의 피곤함 속에서 가족에게 흘려버리는 한마디. 이 모든 게 너를 그려내는 붓질이다. 그 중 어느 한 줄은 상대의 기억 속에 깊게 각인된다. 너는 그것을 알 수 없지만, 누군가는 그 말 한마디를 평생 간직하며 살아가기도 한다.

말을 소중히 여기라는 것은 네 삶을 소중히 여기라는 뜻과 다르지 않다. 함부로 뱉은 말은 화살처럼 되돌아오고, 정성스레 다듬은 말은 향기처럼 오래 남는다. 그러니 말하기 전에 잠시 멈추어라. 이 말이 상대에게 어떤 색으로 남을지, 또 너의 자화상에 어떤 선을 그을지를 생각하라.

결국, 너는 네가 한 말들의 집합체다. 오늘의 말이 내일의 너를 그린다. 그러니 너의 자화상을 너그럽고 단단하게, 그리고 따뜻하게 그려가라. 네가 하는 말이 곧 너 자신이기 때문이다.

5月 25日

하나의 지혜가 있으면
하나의 어리석음이 있다.

너는 늘 지혜를 얻고 싶어 한다. 책을 읽고, 누군가의 말을 곱씹고, 때로는 삶의 실패 속에서 교훈을 길어 올린다. 그렇게 얻은 깨달음은 너에게 자신감을 주고, 때로는 삶의 이정표가 된다. 하지만 너는 잊지 말아야 한다. 하나의 지혜가 생겨날 때, 그 그림자에는 하나의 어리석음이 동시에 자라난다는 사실을.

너는 어떤 순간에 가장 똑똑해 보이고 싶어 했는가. 아마 대화 속에서 빠른 판단을 내릴 때, 혹은 문제의 해답을 남보다 먼저 찾아낼 때였을 것이다. 그러나 그 순간, 너는 다른 가능성을 보지 못했을 수도 있다. 네가 붙잡은 '정답'이라는 것이 오히려 다른 길을 차단하는 오만함이었음을 뒤늦게 깨닫지 않았던가. 지혜는 문을 열지만, 동시에 또 다른 문을 닫기도 한다.

너의 인생에서 얻은 가장 큰 깨달음은 무엇인가. 그것이 아무리 귀하고 값지다 하더라도, 너는 그 깨달음을 지나치게 신봉하지는 말아야 한다. 지혜는 절대적인 것이 아니라 특정한 상황과 경험 속에서 길어낸 한 조각일 뿐이다. 그 조각이 다른 자리에서는 어리석음으로 변하기도 한다. 오늘의 진리가 내일의 굴레가 되고, 어제의 실수가 오늘의 길잡이가 되기도 한다.

너는 실수를 두려워하며 지혜를 갈망했을 것이다. 그러나 실수는 결코 부끄러운 것만은 아니다. 실수 속에는 너의 어리석음이 있지만, 동시에 그 어리석음이 너를 다음 단계로 이끄는 지혜의 씨앗이기도 하다. 다시 말해, 어리석음과 지혜는 언제나 짝을 이루며 너의 삶을 이끌어간다. 하나가 생기면 다른 하나도 반드시 따라온다.

너는 사람들과의 관계 속에서도 이런 진리를 경험했을 것이다. 상대에게 현명한 조언을 건넸다고 믿었던 순간, 오히려 그 말이 교만으로 들려 상처를 주기도 한다. 반대로 네가 한참 미련해 보이는 선택을 했을 때, 그것이 시간이 지나 가장 지혜로운 결단이었음을 알게 되기도 한다. 사람 사이의 일은 언제나 단순하지 않다. 지혜와 어리석음은 서로 뒤엉켜 있다.

그러니 너는 지혜를 찾되, 그것을 절대시하지 마라. 네가 똑똑하다고 느낄 때마다 그 안에 잠들어 있는 어리석음을 돌아보아라. 그리고 네가 어리석다고 느낄 때마다 그 안에서 피어나는 지혜를 발견하라. 그렇게 할 때 너의 삶은 균형을 이루고, 너의 마음은 교만에 물들지 않으며, 또한 절망에 빠지지도 않는다.

삶은 언제나 너를 시험한다. 그 시험 속에서 너는 지혜를 얻을 것이고, 동시에 어리석음을 경험할 것이다. 너의 어리석음이 곧 너의 지혜를 빚어내고, 너의 지혜가 다시 너의 어리석음을 드러내며, 그렇게 반복되는 과정을 통해 네가 조금 더 넓고 깊은 사람이 되어간다.

5月 26日

인생의 모든 부분은
완벽한 균형을 이룬다.

　너는 때때로 인생이 기울어져 있다고 느낀다. 누군가는 가진 것이 많고, 너는 턱없이 부족한 듯 보인다. 누군가는 웃음 속을 걸어가는데, 너는 눈물의 골짜기를 지나고 있다. 그러나 조금만 멀리서 바라보면 알게 될 것이다. 모든 삶은 저마다의 무게를 나누어서 지고 있고, 결국 균형을 향해 나아가고 있음을.

　너의 하루에도 균형은 숨어 있다. 아침의 분주함은 저녁의 고요로 이어지고, 기쁨의 순간은 언젠가 슬픔의 그늘을 데려온다. 네가 크게 웃은 날, 깊은 고요가 찾아와 마음을 가라앉히듯, 삶은 늘 네 안에서 균형을 잡는다. 너는 그것이 불공평이라 부르지만, 사실 그것은 너를 지탱하는 또 다른 질서다.

　네가 실패했다고 느낄 때조차 그 실패는 다음 성공의 뿌리가 된다. 너를 넘어뜨린 실수는 네게 겸손을 가르치고, 그 겸손은 다시 너를 더 단단하게 일으켜 세운다. 성공만으로는 결코 완성될 수 없고, 실패만으로도 삶은 멈추지 않는다. 둘은 맞물려 돌아가는 두 개의 바퀴처럼 네 인생을 앞으로 굴려서 간다.

　너는 또한 사랑과 이별 속에서도 균형을 본다. 누군가를 깊이 사랑했기에 떠나보낼 때 더 크게 아파한다. 그러나 그 상실은 너를 더욱 성숙하게 만들고, 언젠가 새로운 만남을 받아들일 준비를 하게 한다. 사랑과 이별, 만남과 상실은 서로 균형을 이루며 네 마음을 넓힌다.

삶의 균형은 때때로 불공정처럼 보인다. 병으로 고통받는 이가 있는가 하면, 건강을 누리는 이도 있다. 가난 속에 허덕이는 이가 있는가 하면, 부유함 속에서 방황하는 이도 있다. 그러나 자세히 들여다보면, 그들 또한 각자의 몫을 짊어진 채 살아간다. 부유한 자는 허무와 공허의 무게를 견디고, 가난한 자는 고단한 하루 속에서 빛나는 작은 기쁨을 배운다. 눈에 보이지 않는 균형은 늘 그 자리에 있다.

너의 삶도 그렇다. 네가 받은 기쁨은 언젠가 슬픔으로 균형을 이루고, 네가 겪는 아픔은 언젠가 기쁨으로 보상된다. 삶은 마치 저울처럼 늘 맞추어 간다. 지금은 한쪽이 기울어진 듯 보일지라도, 언젠가 다른 쪽이 채워져 균형을 되찾는다. 너는 그저 흔들림 속에서 믿음을 잃지 않고, 그 흐름을 견뎌내야 한다.

그러니 인생을 원망하지 마라. 너에게 주어진 모든 게 균형 속에 있다. 고통은 너를 단련하고, 행복은 너를 위로하며, 실패는 너를 낮추고, 성공은 너를 북돋는다. 그 모든 게 모여 하나의 삶을 이룬다.

인생은 불완전해 보이지만 가장 완벽한 균형 속에 놓여 있다. 너는 그 균형의 일부로 살아가고 있을 뿐이다. 그러니 오늘의 무게를 있는 그대로 받아들이고, 그것이 내일의 다른 선물과 조화를 이루리라 믿어라. 인생은 그렇게 완벽한 균형을 이루며, 너를 조금씩 더 깊고 넓은 사람으로 길러내고 있다.

5月 27日

사랑은 조금씩 놔 주는 것이다.

너는 사랑을 붙잡고 싶어 한다. 마음이 향하는 사람, 손끝으로라도 잡아 두고 싶은 관계, 영원히 곁에 있어 주기를 바라는 존재. 그러나 삶은 네 뜻대로만 움직이지 않는다. 사랑이 깊을수록 언젠가는 떠나보내야 할 순간이 찾아온다. 사랑은 끝내 움켜쥐는 것이 아니라, 조금씩 놔 주는 것임을.

처음에는 쉽지 않다. 손에 익은 온기를 놓아버리는 일은 견디기 힘들다. 사랑을 놔 준다는 건 외면하거나 버린다는 뜻이 아니다. 오히려 상대를 위해 자리를 내어주는 일이요, 네 마음을 조금씩 내려놓아 자유롭게 하는 과정이다. 그것이 진짜 성숙한 사랑의 모양이다.

너는 관계 속에서 이 진리를 배웠을 것이다. 아이가 성장할수록 부모는 손을 놓아야 하고, 연인이 서로를 더 신뢰할수록 각자의 삶을 존중해야 한다. 붙잡는 사랑은 언젠가 무거운 족쇄가 되지만, 놔 주는 사랑은 시간이 흘러도 따뜻한 울림으로 남는다.

사랑을 조금씩 놔 줄 때, 너는 상실을 경험한다. 그러나 동시에 또 다른 충만함을 맛본다. 네 곁에서만 있어야 한다고 믿었던 사람이 자신의 길을 걸어가는 모습을 지켜볼 때, 너는 비로소 사랑이 소유가 아니라 자유임을 깨닫는다. 그 자유 속에서 상대는 더 단단해지고, 너 또한 더 넓어진다.

너는 아마 과거에 누군가를 끝까지 붙들려 했을 것이다. 그때마다 관계는 서서히 무너졌고, 너는 상처만을 남겼을지 모른다. 그러나 시간이 지나고 보니, 놓아주었던 순간이 오히려 너와 그 사람을 지켜준 시간이었음을 알게 된다. 사랑은 움켜쥐는 힘보다 놓아주는 용기에서 자란다.

사랑을 조금씩 놔 준다는 것은 너 자신을 놔 주는 일이기도 하다. 미련과 집착을 내려놓을 때, 너의 마음은 가벼워지고, 다시 사랑할 수 있는 공간이 생긴다. 사랑은 끝내 소유가 아니라 순환이다. 붙잡고만 있다면 메말라 버리지만, 흘려보내고 놓아줄 때 다시 돌아온다.

사랑은 조금씩 놔 주는 것. 그것은 끝이 아니라 또 다른 시작이다. 네가 놓아줄 때, 사랑은 사라지지 않고 오히려 더 깊은 울림으로 너와 함께한다.

5月 28日

운명

하루하루 살아온 날들이 모여서 사주팔자가 되고, 관상이 되고, 손금이 된다.

너는 종종 타고난 운명을 궁금해한다. 태어난 시각과 날짜가 너의 길을 정해준다고 믿는 이들도 있고, 얼굴의 선과 손바닥의 금이 너의 앞날을 비춘다고 말하는 이들도 있다. 그러나 조금 더 깊이 생각해 보면 알 수 있다. 사주팔자도, 관상도, 손금도 결국 너의 하루하루가 쌓여 빚어진 흔적이다.

너의 관상은 타고난 얼굴에서 시작되었지만, 살아온 날들의 표정이 거기에 겹겹이 새겨졌다. 화를 잘 내던 이는 눈가가 날카롭게 변하고, 웃음을 잃지 않던 이는 입가에 따스한 선이 남는다. 얼굴은 단순한 외형이 아니라, 네가 어떤 마음으로 살아왔는지 기록한 역사다.

너의 손금도 마찬가지다. 누구는 선천적으로 길고 곧은 선을 지녔다고 말하지만, 실상은 네가 어떤 일로 손을 쓰고 어떤 삶을 거쳐 왔는지가 손바닥의 결을 만든다. 거친 노동은 굳은살로, 오랜 글쓰기와 공부는 가느다란 흔적으로 남는다. 결국, 손금은 네가 살아온 일상의 궤적일 뿐이다.

사주팔자 또한 마찬가지다. 태어난 시간과 별자리의 의미를 부정할 수는 없지만, 그것이 네 삶을 전부 결정짓지는 않는다. 네가 어떤 선택을 했는지, 어떤 길을 걸었는지가 그 사주에 색을 덧칠한다. 같은 날 같은 시각에 태어난 사람이라도 전혀 다른 길을 살아가는 이유는 바로 그 때문이다.

네가 살아온 날들이 곧 너의 운명이 된다는 것을. 남이 그려주는 도표와 점괘에 앞서, 너의 하루가 쌓여 내일을 만든다. 어제의 너는 오늘의 관상을 만들었고, 오늘의 너는 내일의 손금을 새기고 있다.

그러니 너는 두려워할 필요가 없다. 사주팔자가 어떻다 해도, 관상이 어떻다 해도, 손금이 어떻다 해도 그것은 고정된 운명이 아니다. 너의 하루가 달라지면 그것들 또한 달라진다. 네가 선한 마음을 품고 하루를 쌓아간다면, 얼굴은 점점 더 따뜻해질 것이고, 손바닥의 금은 부드럽게 변할 것이다.

결국, 운명이란 먼 하늘에 새겨진 별이 아니라, 네가 매일 쌓아 올리는 작은 선택의 집합이다. 하루의 땀방울, 한마디의 말, 한 번의 용서와 결단이 네 삶을 그려낸다. 너의 사주와 관상과 손금은 그렇게 하루하루가 모여 완성된 너의 또 다른 얼굴일 뿐이다.

그러니 오늘도 성실히 살아라. 너의 하루가 쌓여 내일의 운명이 되고, 그 운명이 다시 너의 삶을 비춘다. 인생은 예언이 아니라 기록이다. 그리고 그 기록의 저자는 바로 너다.

5月 29日

비판하지 마라.

너는 가끔 누군가의 말이나 행동이 못마땅할 때가 있다. 속으로는 '저건 아닌데'라는 생각이 스멀스멀 올라온다. 그러다 보면 어느새 입술 끝에서 비판이 톡 튀어나오려 한다. 하지만 그 순간을 잘 붙잡아야 한다. 왜냐하면 비판은 대개 상대를 바꾸지 못하고, 오히려 네 마음을 더 무겁게 만들기 때문이다.

생각해 봐라. 누군가 네가 애써 한 일을 꼬집듯 지적한다면 기분이 어떨까. 잘한 부분은 못 본 채 부족한 점만 들추어낸다면, 네 안에서 의욕이 싹 사라지지 않겠는가. 그러니 네가 상대를 향해 쏘려는 말의 화살이 결국은 되돌아와 너의 등을 찌를 수도 있다는 사실을 기억해야 한다.

비판 대신 할 수 있는 건 많다. 상대의 좋은 점을 먼저 발견하고, 잘하고 있는 부분을 인정해 주는 것이다. 너는 이미 경험했을 것이다. 칭찬 한마디, 격려 한마디가 사람을 어떻게 변화시키는지. 그것은 비판보다 훨씬 오래 남고, 훨씬 깊이 스며든다. 네가 누군가의 가능성을 믿어주었을 때, 그 사람은 스스로 부족함을 채워가고 싶어 한다.

물론 그렇다고 해서 무조건 다 좋게만 보라는 말은 아니다. 문제를 문제로 보지 않는 건 무책임일 수 있다. 다만 그 문제를 해결하는 방법이 꼭 '비판'일 필요는 없다는 것이다. 너는 건설적인 제안을 할 수 있고, 따뜻하게 의견을 나눌 수도 있다. "이 부분은 이렇게 해보면 더 좋지 않을까?"라는 말은 비판이 아니라 도움이다.

네가 비판을 멀리할수록 너 스스로 가벼워진다는 점이다. 비판을 줄이면 마음속 불평이 사라지고, 대신 관용이 자리를 잡는다. 그러다 보면 세상이 예전보다 조금 더 괜찮아 보인다. 네 주변 사람들도 너와 함께 있을 때 편안함을 느끼게 되고, 결국 너도 그 따뜻한 공기를 고스란히 되돌려 받는다.

그러니. 절대로 다른 사람을 비판하지 마라. 그 대신 웃어라, 격려하라, 가능성을 믿어주어라. 그렇게 하면 너의 하루는 한결 가볍고, 너의 인간관계는 훨씬 단단해진다. 그리고 언젠가 너 자신도 누군가의 비판 대신 따뜻한 응원을 들을 때, 네가 선택한 방식이 얼마나 현명했는지 깨닫게 될 것이다.

5月 30日

죽음은

    죽음은 존재의 하중을 더 이상 버티어 낼 수 없는 생명 현상이다. 너는 죽음을 두려워하면서도, 동시에 그것을 궁금해한다. 언제, 어떻게 다가올지 알 수 없는 죽음은 삶의 끝자락에 놓인 하나의 문처럼 네 앞에 있다. 그러나 그 문은 단순한 종착지가 아니라, 네가 지고 살아온 모든 무게를 내려놓는 자리이기도 하다. 살아 있는 동안 너는 기쁨도 짊어지고, 슬픔도 짊어지고, 책임과 후회와 기억까지 어깨에 얹고 간다. 죽음은 그 하중을 더는 감당할 수 없을 때, 생명이 스스로 멈추는 방식이다.

    너는 이미 여러 차례 작은 죽음을 경험했을 것이다. 사랑하는 이와의 이별, 오래 품었던 꿈의 포기, 돌이킬 수 없는 선택의 순간. 그것들은 하나의 작은 죽음이었다. 그때마다 네 안의 무언가가 무너지고, 또 다른 무엇이 태어났다. 결국, 큰 죽음 또한 그런 연속선 위에 놓인 마지막 무너짐일지도 모른다.

    죽음을 생각하면 너는 공허해진다. 하지만 동시에 묻지 않을 수 없다. 그 무게를 내려놓는 순간, 존재는 사라지는가, 아니면 다른 차원으로 옮겨가는가. 철학자는 죽음을 "존재의 가능성이 더는 남아 있지 않은 상태"라 말하고, 종교인은 그것을 "다른 세계로 귀환"이라 말한다. 그러나 네게 중요한 것은 정답이 아니라, 지금 살아 있는 동안 그 질문을 품고 있다는 사실이다.

죽음을 두려워할 필요는 없다. 그것은 생명이 더는 무게를 짊어지지 못해 자연스레 멈추는 과정일 뿐이기 때문이다. 나무가 제 잎을 떨구듯, 강이 바다에 이르러 더는 흘러갈 길을 찾지 못하듯, 생명은 언젠가 저마다의 지점을 맞이한다. 그때 너는 힘겨운 짐을 모두 내려놓고, 더 이상 버티지 않아도 되는 자유를 얻는다.

그러니 너는 살아 있는 동안 삶의 무게를 피하려 하지 말아라. 고통도, 기쁨도, 책임도 모두 네가 존재한다는 증거다. 언젠가 죽음이 다가와 그 모든 것을 내려놓게 될 것이기에, 지금은 오히려 기꺼이 짊어지고 나아가야 한다. 네가 버티고 있는 순간순간이 너의 삶을 증명하고, 그 증명의 끝에서 죽음은 너를 부드럽게 맞이할 것이다.

죽음은 삶의 반대편에 놓여 있는 적이 아니라, 삶과 함께 걸어온 동반자다. 태어난 순간부터 이미 죽음은 너의 그림자처럼 곁에 있었고, 언젠가는 그 그림자가 너를 완전히 감싸 안을 것이다. 그날이 오면, 너는 더 이상 하중을 견디지 않아도 되는 존재가 되고, 네 삶은 하나의 완결된 이야기로 남는다.

결국, 죽음은 두려움의 대상이 아니라, 짊어진 무게에서 너를 해방하는 자연의 이치다. 그러니 지금은 있는 힘껏 살아라. 언젠가 모든 무게를 내려놓을 그 순간까지.

5月 31日

헤어짐

깎아 머리 짧은 소년이
돌아누운 아버지를 본다.
봄에는 일어나 걸을까 소원했다.

봄비가 내린 날
처마 밑 빗물이 마루까지 날린다.
겨우겨우 몸을 돌려
밖을 보는 눈빛이 흐릿하다.
힘겨워 보는 것도 잠시
빗물 날리는 행랑채 지붕은 위태롭다.

꽃비가 날리는 날
돌아누운 아버지를 본다.
단 한 번의 소원한 일
신작로까지 손잡고 갔으면 했다.

아.들.아.
목.마.르.다.
하드 하나 먹고 싶다.

전빵에서 하드 두 개

쏜살처럼 뛰어와도 녹을 판
봉지 뜯어
입에 밀어 밀어 넣어도 넣어도
눈물처럼 녹기만 해

먹고 자. 먹고 자. 해도
잠만 자.
남은 하나 눈물이 돼

장마가 시작된 날
소년만 남기고
선산으로 돌아 돌아가려니
구진 비만 왔다.

소년은
돌아 돌아 올 줄만 알아
기다리고 기다려

네 아비는 죽었다.
아니, 잠시 헤어짐이야.

소년이 아비 된 날
죽음은 잠시 헤어짐이 아님을
뭐든 덧없음을 알았다.

6月

죽음을 피할 수 없다는 사실이,
오히려 너에게 지금을 온전히 살아갈 힘을 준다.

6月 1日

잠이 오지 않는 까닭

잠이 오지 않는 밤은 늘 이유가 있다. 오늘도 베개 위에 누워 천장을 응시하다가, 문득 마음이 너 자신을 깨우고 있다는 것을 알았다. 내일이면 중요한 일을 치러야 한다. 한순간도 놓칠 수 없는 자리, 누구보다도 침착하고 단단해야 하는 순간이 기다리고 있다. 하지만 정작 필요한 건 잠인데, 두 눈은 불빛처럼 또렷하게 깨어 있었다.

이불을 턱까지 끌어올려도, 창문을 반쯤 열고 바람을 불러들여도 소용이 없었다. 머릿속은 계속 같은 장면을 재생한다. 내일 마주할 얼굴들, 준비한 말들이 헛나올까 두려운 순간, 혹은 예상치 못한 질문 앞에 당황하는 네 모습. 그것들은 실제가 아닌 상상일 뿐인데, 상상은 현실보다 더 집요하게 너를 몰아세웠다.

'잘해야 한다'라는 압박감은 불청객처럼 목을 죄어왔다. 마치 시험 전날의 학생처럼, 무대에 오르기 전 배우처럼, 너는 무언가를 증명해야 하는 사람으로 서 있었다. 몸은 지쳤는데 마음은 끝없이 달린다. 그 틈새가 깊어질수록 잠은 멀어지고, 너는 홀로 남겨진다.

이런 밤에는 평소 무심히 지나쳤던 사소한 기억까지 달려든다. 몇 해 전 같은 자리에서 했던 작은 실수, 누군가의 의미 없는 표정, 그때 미처 하지 못했던 대답까지 불현듯 찾아와 너를 괴롭힌다. 그것들이 내일의 불안과 결합해 하나의 그림자를 만든다. 그 그림자는 방안을 떠돌며 너를 조롱한다. "이번에도 잘못되면 어떻게 할래?" 속삭임이 귓가에 스며들 때마다 심장은 괜히 빨라지고, 손끝은 차갑게 식어간다.

그러나 정직하게 말해, 이 불면의 밤이 전혀 쓸모없지는 않다. 어쩌면 마음이 자신을 스스로 준비시키는 과정일지도 모른다. 긴장이란 두려움의 다른 이름이자, 집중의 다른 얼굴이기 때문이다. 너는 이 초조함 속에서 더 단단히 다짐한다. 내일은 반드시 온다. 그 자리에 네가 서야 한다. 실수할 수도, 흔들릴 수도 있지만 피할 수는 없다. 불면의 밤은 오히려 그것을 받아들이게 한다.

시계 초침은 어김없이 흘러가고, 새벽의 기운은 창밖에서 조금씩 들어온다. 아직 잠들지 못했지만, 이상하게 마음 한편은 차분해진다. "그래, 두려워도 괜찮다. 중요한 건 도망치지 않는 것이다." 속으로 중얼거리며 눈을 감는다. 설령 깊은 잠에 빠지지 못하더라도, 이 밤의 긴장과 망설임은 내일의 너를 조금 더 단단하게 해줄 것이다.

잠 못 이루는 밤은 힘겹지만, 그것이야말로 큰일 앞에 선 자가 지나야 하는 의례 같은 것이다. 결국 불면은 두려움이 아니라, 준비의 또 다른 이름이었다.

6月 2日

과거형 사람

너는 종종 과거 속에 머무르는 사람을 본다. 아니, 사실은 네 안에도 그런 모습이 있다. 이미 지나간 일을 붙잡고, 돌아오지 않을 순간을 되풀이하며, 어쩌면 아직도 그 시간 속에서 살아가는 사람. 사람들은 너를 향해 현재를 살라고 말하지만, 너는 쉽게 빠져나오지 못한다. 과거는 너의 일부이자, 너를 규정하는 그림자이기 때문이다.

어린 날의 실패, 첫사랑의 기억, 누군가와의 다툼, 그리고 끝내 전하지 못한 말들까지, 그 모든 것이 오늘의 너를 만든다. 그래서 네가 과거를 떠올릴 때마다, 그것은 단순한 회상이 아니라 너 자신의 거울을 보는 일이다. 거울 속의 모습이 현재와 달라도, 그것이 바로 너다.

너는 아마 때로 후회할 것이다. "그때 그렇게 하지 않았다면…" 하고. 하지만 과거형 사람이란 단순히 후회 속에 사는 사람이 아니다. 과거를 삶의 원형으로 삼아, 그 안에서 의미를 찾는 사람이다. 너의 기억은 낡은 상자가 아니라, 지금의 너를 지탱하는 뿌리다.

그러나 조심해야 한다. 과거가 너를 지탱하는 뿌리가 될 수도 있지만, 발목을 잡는 족쇄가 될 수도 있다. 지나간 일에 매달려 현재의 숨결을 놓쳐버린다면, 너는 오늘이라는 기회를 흘려보내게 된다. 과거형 사람으로만 남는다는 것은 결국 현재의 사람, 미래의 사람으로 살아가지 못한다는 뜻이다.

그렇다고 과거를 지워야 한다는 건 아니다. 오히려 네가 해야 할 일은 과거를 품되, 그것을 현재의 언어로 다시 써 내려가는 것이다. 추억은 추억대로 간직하고, 상처는 상처대로 의미를 찾아야 한다. 그렇게 할 때 과거는 멈춘 시간이 아니라, 현재를 밝혀주는 등불이 된다.

너는 네 안의 과거형 사람을 부끄러워할 필요가 없다. 누구나 기억 속에 산다. 중요한 건 거기에만 갇히지 않는 일이다. 오늘의 발걸음을 내디디며, 어제의 흔적을 함께 안고 가는 것. 그렇게 할 때 너는 과거형이면서 동시에 현재형, 미래형의 사람이 된다.

6月 3日

현재 · 미래형 인간

너는 늘 현재에 서 있으면서도 동시에 미래를 향해 걷고 있다. 현재는 네 발이 닿아 있는 자리이고, 미래는 네 시선이 뻗어 가는 방향이다. 그래서 너는 현재만 사는 사람도 아니고, 미래만 꿈꾸는 사람도 아니다. 두 세계를 잇는 다리 위에 서 있는, 현재 · 미래형 인간이다.

너는 지금을 무시한 채 내일만 좇을 수 없다. 오늘의 삶이 무너진다면, 내일의 가능성 또한 사라지고 만다. 하지만 오늘만을 고집하며 내일을 외면한다면, 너는 멈춰 있는 그림자에 지나지 않는다. 현재와 미래는 따로 있지 않다. 오늘의 생각과 행동이 곧 내일을 빚어내기 때문이다.

현재 · 미래형 인간으로 산다는 것은 지금, 이 순간을 성실히 살아내면서도, 내일의 지도를 마음속에 그려보는 일이다. 너는 하루를 허투루 쓰지 않으려 애쓰면서도, 동시에 그 하루가 어디로 향하고 있는지 고민한다. 마치 씨앗을 심으면서 동시에 꽃을 상상하는 사람처럼, 너는 현재의 땀방울 속에서 미래의 향기를 길어 올린다.

오늘의 작은 선택 하나가 내일의 방향을 바꾸었던 순간을, 공부를 포기하지 않았기에 만날 수 있었던 사람, 사소한 친절이 만들어 준 인연, 혹은 잠시의 게으름이 빼앗아 간 기회들. 결국 미래는 먼 하늘에서 떨어지는 것이 아니라, 현재, 네 손끝에서 자라난다.

현재·미래형 인간은 두 가지 자세를 함께 지닌다. 하나는 '몰입'이다. 지금, 이 순간을 온전히 살아내려는 태도다. 다른 하나는 '비전'이다. 내일을 향해 흔들리지 않는 방향을 세우는 힘이다. 너는 몰입과 비전을 동시에 품을 때, 현재와 미래를 함께 살아가는 사람이 된다. 미래는 언제나 불확실하고, 현재는 늘 부족해 보이기 때문이다.

불완전함 속에서도 너는 길을 내고 있다. 오늘의 걸음이 내일의 길을 닦고, 내일의 길이 오늘의 의미를 밝혀준다. 현재와 미래는 서로를 비추는 거울이다.

그러니 너는 현재를 허투루 대하지 말고, 미래를 헛되이 두려워하지도 말아라. 현재를 깊이 살수록 미래는 더 단단해지고, 미래를 그릴수록 현재는 더 값진 의미를 지닌다. 너는 이미 현재·미래형 인간으로 살아가고 있다. 두 세계는 분리된 것이 아니라, 하나의 시간 위에서 이어져 있기 때문이다.

결국, 너의 삶은 지금과 내일이 함께 써 내려가는 이야기다. 오늘을 사랑하되, 내일을 준비하라. 현재와 미래를 동시에 품은 너의 걸음이야말로, 가장 온전한 인간의 모습이 될 것이다.

6月 4日

유일한 시간

너는 언제나 시간을 아쉬워한다. 아직 하지 못한 일들을 떠올리며 내일을 기약하고, 지나가 버린 어제를 되돌아보며 후회한다. 그러나 네가 진정으로 붙잡을 수 있는 시간은 오직 지금, 이 순간뿐이다. 유일한 시간은 미래도 과거도 아닌 현재다.

과거는 이미 흘러간 강물이다. 네가 아무리 거슬러 오르려 해도 손안에 쥘 수 없다. 기억은 남아 있지만, 그것은 살아 있는 시간이 아니라 껍질만 남은 잔상일 뿐이다. 네가 그 안에 머물러 있으면, 현재의 숨결을 잃고 만다.

미래는 아직 오지 않은 바람이다. 네가 아무리 상상하고 계획해도, 그것은 지금 여기서 실천하지 않으면 결코 현실이 되지 않는다. 미래를 걱정하느라 현재를 흘려보내면, 네가 두려워했던 그 빈자리가 진짜 현실이 되어 다가온다.

그러니 너에게 주어진 유일한 시간은 바로 지금이다. 너의 호흡, 너의 시선, 너의 한 걸음이 이 순간에 머무른다. 현재라는 작은 씨앗을 충실히 심어야 내일의 꽃이 피어난다. 이 순간을 잃는다면, 네가 꿈꾸는 내일도 사라지고, 네가 붙잡고 싶은 과거도 더 멀어져 간다.

너는 아마 여러 번 이런 경험을 했을 것이다. 누군가와 함께했지만, 마음은 다른 곳에 가 있었던 순간. 지나고 나서야 "그때 더 집중할걸." 하고 후회했을 때. 그것은 네가 유일한 시간을 놓쳐버렸기 때문이다. 반대로, 한순간에 몰두하고, 그 순간을 온전히 살아낸 경험은 네 기억 속에서 가장 빛나는 시간으로 남아 있다.

유일한 시간을 산다는 것은 특별한 일을 하는 게 아니다. 평범한 일상조차 깊이 음미하는 것이다. 아침의 햇살을 잠시 바라보는 것, 따뜻한 차 한 잔을 음미하는 것, 사랑하는 이에게 눈을 맞추는 것. 사소해 보이지만, 그 순간들이 모여 네 삶을 완성한다.

너는 지금 살아 있다. 살아 있다는 것은 바로 이 순간을 경험할 수 있다는 뜻이다. 그러니 시간을 먼 곳에서 찾지 마라. 유일한 시간은 언제나 네 손안에 있다. 그 시간을 놓치지 않는 사람이야말로, 진짜 삶을 사는 사람이다.

결국, 인생은 유일한 시간을 어떻게 채워 가느냐에 달려 있다. 너는 오늘, 이 순간을 어떻게 쓸 것인가. 후회로 채울 것인가, 아니면 충만한 경험으로 새겨 넣을 것인가. 선택은 언제나 네 몫이다.

6月 5日

죽음이란 없다.

언제부터 나는
죽으면 끝난다고 생각했다.
태어나 죽어가는 것이라고 했다.

하지만
나에게
새로운 행운이 찾아왔다.

죽음은
끝이 아니고, 시작이다.
얼음이 녹으면 물이 되고
번데기가 나비가 되는.

나도
육체의 껍데기를 벗고
신성이 된다.

하나님이 나를 만들고 기뻐했다.
하나님을 닮아서
하나님과 같게 만들어서 흡족했으니
나는 육체로 와서 신성으로 돌아간다.

하나님은 사랑이다.
난 그 사랑 속에서 만들어지고
육신의 틀을 벗고 원상태로 돌아간다.

육신으로 나고 자라서
탈바꿈하는 소중한 경험을 한다.
난 신성을 가지고 있다.

죽음이란 없다.
단지
육신에서 신성으로 성숙해진다.

6월 6일

"이게 정말 내 삶인가?"

너는 늘 누군가의 말에 의지해 살아왔다. 부모가 가르쳐 준 길, 사회가 요구하는 길, 그리고 타인의 시선이 옳다고 여겨온 길. 너는 묻지도 따지지도 않고 그 길을 따라 걷기만 했다. 성공과 실패, 옳고 그름의 기준을 남이 정해주는 대로 받아들이며, 마음속 깊은 곳에 묵직한 공허를 품고 살았다. 그러나 어느 날, 지하철 창가에 앉아 흐릿하게 비친 네 얼굴을 마주한 순간, 갑자기 마음이 흔들렸다. "이게 정말 내 삶인가?" 순간 머릿속이 하얘지고, 평생 걸어온 길이 낯설게 느껴졌다.

그날 이후 너는 작은 질문들을 던지기 시작했다. 왜 아침마다 지각하지 않으려 뛰어야 하는가, 왜 남들이 가진 것을 가져야만 안심되는가, 왜 실패를 두려워해야 하는가. 처음엔 혼란과 불안이 너를 붙잡았다. 심장은 가슴속에서 쿵쾅거리며, 모든 것이 무너질 듯한 기분을 주었다. 그러나 차츰 그 혼란 속에서 이상한 해방감을 느꼈다. 질문을 던지는 것만으로, 세상이 조금씩 투명해지는 듯했다.

너는 더 이상 정답을 찾으려 하지 않았다. 대신 스스로 느끼고 선택하는 방식을 택했다. 누군가의 인정이 아니라 자신의 호흡을 따라 걷고, 사소한 기쁨에 머물며, 불확실함조차 삶의 일부로 받아들이기 시작했다. 아침 햇살이 머리칼에 스며드는 순간, 커피 한 잔의 온기, 길모퉁이에서 들리는 아이들의 웃음소리까지, 평범한 것들이 전과 다르게 눈부셨다. 그렇게 눈을 뜨자 세상은 달라졌다. 똑같은 거리를 걸어도, 건물 틈새에서 자라는 풀 한 포기가, 바람에 흔들리는 나뭇잎 하나가 눈부셨다.

삶의 진실은 멀리 있지 않았다. 그것은 자신에게 묻고, 스스로 답하며, 그 답을 두려움 없이 살아내는 용기였다. 누구의 말도 아닌, 자기 감각과 선택을 따라 살아가는 순간, 너는 처음으로 삶의 중심에 서 있음을 느꼈다. 길을 잃은 듯 흔들리던 마음은 이제 단단하게 뿌리내리고, 불확실한 속에서도 너만의 빛을 찾았다.

남의 기준과 평가 속에서 헤매던 시간은 지나갔고, 진짜 삶은 자기 안에서 시작된다는 것을. 매 순간의 선택과 사소한 기쁨, 심장의 떨림과 숨결까지, 모두 너의 삶을 이루는 진실임을. 두려운 속에서도 한 걸음을 내딛는 순간, 너는 비로소 자기 삶을 살아가기 시작했다.

6月 7日

홈런 별

한 방이면 된다고,
인생도 야구도.
그날, 네 개의 별이 담을 넘었다.

첫 번째 홈런
터지는 함성 속, 기세는 우리 쪽으로.

두 번째 홈런
분위기를 UP. UP.

세 번째, 적의 방망이로
우리를 고요히 눌렀다.

그리고 마지막,
내가 친 그 별 하나.
담장을 넘었다.

위기 가득한 두 이닝
억척스럽게 버텼다.
경기는 끝났다.

나는 별을 찾아간다.
그 담장 너머에

운명처럼 떨어진 별,
풀숲 속에서 반짝이는
내 인생의 조각.

칠점사 한 마리,
별 옆에서 낮잠을 자고 있다.
내 기척에도 눈만 끔뻑.

발을 쿵. 쿵.
귀찮은 듯 자리를 내준다.

되찾은 별은,
내 인생의 조각.

기세와 행운,
그날의 햇빛,
한순간의 전율,
그리고
이루어진 바람 하나.

6月 8日

가난

태어날 때 가난한 건 죄가 아니지만, 죽을 때 가난한 건 자기 죄다. 너는 아마 이 말에 마음이 뜨끔할지도 모른다. 세상은 태어날 때 공평하지 않다. 어떤 이는 부유한 가정에서 태어나 기회의 문을 쉽게 열고, 또 어떤 이는 아무런 자원도 없이 출발한다. 그래서 태어날 때의 가난은 결코 네 잘못이 아니다. 그건 네가 선택할 수 없는 조건이었고, 이미 주어진 운명이었다. 하지만 중요한 건 이후다. 네가 어떻게 살아내느냐에 따라 그 운명은 얼마든지 달라질 수 있다.

죽을 때까지 가난하다면, 그것은 결국 네가 선택하고 살아온 결과다. 물론 세상에는 어쩔 수 없는 상황도 있다. 병, 불의의 사고, 시대적 한계. 하지만 대부분은 네가 포기하지 않고 배움을 쌓고, 기회를 찾고, 꾸준히 노력했다면 상황은 조금씩 달라졌을 것이다. 가난이란 단순히 돈의 많고 적음을 넘어, 삶을 대하는 태도의 문제이기도 하다.

너는 하루하루를 어떻게 채우고 있는가. 불평만 하며 시간을 흘려보내는가, 아니면 적은 가능성이라도 붙잡아 보려 애쓰는가. 가난에서 벗어나지 못하는 이유는 단지 세상의 불공정 때문만은 아니다. 네 마음속에 자리한 두려움, 안일함, 그리고 자기 합리화가 더 큰 족쇄가 될 때가 많다.

가난은 단순히 주머니 속의 돈이 아니라, 생각의 틀과 태도의 문제다. 네가 끊임없이 배우고, 도전하고, 실패를 교훈 삼아 다시 일어선다면, 설령 큰 부자가 되지 못하더라도 마음은 절대 가난하지 않다. 반대로, 아무런 의지 없이 현실에만 안주한다면, 재산이 조금 늘어도 결국 가난한 인생을 살 수밖에 없다.

죽을 때 가난한 것은 물질의 부족만을 말하지 않는다. 마음의 가난, 관계의 가난, 의미의 가난도 포함된다. 네가 어떤 흔적을 남기고 가는가, 누군가의 기억 속에 어떤 모습으로 자리 잡는가. 이것이 진정한 부와 빈곤을 가른다. 삶을 성실히 살아내고, 타인에게 작은 빛이라도 비춘다면, 네가 가진 것이 많지 않아도 풍요로운 죽음을 맞을 수 있다.

그러니 중요한 것은 태어난 조건이 아니라, 마지막 순간까지 어떤 선택을 했느냐이다. 네가 하루를 성실히 쌓아 올린다면, 죽을 때는 더 이상 가난하지 않을 것이다. 그 가난은 물질의 결핍이 아니라 삶을 헛되이 흘려보낸 흔적이기 때문이다.

네 인생은 너의 몫이다. 시작이 어떠하든, 끝은 네가 결정한다. 태어날 때 가난한 건 네 잘못이 아니지만, 죽을 때 가난한 건 네가 어떤 삶을 살았는지의 증거다. 그러니 오늘을 허투루 쓰지 마라. 그것이 네가 가난을 극복하는 유일한 길이자, 마지막 순간에 당당해질 방법이다.

6月 9日

싱거운 것은 둥글둥글할 것 같다.

너는 때때로 세상이 너무 날카롭다고 느낀다. 날 선 말들, 끝없이 경계 짓는 시선, 끊임없이 경쟁하는 하루들 속에서 숨이 막히기도 한다. 그런 날, 너는 문득 '싱거운 것'이 그 모든 날카로움을 풀어줄 수 있지 않을까 상상한다. 싱거운 것, 맛은 약하지만 마음을 편하게 만드는 무언가, 그것은 둥글둥글한 모양을 하고 있을 것 같다.

둥글둥글함은 부드럽다. 날카로운 모서리가 없기에 누군가를 다치게 하지 않는다. 너의 손끝, 눈길, 마음에도 그런 둥글둥글함이 필요하다. 싱거운 것은 특별한 향이나 자극은 없지만, 그 단순함 속에서 너는 숨을 고르고, 마음을 안정시킬 수 있다.

너는 아마 싱거운 음식이 떠오를지도 모른다. 자극적이지 않은 밥 한 공기, 심심한 국 한 그릇. 강한 맛은 금세 사라지고, 그 자리에 마음 편한 온기만 남는다. 삶도 마찬가지다. 지나치게 자극적이고 날카로운 순간들 속에서도, 너는 싱거운 둥글둥글함을 찾아야 한다. 그것이 네 마음을 지켜주고, 너를 조금 더 부드럽게 만든다.

둥글둥글한 마음으로 상대를 대할 때, 너는 상처를 줄이면서도 자신을 지킬 수 있다. 날카로운 말과 행동이 아니라, 작은 싱거움과 둥글둥글함이 오히려 더 오래 남는다.

그래서 너는 때때로 싱거운 하루를 살아야 한다. 특별하지 않은 일상의 반복 속에서도, 조금 싱거운 웃음과 둥글둥글한 마음으로 하루를 채우는 일. 그것이 너를 단단하게 하고, 날카로운 세상 속에서도 흔들리지 않게 만든다.

싱거운 것은 단순히 맛이 약한 것이 아니라, 마음을 둥글둥글하게 만드는 힘이다. 너도 그렇게 살아야 한다. 날카로운 세상 속에서 자신을 스스로 보호하고, 동시에 다른 이를 다치지 않게 하는 둥글둥글함. 싱거움 속의 둥글둥글함이야말로, 너의 삶을 조금 더 따뜻하게 만드는 비밀이다.

6월 10일

짠맛은 왠지 각이 져 있을 것 같다.

너는 때때로 세상의 날카로움을 떠올리며 짠맛을 연상한다. 강하게 남는 맛, 한 번 스치면 오래도록 혀끝에 남는 맛, 그 강렬함 속에는 무심한 단단함과 날카로운 각이 느껴진다. 싱거움이 둥글둥글하게 마음을 감싸듯, 짠맛은 네 마음의 경계를 세우는 것 같다.

삶 속에서 짠맛을 경험하는 순간이 있다. 날카로운 비판, 냉정한 현실, 혹은 예상치 못한 시련. 그것들은 달콤하거나 부드럽지 않다. 네가 움켜쥐던 기대와 계획을 한순간 날려버리고, 그대로 마주해야 하는 날카로운 순간들. 그 순간의 날카로움이 바로 짠맛처럼 혀끝에서 톡 쏘는 듯 느낌을 준다.

짠맛은 절대 온화하지 않다. 네가 그것을 지나칠수록, 마음의 각도는 뾰족해지고, 경계는 단단해진다. 그러나 그 각은 필요하다. 세상은 늘 온화하지 않고, 너를 둘러싼 모든 관계와 사건이 부드럽기만 한 것은 아니다. 짠맛처럼 각진 경험은 너를 보호하고, 때로는 더 깊이 깨닫게 한다.

너는 아마 짠맛의 매력도 느낄 것이다. 그 날카로움 덕분에 다른 맛, 다른 순간이 더 선명하게 느껴지고, 무뎌진 감각이 깨어난다. 단단한 각 속에서도 너는 균형을 찾고, 마음의 선을 세우며, 자신을 지켜낼 수 있다. 삶의 짠맛이 너를 단단하게 만드는 이유다.

짠맛은 또한 네가 선택해야 하는 태도를 알려준다. 모든 것을 부드럽게만 받아들일 수 없을 때, 때로는 짠맛처럼 선을 긋고, 거리를 두고, 마음의 각을 세워야 한다. 그것이 너를 단단하게 만들고, 동시에 네 안에서 균형을 지켜주는 힘이 된다.

6月 11日

달콤한 단맛은
평면처럼 퍼져 있을 것 같다.

너는 그 맛을 떠올릴 때, 마음이 한순간 가벼워진다. 혀끝에서 부드럽게 퍼지는 달콤함은 날카롭거나 각진 느낌이 없다. 그냥 넓게, 평평하게, 그리고 고르게 퍼져 있는 느낌. 그 단맛 속에는 긴장도, 경계도 없고, 오직 부드럽고 넓은 안락함만이 남는다.

삶 속에서도 단맛 같은 순간이 있다. 아무 이유 없이 마음이 편안한 날, 작은 성취를 맛본 날, 혹은 사랑하는 사람과 나눈 소소한 웃음 속에서 느껴지는 만족감. 그것들은 날카로운 각 없이 마음을 가만히 감싸며, 넓게 퍼져 네 존재를 부드럽게 만든다. 달콤함은 그저 존재하는 것만으로도 적당히 풍요롭다.

너는 아마 단맛 속에서 평화를 느낄 것이다. 하루의 고단함 속에서도, 잠시 머리를 비우고 달콤함에 집중할 때, 세상은 잠깐 평평해진다. 불필요한 긴장과 걱정이 사라지고, 마음은 펼쳐진 평면 위를 미끄러지듯 이동한다. 그 순간만큼은 네 마음도 단맛처럼 넓고 부드럽다.

단맛은 또한 네가 삶을 대하는 방식을 알려준다. 너무 각지고 날카로운 순간만을 살아갈 필요는 없다. 달콤하게, 부드럽게, 넓게 퍼지는 마음으로 세상을 바라볼 때, 너는 더 여유롭고 단단하게 살아갈 수 있다. 단맛은 단순하지만, 그 속에 큰 힘이 있다.

그러니 너는 달콤한 단맛을 즐기되, 그것이 삶의 일부인 것을 기억하라. 날카로운 짠맛과 둥글둥글한 싱거움 속에서도, 단맛 같은 순간을 찾아 마음을 평평하게 펼쳐보라. 그 순간, 네 마음은 조금 더 넓어지고, 하루가 조금 더 부드러워진다.

단맛은 네 마음의 평면이다. 넓게, 고르게, 부드럽게 펼쳐진 평면 위에서 너는 잠시 쉬고, 다시 날카로운 세상을 향해 나아갈 힘을 얻는다. 달콤함 속에 깃든 평화야말로, 네 삶의 소중한 쉼표다.

6月 12日

상심 증후군

    너는 마음 한구석이 늘 무겁다. 사랑이 깨졌든, 우정이 멀어졌든, 혹은 기대했던 삶이 뜻대로 흘러가지 않았든, 그 모든 상처가 쌓여 너를 짓누른다. 사람들은 네게 "금세 잊어버려"라고 말하지만, 너는 알 것이다. 마음의 상처는 쉽게 지워지지 않고, 오래도록 너의 안쪽에서 잠복하며 네 숨결마다 흔적을 남긴다는 것을.

    너는 자신을 스스로 관찰한다. 오늘도 어딘가에 상심 증후군의 증세가 나타나 있다. 갑자기 찾아온 무기력, 아무것도 하고 싶지 않은 마음, 이유 없이 눈시울이 붉어지는 순간. 그것들은 단순한 슬픔이 아니라, 네 마음이 겹겹이 쌓아 올린 상처의 신호다. 상심은 단순히 사라지는 것이 아니고, 작은 일에도 반응하며 너를 재촉한다.

    사람들은 흔히 네 마음의 상처를 감추라고 말한다. 하지만 너는 알 것이다. 상심 증후군은 숨김으로써 사라지지 않는다. 오히려 감추고 억누를수록 너는 더 피곤해지고, 마음의 골은 깊어진다. 상처를 외면하는 순간, 그것은 네 안에서 조용히 증식하며 일상 속 작은 순간들을 흔든다.

    그래서 너는 때때로 혼자가 된다. 아무에게도 말하지 않고, 그냥 앉아 있거나 걷거나, 창밖을 바라보면서 자신을 스스로 달랜다. 그 순간 너는 상심과 마주한다. 괴로움 속에서도 너는 알아차린다. 상심이란 단순한 아픔이 아니라, 너를 더 깊게 이해하게 만드는 감각이며, 너 자신의 한계를 알려주는 신호인 것을.

상심 증후군을 겪는 너는 또한 회복의 가능성도 느낀다. 상처가 깊을수록 그만큼 치유가 필요하고, 치유를 통해 너는 조금 더 단단해진다. 상심은 네가 느낄 수 있는 가장 인간적인 증후이자, 동시에 너를 성숙하게 만드는 과정이다.

그러니 너는 상심을 부끄러워하지 마라. 그것은 네가 살아 있다는 증거이며, 네 마음이 세상을 향해 열려 있다는 신호다. 상심 증후군은 단순히 아픔이 아니라, 너를 조금 더 너답게 만드는 과정이다. 오늘의 상심 속에서도 너는 조금씩 다시 일어서고, 다시 숨을 쉬고, 다시 세상과 마주할 힘을 길러 간다.

6月 13日

지우개

지우개는
잘못된 흑연의 흔적을 지우고
다시 그리거나
다시 쓰도록 하지.
어떤 여백을 만들기도 하고
명암을 나타내기도 하지.
그 쓰임대로 쓰여.

결국
지켜보면
닳아서
무엇과도 섞이고

결국은
삭혀져
흙이 되려니
먼지가 되어
흩어지려니.

어쩜
어느 것과 하나로

어쩜
하나가 되어 흩어지고

만물은 지성대로
본질로 돌아가.

6月 14日

내일이 오지 않는 꿈

눈을 떴을 때, 세상은 여전히 밤이었다. 창밖으로 스며드는 달빛조차 희미하게 느껴졌고, 공기는 차갑고 고요했다. 너는 침대 위에 누워 있었다. 꿈에서 깨어났지만, 꿈속의 공포와 긴장은 여전히 팔과 다리에 달라붙어 있었다. 그러나 이상하게도 마음 한편에는 평온이 있었다.

문득 창밖에서 들려오는 바람 소리가 귀를 간질였다. 달빛 위로 그림자가 길게 늘어졌고, 그 그림자 속에서 누군가가 손짓하는 것 같았다. 마음속 깊은 곳에서 익숙한 목소리가 속삭였다. "내일은 오지 않아. 오늘만 있어."

너는 가만히 일어나 걸었다. 방 안의 모든 것이 낯설었지만, 동시에 생생했다. 책상 위의 먼지 하나, 창가에 걸린 커튼의 미세한 흔들림까지. 시간은 멈춘 듯 보였지만, 분명히 흐르고 있었다. 이상하게도 발걸음이 가벼웠다. 내일이 없는 세계라면, 오늘이라는 순간이 영원할 것만 같았다.

거실로 나왔다. 텅 빈 집 안에는 너 혼자뿐이었다. 하지만 공허하지 않았다. 어쩌면 혼자임이 더 명확하게 지금을 느끼게 하는지도 몰랐다. 손끝으로 벽을 스쳤을 때, 벽의 차가움과 함께 온기가 스며들었다. 너는 그 온기를 따라 깊이 숨을 들이마셨다.

밖으로 나서자, 마당은 은빛 달빛으로 가득했다. 바람이 나뭇가지를 스치며 소리를 냈다. 그 소리는 마치 시간을 재촉하는 듯했지만, 동시에 시간을 멈추게 하는 듯했다. 너는 그 소리에 귀를 기울이며 천천히 발걸음을 옮겼다. 오늘이라는 순간만이 존재한다면, 걱정할 것도, 기다릴 것도 없었다.

길을 걷다 문득, 오래전 기억이 떠올랐다. 어린 시절, 해 질 녘 골목에서 뛰놀던 순간들, 첫사랑의 미소, 친구와 나눈 웃음. 모든 것이 오늘이라는 이름으로 다시 살아나는 듯했다. 내일은 없지만, 오늘이 영원히 이어진다면, 과거와 미래, 꿈과 현실이 하나로 섞이는 느낌이었다.

그 순간, 달빛 속에서 누군가 웃고 있는 얼굴이 보였다. 꿈에서만 본 듯한, 그러나 마음속 깊이 간직했던 얼굴. 너는 멈추어 서서 그 얼굴을 바라보았다. 마음속으로 속삭였다. "어차피 오늘이다." 오늘이 전부라면, 이 순간만으로 충분하다고.

달빛이 너를 감싸고, 바람이 너를 스치고, 시간은 흘렀지만 동시에 멈춘 듯했다. 내일은 오지 않았고, 너는 더 이상 불안하지 않았다. 오늘이라는 이름의 꿈속에서, 너는 자유로웠다.

6月 15日

감사라는 빛

감사라는 마음은 눈에 보이지 않지만, 삶을 지탱하는 가장 단단한 기둥 가운데 하나다. 우리는 흔히 특별한 일이 있을 때만 감사해야 한다고 생각하기 쉽다. 하지만 돌이켜보면 평범한 하루가 주어지는 것만으로도 감사할 이유는 충분하다. 아침에 눈을 뜨고 숨을 고르며 하루를 시작할 수 있다는 것, 밥을 먹고, 사람과 마주 앉아 이야기를 나누며, 저녁이면 무사히 집으로 돌아올 수 있다는 것. 이러한 일상은 당연하지만, 절대 당연하지 않은 선물이다.

너는 어릴 적 '감사'라는 단어를 의무적인 예절로만 배웠다. 누군가에게 도움을 받으면 "고맙습니다"라고 말해야 한다는 규범처럼 느껴졌다. 그러나 시간이 흐르면서 감사는 단순한 인사말이 아니라 삶을 바라보는 태도인 것을 알게 되었다. 감사하는 마음은 부족함보다 충만함을 보게 하고, 잃어버린 것보다 여전히 남아 있는 것을 바라보게 한다.

특히 힘든 시간을 겪을 때 감사의 가치는 더 크게 다가온다. 병상에 누워 있을 때, 혹은 경제적 어려움으로 마음이 무거울 때, 너는 늘 감사할 거리가 사라진 것처럼 느꼈다. 그러나 그 순간에도 곁을 지켜주는 사람이 있었고, 너를 걱정해 주는 목소리가 있었다. 몸은 불편했지만, 마음은 따뜻해졌다. 감사는 바로 그런 틈에서 피어난다. 작은 손길, 따스한 눈빛, 말없이 건네는 관심이야말로 절망 속에서 너를 일으킨 힘이었다.

    감사는 또 다른 선순환을 만든다. 감사하는 마음은 상대에게 기쁨을 전하고, 그 기쁨은 다시 나에게 돌아온다. 한 번의 '고맙습니다'가 하루를 밝히고, 사소한 배려가 관계를 단단히 한다. 감사는 비용이 들지 않지만, 그 가치와 무게는 어떤 재산과도 바꿀 수 없다.

    너는 지금도 하루를 마무리할 때면 작은 습관을 지닌다. 그날 있었던 고마운 일을 세 가지 떠올려 보는 것이다. 때로는 커피 한 잔의 온기, 때로는 버스 기사가 정류장에서 기다려 준 일, 혹은 지인의 짧은 안부 인사일 때도 있다. 그렇게 하루를 정리하다 보면 마음이 차분히 가라앉고, 내일을 살아갈 힘이 조금 더 단단해진다.

    삶은 언제나 뜻대로 흘러가지 않는다. 그러나 감사하는 마음을 지닌 사람은 휘청거리는 순간에도 중심을 잡을 수 있다. 감사는 단순한 감정이 아니라 삶을 살아가는 기술이고, 또 하나의 지혜다. 세상에 대한 원망은 너를 어둡게 하지만, 감사는 너를 빛 속으로 이끈다. 그래서 너는 다짐한다. 내일의 너는 오늘보다 더 감사하는 마음으로 살아가겠다고.

6月 16日

인생은 죽음과 죽어감이다.

너는 이 말을 쉽게 받아들이기 어렵다. 죽음은 언제나 먼 곳의 이야기처럼 느껴지고, 살아 있다는 사실에 너무 익숙해져 있다. 하지만 조금만 마음을 기울이면 알 수 있다. 너는 이미 매 순간 조금씩 죽어가고 있으며, 그것이 곧 살아 있음의 다른 이름임을.

너의 하루하루는 이미 죽어가는 순간의 연속이다. 지나간 시간, 흘러간 기회, 사라진 사람들. 그 모든 것들은 너에게 다시 돌아오지 않는다. 네가 잊으려 해도, 다시 붙잡을 수 없다는 사실은 늘 너를 향해 조용히 속삭인다. 인생은 그 연속이다. 살아 있음과 동시에 조금씩 죽어가는 과정.

죽어감 속에서 너는 깨닫는다. 삶은 영원하지 않기에 아름답고, 순간순간이 유한하기에 소중하다는 것을. 네가 사랑하고, 웃고, 눈물 흘리는 모든 순간이 곧 죽음 속에서 빛나는 삶의 조각이라는 사실을. 죽음은 종착지가 아니라, 살아 있음의 그림자처럼 항상 너와 함께 있다.

너는 두려워할 필요가 없다. 죽음은 단순히 끝을 의미하지 않는다. 그것은 삶을 더 선명하게 느끼게 하고, 네가 지금 여기에 존재한다는 사실을 확인시켜 준다. 오늘의 숨결, 오늘의 마음, 오늘의 선택이 바로 죽음을 의식하는 너의 삶이다.

죽어감 속에서 네 존재는 조금씩 무게를 덜어낸다. 집착과 두려움, 미련과 분노가 서서히 사라지고, 대신 삶의 본질이 남는다. 죽음이 다가올수록, 너는 삶의 의미를 더 명확히 보고, 사랑과 우정, 감사와 후회를 더 깊이 느낀다.

그러니 너는 죽음을 외면하지 마라. 그것이야말로 인생의 진정한 동반자다. 네가 조금씩 죽어감으로써, 너는 조금씩 살아간다. 숨을 쉬고, 느끼고, 웃고, 울고, 사랑하며 존재하는 모든 순간이 바로 죽어가면서 얻는 삶의 선물이다.

인생은 죽음과 죽어감이다. 너의 하루하루가 바로 그 증거다. 죽음을 의식하며 살아가는 너의 시간 속에서, 비로소 삶은 온전해지고, 너는 조금 더 진실하게 살아갈 수 있다.

6月 17日

미래는 여전히 백지다.

너는 때때로 앞날이 너무 불확실해서 숨이 막힐 때가 있다. 계획을 세워도, 목표를 정해도, 내일이 오면 모든 것이 달라질 수 있다는 사실이 너를 무겁게 한다. 하지만 한편으로 너는 안다. 미래가 아직 아무것도 적히지 않은 백지라는 사실이야말로, 가장 큰 가능성을 품고 있다는 뜻임을.

너의 오늘은 이미 채워진 페이지다. 경험, 선택, 실수, 성공, 만남, 이별. 모든 것이 오늘이라는 종이에 기록되어 있다. 그러나 내일은 여전히 깨끗한 종이처럼 남아 있다. 어떤 흔적도 남아 있지 않은 그 백지 위에, 너는 원하는 글자를 새길 수 있다. 미래는 이미 결정된 것이 아니라, 너의 손끝에서 쓰여질 이야기다.

너는 아마 두려움을 느낄 것이다. 아무것도 없는 백지 앞에서 무엇을 시작해야 할지 몰라 주저하게 된다. 하지만 기억하라. 아무것도 없다는 건 가능성이 무한하다는 뜻이다. 실수해도, 엉뚱한 길을 가도, 다시 지우고 새로 쓸 수 있다. 미래는 완성된 것이 아니기에, 네가 원하는 대로 모양을 만들 수 있는 자유가 있다.

백지 같은 미래는 또한 너를 시험한다. 너는 스스로 선택해야 하고, 방향을 정해야 하며, 한 걸음 한 걸음을 책임져야 한다. 남이 대신 써줄 수 없고, 지난날의 기록만으로는 채워지지 않는다. 그 불확실 속에서 너는 성장하고, 자신을 발견하며, 진짜 삶을 경험한다.

그러니 너는 두려워하지 마라. 미래가 아직 아무것도 쓰이지 않은 백지라는 사실을 안다는 것만으로도 이미 너는 준비되어 있다. 오늘의 선택, 오늘의 용기, 오늘의 한 걸음이 내일의 페이지를 채우고, 조금씩 그림을 만들어 간다. 미래는 아직 쓰이지 않았기에, 너의 색과 문장으로 가득 채울 수 있다.

백지 같은 미래 앞에서 너는 자유롭다. 과거와 현재가 너의 발걸음을 안내하지만, 내일은 오직 너의 선택으로 이루어진다. 그러니 주저하지 말고 펜을 들어라. 네가 그리는 한 줄 한 줄이 바로 살아 있는 너의 증거다.

6月 18日

바른 생각이 아닌, 다르게 생각하기

너는 늘 정답을 찾으려 한다. 학교에서 배운 공식, 사회가 정한 기준, 주변의 시선. 그 모든 것이 너에게 '바른 생각'으로 다가온다. 그러나 세상은 한 가지 답만으로 이루어지지 않는다. 바른 생각을 따르는 것은 안전하고 편안할 수 있지만, 다르게 생각할 때 비로소 너는 살아 있는 사고를 경험하게 된다.

다르게 생각한다는 것은 불편함을 감수하는 일이다. 남들이 당연하다고 여기는 것에 의문을 품고, 익숙한 길을 벗어나며, 스스로 질문을 던지는 과정이다. 너는 그 과정에서 혼란스럽고, 때로는 외로울 수도 있다. 하지만 그 불편함 속에서 너는 진짜 네 생각과 만난다.

바른 생각만 따라 살면, 세상은 안정적일지 몰라도 너의 시선은 좁아진다. 다르게 생각할 때, 비로소 다른 가능성을 보고, 새로운 길을 발견하며, 기존의 틀에 갇히지 않는다. 너의 마음속 작은 반항이 새로운 관점과 통찰을 만들어 낸다.

너는 아마 이런 경험을 했을 것이다. 모두가 같은 결정을 내릴 때, 혼자 다른 선택을 했던 순간. 처음에는 불안했지만, 그 선택 덕분에 예상치 못한 기쁨을 발견하거나, 자신을 더 깊이 이해하게 되었던 경험. 다르게 생각하는 것은 늘 낯설지만, 그 낯섦 속에 삶의 풍요가 있다.

다르게 생각하는 습관은 또한 네 사고의 자유를 넓혀 준다. 남이 정한 규칙과 관습에 얽매이지 않고, 네 기준으로 세상을 바라보게 한다. 바른 생각이 안전을 보장한다면, 다르게 생각하는 용기는 네 삶의 주체성을 지켜준다.

바른 생각에서 벗어나, 다르게 생각하는 순간, 너는 더 넓은 세상과 마주한다. 그 과정에서 실수와 실패도 있을 수 있지만, 그것마저도 너의 성장과 경험이 된다. 다르게 생각하는 것은 단순한 반항이 아니라, 살아 있는 사고의 증거다.

6月 19日

예외가 없어, 사망률은 100%

너는 이 사실을 알면서도 매일을 살아간다. 머리로는 죽음을 이해하지만, 마음은 여전히 멀리 있다고 믿는다. 친구가 떠나고, 가족이 늙어가고, 세상의 소식 속에서 누군가는 사라지지만, 너 자신은 아직 여기 있다고 느낀다. 그러나 진실은 냉혹하다. 예외란 없다. 누구도 죽음을 피할 수 없고, 결국 모든 생명은 한 점으로 수렴한다.

너는 이 사실 앞에서 처음에는 두려움을 느낀다. '내가 사라진다면, 내 삶은 무엇으로 남을까?' 하는 생각이 마음을 무겁게 누른다. 하지만 조금 더 깊이 들여다보면, 죽음이 너에게 가져다주는 다른 시선도 있다. 바로 지금, 살아 있는 시간의 소중함이다. 죽음이 100% 확실하다면, 매 순간의 의미는 더 또렷해진다.

너는 하루를 그냥 흘려보낼 수 없다. 숨 쉬고, 걷고, 말하고, 사랑하는 모든 순간이 한정되어 있다는 것을 알기에, 그 무게를 조금이라도 느끼며 살아야 한다. 사소한 다툼도, 작은 기쁨도, 지나간 순간에 대한 후회도, 죽음을 의식할 때 더욱 생생해진다.

예외가 없다는 사실은 또한 너에게 자유를 준다. 언젠가는 끝이 있다는 것을 알기에, 너는 지금 할 수 있는 선택을 자유롭게 할 수 있다. 미뤄왔던 용서, 표현하지 못했던 사랑, 도전하고 싶은 일들. 죽음의 확실성은 너의 발걸음을 가로막는 것이 아니라, 오히려 지금을 살아야 하는 이유가 된다.

그러니 너는 죽음을 두려워만 하지 마라. 그것은 삶의 반대편이 아니라, 삶을 더욱 선명하게 만드는 거울이다. 사망률이 100%라는 사실은, 네가 살아 있는 오늘의 순간을 더 깊이 느끼도록 안내하는 지침이다.

결국, 너는 매일 죽음을 의식하며 살아간다. 숨 쉬고, 웃고, 울고, 사랑하는 모든 순간 속에서, 너는 100% 확실한 끝을 향해 천천히 걸어가고 있다. 죽음을 피할 수 없다는 사실이, 오히려 너에게 지금을 온전히 살아갈 힘을 준다.

6月 20日

모든 멈춘 것은 퇴색한다.

너는 종종 시간을 멈춰 두고 싶어 한다. 어떤 순간, 어떤 감정, 혹은 어떤 사람과의 기억을 붙잡고 싶어 하는 마음이 네 안에 있다. 그러나 세상은 멈춰 있지 않고, 너의 마음속에서도 모든 것은 끊임없이 흘러간다. 멈춘 것들은 조금씩 색을 잃고, 처음의 선명함을 잃어 간다.

너의 기억 속에도 그러한 순간들이 있다. 웃음이 가득했던 여름날, 설렘으로 가득했던 첫 만남, 온전히 행복했던 하루. 그 순간들을 되살리려 해도, 이미 그 색은 예전과 같지 않다. 감각은 희미해지고, 마음속 이미지는 흐려진다. 멈춘 시간은 그대로 서 있지 않고, 천천히 퇴색한다.

멈춤은 아름다움을 지키는 것이 아니라, 변화의 흐름 속에서 잊히는 과정을 만들기도 한다. 너는 그것을 슬프게 느낀다. 애써 붙잡으려 해도, 손안의 시간은 사라지고, 흔적만 남는다. 그러나 그 흔적 속에서도 너는 배운다. 퇴색이란 사라짐이 아니라, 새로운 색을 준비하는 과정인 것을.

너는 살아 있는 동안 멈추지 않는다. 움직이고, 느끼고, 선택하며, 삶의 색을 스스로 덧칠한다. 멈춘 것을 안타까워하기보다, 지금 여기에서 색을 입히는 일에 집중해야 한다. 그래야만 너는 퇴색하지 않고, 오히려 더욱 선명한 빛을 발할 수 있다.

모든 멈춘 것은 결국 흐려진다. 그러나 너는 흐름 속에서 다시 색을 입히고, 의미를 더할 수 있다. 지난 시간의 퇴색을 두려워하지 말고, 오늘의 순간을 살아가라. 네 손끝에서 새로 쓰이는 시간만이, 색을 잃지 않고 너를 비추는 빛이 된다.

결국, 멈춘 것들의 퇴색 속에서도, 너는 움직이며 살아가는 존재다. 그 움직임이야말로, 네 삶을 선명하게 만드는 유일한 방법이다.

6月 21日

성공이란?

너는 종종 스스로 묻는다. '내가 말하는 성공이란 무엇일까?' 남들이 말하는 화려한 직함, 높은 연봉, 빛나는 사회적 지위는 너에게 먼 이야기처럼 느껴진다. 너에게 성공이란 숫자나 타인의 평가가 아니라, 하루하루를 성실하게 살아가는 자신을 인정할 수 있는 순간들이다.

오늘 아침, 너는 작은 성취 하나를 떠올린다. 새벽에 일어나 한 장의 보고서를 완성한 일, 혹은 오래 미뤄두었던 일을 끝낸 일. 사소해 보이지만, 그 순간 너는 마음속 깊이 뿌듯함을 느낀다. 손끝에서 흘러나오는 땀과 노력이 눈에 보이지 않는 성공의 증거가 된다. 그것이야말로 너에게 있어 진정한 성공의 시작이다.

너는 또한 사람과의 관계 속에서 성공을 발견한다. 친구와 가족에게 조금 더 솔직해지고, 동료에게 작은 배려를 건넸을 때, 혹은 어려움에 부닥친 누군가를 도와줄 수 있었을 때. 그 순간 너는 깨닫는다. 성공은 혼자가 아니라, 함께 나누는 삶 속에서 만들어진다는 것을. 남이 알아주지 않아도, 네가 느끼는 만족과 평온함이 곧 성공이다.

때로 너는 실패를 마주한다. 계획이 틀어지고, 노력에도 불구하고 원하는 결과를 얻지 못할 때, 좌절과 후회가 밀려온다. 그러나 너는 안다. 실패조차 성공의 일부다. 그 과정에서 너는 배운다. 더 단단해지고, 더 현명해지며, 다음 도전을 준비하는 힘을 얻는다. 실패는 너를 끌어 내리는 것이 아니라, 너를 더 높이 올려줄 디딤돌임을 알게 된다.

성공은 또한 너의 마음가짐과 연결되어 있다. 너는 하루를 시작하며 스스로 말한다. "오늘 하루를 성실히 살겠다. 나 자신을 믿겠다." 그 다짐 속에서 너는 작은 승리를 경험한다. 길을 걷다 마주치는 낯선 풍경 속에서 감사함을 느끼고, 어려운 일을 끝내고 나서 자신을 칭찬할 줄 아는 마음. 그것이 쌓이고 쌓일 때, 너는 비로소 삶 전체가 성공으로 채워지고 있음을 느낀다.

네가 정의하는 성공은 남의 눈에 보이지 않을지 모른다. 그러나 너에게는 확실하다. 매 순간 최선을 다하고, 성실하게 하루를 살아내고, 작은 행복을 놓치지 않는 것. 그것이 바로 네 성공이다. 오늘 너의 성공은 어제의 너보다 조금 더 성장한 자신을 바라보는 마음에서 발견된다. 내일도 너는 그렇게 자신에게 작은 성공을 안기며 하루를 시작할 것이다.

결국 성공은 멀리 있지 않다. 남들이 정한 기준이 아니라, 너의 발걸음과 선택 속에 있다. 너의 노력, 인내, 배움, 성실, 그리고 사랑과 배려가 모여 만들어 낸 순간순간이 너의 진짜 성공이다. 그리고 너는 오늘도 그 성공을 느끼며, 스스로 조용히 말한다. "나는 지금, 충분히 잘하고 있다."

6月 22日

틈이 벌어지고 낡아간다.

너는 그것을 느낄 때마다, 마음이 묵직해진다. 세상은 언제나 완벽하지 않고, 사람의 마음과 삶 역시 마찬가지다. 어느 순간, 관계의 틈이 벌어지고, 사소한 일상도 조금씩 낡아가기 시작한다. 처음엔 작은 균열로 보이지만, 시간이 지날수록 그 틈은 넓어지고, 낡음은 서서히 표면에 스며든다.

너는 어쩔 수 없이 그 변화를 지켜본다. 친구와의 오랜 대화가 어색해지고, 사랑하는 사람과의 눈빛이 예전만큼 따뜻하지 않음을 느끼며, 자신도 낯선 마음을 마주한다. 틈과 낡음은 결코 한순간에 찾아오지 않는다. 그것은 삶의 흔적처럼, 조용히 너의 주변과 너의 내면을 스쳐 지나간다.

하지만 틈이 벌어지고 낡아간다는 사실이 반드시 나쁜 것만은 아니다. 그 틈 사이로 너는 새로운 숨결을 들이쉬고, 낡음 속에서 새로운 의미를 찾는다. 오래된 가구가 빛바래면서도 여전히 쓸모 있는 것처럼, 사람과 관계도, 너의 마음도 조금 낡아졌다고 해서 가치가 사라지는 것은 아니다.

너는 틈을 채우고 낡음을 보듬어야 한다. 지나간 시간을 되살릴 수는 없지만, 그 위에 새로운 감각과 새로운 생각을 덧입힐 수 있다. 틈과 낡음 속에서 너는 성숙해지고, 세상의 변화와 삶의 흐름을 받아들이는 법을 배운다.

 틈이 벌어지고 낡아간다. 그것은 너의 삶과 마음 일부다. 피하려 해도 사라지지 않고, 외면해도 멈추지 않는다. 다만 너는 그 틈 속에서 살아가는 법을 알고, 낡음 속에서 새로운 빛을 발견할 수 있다. 그렇게 너는 매일 조금씩, 완전히 새로운 너로 살아간다.

6月 23日

생명은 유쾌하다.

너는 아침 햇살 속에서, 길가에 핀 작은 꽃 한 송이에서, 그리고 바람에 흔들리는 나뭇잎에서 그것을 느낀다. 삶의 무게와 책임 때문에 종종 숨이 막히더라도, 생명은 그 자체로 즐거움과 경이로움을 선물한다. 너는 때때로 너무 진지하게 살아가려 애쓰지만, 생명은 정해진 틀 없이 유쾌하게 흘러간다.

너는 눈을 감고 숨을 고를 때, 심장이 뛰는 소리를 들으며 깨닫는다. 그 단순한 박동 속에도 놀라움이 숨어 있다는 것을. 아무리 평범한 하루라도, 살아 있는 자체가 작은 축제다. 생명은 네가 예상하지 못한 방식으로 웃고, 뛰고, 흔들리며, 너를 깨우고 즐겁게 만든다.

너는 누군가와 함께 웃을 때, 혹은 혼자 고요히 자연을 바라볼 때, 생명의 유쾌함을 피부로 느낀다. 그것은 화려하거나 극적인 것이 아니라, 소소하지만 확실한 기쁨이다. 작은 새의 날갯짓, 개울물의 졸졸 흐름, 숨결 속에서 느껴지는 온기. 모든 것이 너에게 생명의 즐거움을 일깨운다.

유쾌함은 때로 네 마음속 긴장을 풀어준다. 지나간 후회, 미래의 걱정, 주변의 평가 속에서도, 생명은 너에게 잠시 웃음을 주고, 숨을 쉬게 하고, 다시 앞으로 나아갈 힘을 준다. 너는 그것을 통해 삶의 무거움을 조금 덜어내고, 마음을 가볍게 한다.

생명은 예측할 수 없고, 계획대로 흘러가지 않는다. 그러나 바로 그 무작위성과 자유로움이 너를 즐겁게 만든다. 네가 애써 조종하려고 해도, 생명은 스스로 리듬과 방식으로 유쾌하게 춤춘다. 너는 그 춤을 지켜보며, 때로는 따라 하며, 삶의 즐거움을 느낀다.

그러니 너는 생명의 유쾌함을 잊지 마라. 살아 있는 자체가 이미 축제이고, 너는 그 축제의 한가운데 서 있다. 웃고, 뛰고, 흔들리며, 유쾌한 생명 속에서 너는 오늘도 조금 더 살아 있음을 느낀다.

6月 24日

죽음은 평화롭다.

너는 이 말을 듣고 처음엔 낯설고 두려울 수도 있다. 죽음이라면 차갑고 어둡고, 무언가를 앗아가는 것처럼 느껴지기 때문이다. 그러나 조금 마음을 기울이면, 죽음 속에도 고요와 평온이 깃들어 있다는 것을 느낄 수 있다. 삶의 끝자락에서 비로소 모든 긴장과 갈등은 사라지고, 남는 것은 평화뿐이다.

너는 살아 있는 동안 수많은 소음을 겪는다. 사람들의 말, 사회의 기대, 스스로 만든 계획과 욕망. 하루하루를 쫓기듯 살아가면서, 너의 마음은 지쳐간다. 하지만 죽음 앞에서는 모든 것이 멈춘다. 시간도, 걱정도, 불안도 의미를 잃고, 너는 그저 존재 그 자체로 편안해진다.

죽음은 또한 삶의 무게를 내려놓게 한다. 더 이상 이루어야 할 것도, 쌓아야 할 것도 없어진다. 모든 집착과 두려움은 사라지고, 너는 오직 그대로의 너로, 온전하게 존재한다. 그 평화 속에서 너는 삶 동안 미처 느끼지 못했던 여유와 고요를 발견하게 된다.

너는 아마도 살아 있는 동안에도 이런 평화를 느낄 수 있을 것이다. 잠시 숨을 고르고, 자연 속에서 한 걸음을 멈출 때, 혹은 고요히 창밖을 바라볼 때, 너는 죽음 일부를 맛본다. 그것은 끝이 아니라, 삶의 한가운데서 찾는 작은 쉼표와도 같다.

죽음은 두렵지만, 동시에 너에게 삶의 의미를 선물한다. 끝이 정해져 있다는 사실이, 오늘 너의 시간을 더 소중하게 만들고, 숨 쉬는 순간 하나하나를 빛나게 한다. 죽음 속 평화는 삶 속에서 발견하는 감사와 겸손으로 이어진다.

죽음은 그것은 삶의 자연스러운 일부이며, 너를 고요 속으로 이끄는 길이다. 죽음 속 평화를 마음속에 품을 때, 너는 오늘을 더 충만하게 살아갈 수 있다.

죽음은 평화롭다. 너의 마음이 그 고요에 닿는 순간, 삶은 더욱 선명해지고, 너는 조금 더 자유롭게 존재하게 된다.

6月 25日

아는 것이 많을수록 확신할 수 있는 것이 적어진다.

너는 세상을 배우고, 경험하고, 관찰하면서 점점 더 많은 사실을 쌓아간다. 사람의 마음, 세상의 구조, 역사와 과학, 그리고 수많은 이론과 논리. 아는 것이 늘어날수록, 너는 처음에 당연하게 여겼던 것들이 얼마나 단순하고 불완전했는지를 깨닫는다.

처음에는 자신 있게 말할 수 있었던 것들이 있었다. '이렇게 해야 옳다' '이것이 진실이다'라고 확신하던 순간들. 그러나 지식과 경험이 쌓일수록, 너는 깨닫는다. 세상에는 변수가 너무 많고, 사람의 마음은 예측 불가하며, 진실이라고 믿었던 것들도 관점에 따라 달라진다는 사실을. 아는 것이 많아질수록, 확신은 점점 희미해진다.

너는 그 사실 앞에서 혼란스러워할 수도 있다. 더 많이 알수록, 결정하고 행동하는 것이 어렵게 느껴진다. 확실한 길을 찾고 싶어도, 수많은 가능성과 조건들이 너를 멈춰 세운다. 그러나 그 불확실 속에서 너는 중요한 것을 배우게 된다. 바로 겸손과 신중함, 그리고 열린 마음이다.

확신이 줄어든다는 것은 실패나 두려움의 표시가 아니다. 오히려 그것은 세상을 더 깊이 이해하고, 복잡성을 받아들이는 증거다. 너는 이제 단순한 이분법적 사고에 머무르지 않고, 다양한 관점과 가능성을 탐색한다. 아는 것이 많아질수록, 네 사고는 더 섬세하고, 선택은 더 신중해진다.

그러니 너는 확신이 줄어드는 것을 두려워하지 마라. 그것은 네가 성장하고 있음을 보여주는 신호다. 아는 것이 많아질수록, 너는 확실한 답 대신, 더 깊은 질문과 사유를 손에 쥔다. 그리고 그 질문 속에서, 비로소 너의 삶과 세상은 조금 더 넓게 펼쳐진다.

결국, 많은 것을 아는 너에게 필요한 것은 확신이 아니라 이해와 통찰이다. 확신이 줄어들수록, 너는 더 깊이 보고, 더 섬세하게 느끼고, 더 성숙하게 선택할 수 있다. 아는 것이 많아질수록, 너는 삶의 무게를 조금 더 부드럽게 안을 수 있다.

6月 26日

공동의 모국어는 웃음이다.

너는 그것을 알아차렸을 때, 세상은 생각보다 훨씬 가까워진다는 사실에 놀란다. 국적, 언어, 문화가 달라도, 웃음은 너와 다른 사람을 연결하는 다리가 된다. 말로는 표현할 수 없는 감정과 마음의 결을, 웃음 하나로 서로 이해하고, 공감하고, 나눌 수 있다.

너는 가끔 낯선 곳에 서 있을 때, 언어가 통하지 않아 답답했던 순간을 기억할 것이다. 하지만 그 순간에도 웃음은 통한다. 눈가의 주름, 입술의 곡선, 목에서 터져 나오는 소리. 그것만으로도 너와 타인은 서로를 알아보고, 거리감은 사라진다. 웃음은 장벽을 허물고, 차이를 무력하게 만들며, 순간적인 친밀감을 만들어 낸다.

웃음은 또한 너에게 삶의 가벼움을 선물한다. 무거운 일상에서 지치고, 실패와 좌절 앞에서 움츠러들어도, 작은 웃음 하나가 마음을 풀어준다. 너는 혼자 웃거나, 누군가와 함께 웃으면서, 삶의 무게를 잠시 던져두고 숨을 고를 수 있다. 그것이 바로 공동의 모국어가 가진 힘이다.

너는 웃음을 통해 타인을 이해하고, 자신을 드러내며, 세상과 연결된다. 비록 말이 다르고, 생각이 달라도, 웃음만큼은 진심을 담아 전달된다. 웃음 속에서 너는 상처를 치유하고, 긴장을 풀며, 순간의 기쁨을 온전히 느낀다. 웃음은 결국 삶을 살아가는 너의 언어이며,

타인과의 다리다.

그러니 너는 웃음을 잃지 마라. 그것이 공동의 모국어임을 기억하고, 말보다 먼저 웃음을 건네라. 네가 웃을 때, 세상은 조금 더 부드러워지고, 너와 타인은 서로를 조금 더 가까이 느낀다. 웃음 속에서 너는 살아 있음을 확인하고, 삶의 온도를 느낀다.

웃음은 모든 사람을 잇는 언어다. 모두가 이해할 수 있는 가장 단순하고도 진실한 언어. 공동의 모국어는 바로, 웃음이다.

6月 27日

딱 한 사람

내 마음이 기억한
딱 한 사람,
나를 바라보며 웃던
그대의 눈빛이
아직도 봄바람처럼
내 하루에 스며듭니다.

삶이 고단해도
딱 한 사람,
그대의 목소리가
귓가에 속삭이듯 스쳐 갈 때면
나는 괜찮아집니다.

잃은 듯한 날에도
딱 한 사람,
그대와의 사소한 조각들이
따뜻한 잔물결처럼 일렁여
다시, 사랑할 이유를 압니다.

딱 한 사람,
꽃잎처럼 가벼웠고

좋은 향기로 다가와
사랑으로 새겨집니다.

웃음 뒤에 숨어 있던
그대의 수줍음,
손끝에서 전해오던 온기,
모든 게 참 사랑스러웠습니다.

지금은 멀리 있어도,
햇살처럼 여전히 웃고 있습니다.
그대를 떠올리면
괜히 혼자 입꼬리를 올리고 맙니다.

딱 한 사람,
그대라는 존재만으로
나에게는 참 따뜻한 세상이 되었습니다.

사랑은,
지나갔다고 해서
사라지는 건 아니더군요.
헤어져도 그리운 풍경처럼 머무니까요.

오늘도
딱 한 사람,
그대를 생각합니다.
사랑스럽게.
다정하게.
그리고 아주 고맙게.

6月 28日

어리석고 독단적이다.

너는 때때로 자신을 스스로 돌아보며, 그렇게 생각할 때가 있다. 분명 옳다고 믿는 길을 고집하며, 다른 사람의 의견을 듣지 않고, 자신의 판단만을 따를 때가 있다. 그 순간 너는 마음속에서 작은 불편함을 느끼지만, 쉽게 멈추지 못한다. 독단은 편리하지만, 동시에 너를 좁은 틀 안에 가두는 족쇄다.

너는 어리석음을 피하고 싶어도, 그것은 쉽지 않다. 때로는 경험이 부족하고, 때로는 자신감 과잉으로 인해 판단이 흐려진다. 네가 확신하는 순간에도, 세상은 이미 그보다 복잡하고 다층적이다. 하지만 너는 그 복잡함을 이해하기보다는, 단순하게 해결하려 하고, 그렇게 행동한다.

독단적인 결정은 주변의 균형을 무너뜨린다. 너는 그것을 깨닫지 못한 채, 스스로 옳다고 믿는 길을 걸으며, 때로는 다른 사람을 상처 입힌다. 그러나 그 상처 속에서도 너는 배운다. 어리석음과 독단이 가져오는 결과를, 그리고 자신이 아닌 다른 이들의 시선을 통해 세상을 바라보는 법을.

너는 점점 깨닫게 된다. 독단과 어리석음을 버린다는 것은 단순히 자신을 낮추는 것이 아니다. 그것은 열린 마음과 신중함을 갖추고, 타인의 경험과 생각을 존중하며, 더 나은 결정을 내리기 위한 과정이다. 너는 그 과정에서 조금씩 성장하고, 자신을 스스로 단단하게 만든다.

그러니 어리석고 독단적일 때조차, 그것은 너의 일부이며, 배움의 출발점이다. 그 실수를 통해 네 판단은 더 섬세해지고, 마음은 조금 더 넓어진다. 반성하며, 다시 걸음을 내딛는 것. 그것이 너를 더 성숙하게 만드는 길이다.

너의 어리석음과 독단 속에서도, 너는 배우고 성장한다. 자신을 스스로 직시하고, 세상을 이해하며, 조금 더 부드럽지만, 단단한 사람이 되어가는 너의 여정이 계속된다.

6月 29日

내가 나를

속도의 언어로
나는 먼 곳을 바라보았다.
빠름이 곧 진실이라 믿으며
쉼 없이 경로를 그었다.

그러나
의미의 언어는
속삭임으로 다가와
멈춤 안에 흐르는 것을 가르쳤다.

낱말 하나,
숨결처럼 고요한.
존재의 좌표는
지도 위에 찍히는 점이 아니라
나에게 묻는 물음표.

나는 어디에 있나,
무엇으로 사는가?

정립하는 시간은
흘러가는 것이 아니라

반복된 되새김질.

내가 나를 부른,
인생은
멀리 가는 여정이 아니었다는 것을.

깊이,
더 깊이
내가 나를 아는 깨달음이라는 것을.

6月 30日

코드블루

코드블루가 울리는 밤, 너는 잠시 숨을 고른다. 병원의 복도는 고요하지만, 그 고요 속에서 갑작스럽게 울리는 경보음은 모든 것을 깨운다. 삐―삐―삐―, 코드블루. 그 소리는 단순한 경고가 아니다. 생과 사의 경계, 긴장의 끝, 한순간의 판단이 누군가의 삶을 바꿀 수 있는 순간을 알리는 소리다. 너는 심장이 쿵, 하고 내려앉는 느낌을 받는다.

너는 이미 수많은 밤을 겪었지만, 그럴 때마다 마음 한구석이 날카롭게 예민해진다. 서둘러 달려가는 발걸음, 차가운 복도, 숨죽인 환자들, 그 모든 것이 네 마음속에 날카로운 각을 남긴다. 순간의 판단이 늦거나 어긋나면, 누구도 되돌릴 수 없는 결과가 기다리고 있다는 사실이 너를 무겁게 한다.

코드블루의 밤은 또 다른 세계다. 평소에는 느긋하고 사소하게 여겼던 것들이, 한순간에 중요해진다. 너는 손끝의 움직임 하나, 목소리의 높낮이, 호흡의 박자를 모두 계산하며 움직인다. 모든 것이 긴장과 집중 속에서 이루어지지만, 그 속에서도 너는 인간임을 잊지 않는다. 마음에서 떨림과 두려움, 연민이 동시에 스며든다.

그 밤, 삶과 죽음의 경계는 언제나 가까이 있다는 것을, 그리고 그 순간에도 너는 선택하고 움직여야 한다는 것을. 코드블루의 울림은 단순한 경고음이 아니라, 삶의 소중함과 무게를 알려주는 알람이다. 너는 그 소리 속에서 자신의 존재와 책임을 적나라하게 느낀다.

그러나 밤이 지나고, 숨을 고른 뒤에도 그 울림은 남는다. 마음 깊은 곳에서 여전히 떨리고, 또렷하게 새겨진다. 그 밤을 겪으며 너는 조금 더 단단해지고, 조금 더 성숙하게, 그리고 조금 더 인간적으로 살아간다. 코드블루가 울리는 밤마다, 너는 삶과 죽음의 진실을 적나라하게 마주하며, 오늘을 살아가는 힘을 얻는다.